Oliver Rosenbaum

Wörterbuch Computerenglisch

Deutsch/Englisch
Englisch/Deutsch

Die Deutsche Bibliothek – Cip-Einheitsaufnahme

Rosenbaum, Oliver
Wörterbuch Computerenglisch : deutsch/englisch;
englisch/deutsch/Oliver Rosenbaum.
– 1. Aufl. – Berlin: Cornelsen, 1995
ISBN 3-464-49429-2
NE: HST

Satz- und rechentechnische Verarbeitung:
TYPEART, Grevenbroich

1. Auflage   Druck 4 3 2 1   Jahr 98 97 96 95

© 1995 Cornelsen Verlag, Berlin
Das Werk und seine Teile sind urheberrechtlich geschützt.
Jede Verwertung in anderen als den gesetzlich
zugelassenen Fällen bedarf deshalb der vorherigen
schriftlichen Einwilligung des Verlages.

Druck: Parzeller, Fulda

ISBN 3-464-49429-2

Bestellnummer 494292

gedruckt auf säurefreiem Papier, umweltschonend
hergestellt aus chlorfrei gebleichten Faserstoffen

Hinweise für den Benutzer

Das vorliegende Wörterbuch wendet sich an berufliche und private Benutzer von Computern und Telekommunikationseinrichtungen. Es berücksichtigt grundlegendes Vokabular zur Datenverarbeitung, zum PC, zur Programmierung sowie zur Computertechnik und zu Netzwerken. Das Wörterbuch soll Hilfsmittel sein, um Bildschirmdialoge, Bedienungshinweise, Handbücher, technische Beschreibungen etc. unmißverständlich verstehen und sich umgekehrt angemessen mit dem Fachtermini ausdrücken zu können.

Englisch ist im Computerbereich nicht nur Fremdsprache, sondern teilweise auch Fachsprache. Zahlreiche Begriffe der Computerwelt entstammen der englischen Sprache und werden in einer besonderen fachlichen Bedeutung benutzt.

Das Wörterbuch enthält deshalb nicht nur die eindeutigen Fachbegriffe, sondern auch allgemeinere Termini mit einer fachlichen Spezialbedeutung. Dies ist durch erläuternde Anmerkungen oder Fachgebietszuordnungen jeweils klargestellt.

Da Benutzer eines solchen Wörterbuches in der Regel mindestens über Schulkenntnisse des Englischen verfügen werden, wurde zugunsten eines handlichen Umfangs darauf verzichtet, die einzelnen Wortarten aufzunehmen. Wenn Substantiv und Verb den gleichen Wortstamm haben, ist meist nur das im Hinblick auf die Anwendung wichtigere Wort aufgeführt. Berücksichtigt sind aber sowohl Einzelbegriffe als auch stehende Wortverbindungen, die in konsequent alphabetischer Reihenfolge angeordnet sind.

Deutsch/Englisch

A

Abänderung variation
Abbild image
abbilden to image
Abbildung figure
abblättern (Beschichtung) to exfoliate
abblenden to fade down
abbrechen to truncate, to break (a program)
Abbruch abort (program)
Abbruchfehler (Fehler, der zum Abbruch führt) truncate error
Abdeckplatte cover plate
Abdeckung mask, cover
Abdruck print (hardcopy)
Abenteuerspiel adventure game (software)
abfallen to release (electronics)
Abfallspannung drop out voltage (electronics)
Abfallwert release value (electronics)
abfangen (eine Meldung) to intercept
abfassen (z.B. Programmbeschreibung) to redact
abfedern to cushion (mechanics)
abfertigen to dispatch
Abfertigung dispatch
Abfluß drain (electronics)
Abfrage query (software)
Abfrage mittels Beispiel query by example (QBE)
Abfrageimpuls (Speicher) interrogation pulse (electronics)
abfragen to interrogate
Abfrageregister interrogation register
Abfragesprache (Datenbank) query language (software)
Abfragestation inquiry station (hardware)
Abfragestrom sensing current (electronics)
Abfragetechnik (z.B. beim Telefaxgerät) polling
abfühlen to sense
Abgabe, Steuer tax
abgehend outgoing
abgehende Nachricht outgoing message (software)
abgeleiteter Schlüssel slave key (software)
abgerundet round
abgeschirmtes Kabel shielded cable
abgeschlossene Datei historical file (software)
abgespult unwind (mechanics)
abgetastete Werte sampled data (software)
Abgleich allignment (electronics)
abgrenzen to delimit, to delimitate
Abgrenzung delimitation
Abhandlung discourse, dissertation
abhängen to depend
abhängig interdependent
abkürzen to abbreviate
Abkürzung abbreviation
Ablagerung deposition, incrust
Ablaufdiagramm flow diagram, sequence chart
ablaufendes Programm running program (software)
Ablaufgeschwindigkeit take-off speed
ablaufgesteuert sequence- controlled
Ablauflinie flow line
Ablaufplan flow chart
Ablaufsteuerung program control
Ablaufverfolgung trace (program)
Ablaufzeit running time
ablegen to deposit
ablehnen to disallow
ableitbar derivable
Ableitung derivation (mathematics)
ablenken (z.B. Elektronenstrahl) to deflect (electronics)
Ablenkplatte (an einer Kathodenstrahlröhre) deflection plate (electronics)
Ablenkspannung (an einer Kathodenstrahlröhre) deflection voltage (electronics)

Ablenkspule (an einer Kathodenstrahlröhre) deflection coil (electronics)
Ablenkung deflection, deviation
Ablesegenauigkeit reading accuracy
ablösbar detachable
Ablösung redemption
ablöten to unsolder
abmelden to log off (network)
Abmessung dimension
abmontieren to dismount
Abnahme acceptance, decrease, decrement, dwindling
Abnahmeprüfung acceptance test, inspection test
abnehmbar detachable
abnehmen to dwindle, to decrease
Abnehmer purchaser
abnutzen to fray
Abnutzung abrasion, attrition, waste, wear (mechanics)
Abonnement (z.B. Zeitschrift) subscription
abonnieren (z.B. Zeitschrift) to subscribe
Abrechnung payoff
Abriß, Kompendium compendium
Abruf (z.B. Daten) fetch (data)
abrufen to recall
Abrufzyklus fetch cycle
abrunden to half adjust, to round off (mathematics)
Abrundung round off (mathematics)
Absatz paragraph
abschalten to dump
Abschaltung shutdown
abschätzbar appreciable
abschätzen to value, to size up
Abschätzung estimation (mathematics)
abschirmen to screen (electronics)
Abschirmung screen (electronics)
abschließen (z.B. eine Datenübertragung) to complete
Abschlußtest final test
Abschlußwiderstand termination (electronics)
Abschnitt segment, sector

Abschnitt einer Festplatte partition (software)
Abschnittsmarke file mark (software)
abschrägen to bevel, to slope
Abschrägung slope
Abschreibungszeitraum payoff period
Absicht intention
Absolutbetrag absolute value
absolute (Speicher-) Adresse absolute address (software)
absoluter (unbedingter) Befehl absolute instruction (software)
Absolutwert magnitude (mathematics)
Absolutwert einer komplexen Zahl modulus (mathematics)
absondern to detach, to isolate
Abspeichern des Bildschirminhaltes in eine Datei screen shot (software)
abspulen to unwind (magnetic tape)
Abstand elongation, separation, space, distance
Abstandhalter spacer (mechanics)
absteigende Folge descending sequence
abstellen to disconnect
Abstimmungssumme control total
abstrakte Testfolge abstract test suite
abstraktes Symbol abstract symbol (software)
Abstufung graduation, graduated level
Absturz crash (software), system crash
Abstützung brace (mechanics)
absuchen to search
Abszisse abcissa (mathematics)
abtasten to scan, to sense (mathematics, electronics)
Abtastfrequenz sampling rate (electronics)
Abtastgeschwindigkeit sampling rate (electronics)
Abtastkontakt sensing contact (electronics)
Abtastmatrix scan matrix (software)
Abtastregelung sampling control (electronics)

Abtaststift sensing pin (hardware)
Abtastung sampling (electronics)
Abtastzeit scan rate
Abteilung departement, section
abtreiben (z.B. einer Spur) to drift
abtrennbar detachable
Abwandlung variation
abweichen to deflect, to deviate, to diverge
abweichend variant, divergent
Abweichung aberration, deflection, deviation, divergence
Abweichungen korrigieren correct for deviations (mathematics, electronics)
abwerten to devalue
Abwertung devaluation
abwickeln (eine Spule) to unwind (mechanics)
Abzug trigger (mechanics), discount (mathematics)
abzweigen to divaricate
Achse axis (geometry)
Achteck octagon (geometry)
achtsam heedful
Adapter adapter (hardware)
Addierbefehl add instruction (software)
addieren to add
Addierer adder
Addiermaschine adding machine (hardware)
Addierwerk adding mechanism (hardware)
Addition summation, addition (mathematics)
Additionstheorem addition formula (mathematics)
Additionsübertrag add carry (mathematics)
Adreßbus address bus (hardware)
Adresse address
Adressenänderung address modification (software)
Adressenanhang address appendix (software)
Adressencode (in einem Befehl) address code (software)

Adressenfeld address array (software)
Adressenkonstante address constant (software)
Adressenleerstelle address blank (software)
Adressenregister address register (software)
Adressenübersetzung address translation (software)
Adressenversatz offset (software)
Adressenwahl address selection (software)
Adressenzuweisung address assignment (software)
Adressenzuweisung orienting (software)
adressierbarer Punkt (Bildschirm) adressable point
adressierbarer Speicher addressable memory (hardware)
adressieren (z.B. Speicherzelle) to superscribe, to address (software)
adressierter Speicher addressed memory (hardware)
Adressierungsart addressing mode (software)
Adressierungsverfahren address mode (software)
Adreßraum address space
Adreßteil (eines Befehls) address part (software)
ähnlich analogic, analogical, analogous, similar
Ähnlichkeit analogy
Akku power pack (electronics)
Akkumulator (Addierer) accumulator (hardware)
Akronym acronym
Akte dossier, file folder, file wrapper
Aktenschrank file cabinet
Aktenzeichen reference number
Aktivierung activation
aktualisieren to update
Aktualisieren einer Datei file updating
aktuell up-to-date
Akustikkoppler acoustic coupler (hardware)

akustisch audible
akustische Ausgabe audible output
akustisches Signal audible signal
Akzeptanz acceptance
Akzeptieren accepting
akzeptieren to accept
Alarm alert
algebraische Funktion algebraic function (mathematics)
algebraischer Addierer algebraic adder
algorithmische Adressierung algorithmic addressing (software)
Algorithmus algorithm (mathematics)
allgemein universal, common
allgemeine Lösung general solution
allmählich gradual
allmähliche Leistungsabnahme gradual detorioration of performance (electronics)
allumfassend universal
Alphabet alphabet
alphabetisch geordnet abecedarian, alphabetic
alphabetischer Code alphabetic code
alphabetisches Zeichen alphabetic character
alphamerisch, aus Alphazeichen (Buchstaben) bestehend alphameric
alphanumerisch alphanumeric
alphanumerisches Zeichen (Buchstabe oder Zahl) alphanumeric character
ALT-Taste alt key
Alternativspur alternate track (magnetic tape)
altertümlich antiquarian
Amboß anvil (mechanics)
Amortisation redemption, amortization
amortisieren to redeem
Amperemeter ammeter (electronics)
Amplitudenmaßstab amplitude scale factor
amtliches Schriftstück official document
Amtston (Telefon) dial-tone

Amtszeichen (Telefon) dial-tone
analog analog
Analog-digital Umsetzer analog-digital converter (electronics)
Analog-digital Umsetzung analog-digital conversion
analoge Darstellung analog representation (electronics)
analoge Daten analog data (software)
analoger Prozeßrechner analog process computer (hardware)
Analogwert analog quantity (electronics)
Analyse (z.B. eines Problems) analysis
analysieren (einen Text) to parse (software)
anbauen to attach (mechanics)
Anblick spectacle
andauernd abiding
ändern to modify
anders als unlike
Änderung amendment, modification, surge
Änderungsdatei updating file (software)
Änderungsliste list of modifications
Änderungsroutine modification routine (software)
andrücken to glue (mechanics)
anerkennen to receive, to recognize
Anerkennung acknowledge
anfällig prone
Anfälligkeit brittle
Anfang origin, start, commencement
Anfänger rookie
anfänglich initial
Anfangsadresse commencement location address (software)
Anfangsbuchstabe initial
Anfangsfehler inherited error
Anfangsmarke beginning mark (software)
Anfangspunkt zero
Anfangswert initial value (mathematics)
Anfangszustand initial state (of a system)

anfassen to handle
Anforderung request, requirement (software, electronics)
Anfrage (über ein Terminal) console request (software)
anführen to lead
Anführungszeichen inverted commas, quotation-marks
Angabe datum
Angebot tender
Angel pivot (mechanics)
Angelpunkt hinge (mathematics, mechanics)
angemessen apposite, proportional
angestrengt intense
angewandte Mathematik mixed mathematics
angleichen to assimilate
Angrenzen (von Daten) adjacency (software)
angrenzend adjoining
anhaftend inherent
anhalten to halt
Anhalteweg stop distance (magnetic tape)
Anhaltspunkt reference point
Anhang affix
anhängen to suffix
anhäufend cumulative
Anhäufung (von Daten) heap (software)
Anheben peaking
anheften to fasten, to glue, to tag
Animation animation (software)
Anker anchor
anklebend adhesive
ankommende Nachricht incoming message (software)
ankoppeln to couple
Ankopplung coupling (mechanics)
ankündigen to advertise, to announce
Ankündigung notification
Anlage unit (hardware)
Anlaufzeit start time, warm-up time (system)
Anmeldegebühr registration fee
anmelden to log on (network)
Anmeldung registration

Anmerkung remark (in a program)
annähernd approximate
Annäherung iteration (mathematics)
Annäherungsmethode method of approach (mathematics)
Annahme aceptance, supposition
annehmen to adopt
annullieren to annul
Anode anode, plate (electronics)
anordnen to order
Anordnung (räumlich) arrangement, placement
Anordnung (Vorschrift) order, disposition
anpassen to adapt (hardware, software)
Anpassung accomodation, adapting, adaption, matching (hardware, software)
Anpassungsfähigkeit compatibility (hardware, software)
Anpassungsstück adapter (mechanics)
Anprall impact (mechanics)
Anregung suggestion
Anruf (Telefon) call
anrufen to call
ansagen, ankündigen to announce
ansammeln to accumulate
ansässig (z.B. im Speicher) resident (a program)
anschaffen to purchase
Anschaffung purchase
anschaulich demonstrative
Anschlag (Drucker) impact (mechanics)
anschlagfreier Drucker non impact printer (hardware)
Anschlagtafel (schwarzes Brett) billboard
anschließen to connect cable (electronics), to join
Anschluß port, connection
Anschlußdatei follow up file (software)
Anschlußgerät interface equipment (hardware)
Anschlußkabel connecting cable
Anschlußklemme connecting terminal (mechanics)

Anschlußleitung lead
ansprechen to operate
Ansprechschwelle operating threshold (electronics)
Ansprechspannung pick-up voltage (electronics)
Ansprechzeit response time
anstehend pending
Ansteuerung activation
Ansteuerungsimpuls drive pulse (electronics)
Ansteuerungsleitung selection line
Ansteuerungsschaltung selection circuit (electronics)
Ansteuerungsstrom drive current (electronics)
Anstiegszeit rise time
Anstoß impulse (mechanics)
anstoßend adjoining
Anstrich (mit Farbe) paint
Anteil share
Antivalenz non equivalence
antreiben to drive (mechanics)
Antrieb drive, impulse, propulsion (mechanics)
Antriebsrolle drive capstan flywheel (mechanics)
Antriebswelle transmission (mechanics)
Antwort recall, response
antworten to reply, to respond
Antwortton (Telefon) answer tone
Antwortzeit response time
anvertrauen commit
anweisen to instruct
Anweisung statement, directive, program statement (software)
Anweisungsblock block statement (software)
Anwendbarkeit applicability
anwenden to employ
Anwender user
Anwenderhandbuch user manual
Anwenderprogramm user program (software)
Anwendersoftware application software
Anwendung application (software)

Anwendungsdienstelement (OSI-Schichtenmodell) application service element
Anwendungsflexibilität feature flexibility
Anwendungsgebiet field of application
Anwendungspaket application package (software)
Anwendungsprogramm application program (software)
Anwendungsschicht (OSI-Schichtenmodell) application layer
Anwendungssystem application system (software, hardware)
anwesend present
Anwesenheit presence
Anzeige display (hardware), notice, indication, insertion, notification
Anzeigeeinheit display unit (hardware)
Anzeigeeinrichtung display device, visual indicator (hardware)
Anzeigegerät display device (hardware)
anzeigen to display, to indicate
Anzeiger index
Anzeigeregister display register
anziehen (eine Schraube) to tighten (mechanics)
anziehen to attract (magnetism)
Anziehungskraft gravitational pull
aperiodische Schwingung dead beat oscillation (electronics)
Apparat apparatus (hardware)
Approximation (Näherung) approximation (mathematics)
Äquivalenz equivalence (mathematics)
Arbeit work
arbeiten to work, to function, to operate
Arbeitsablauf operating sequence
Arbeitsauftrag job order
Arbeitsbelastung load
Arbeitsbereich (z.B. im Speicher) working space
Arbeitsblatt spreadsheet (software)

Arbeitsdatei work file (software)
Arbeitsgang pass, cycle
Arbeitsgeschwindigkeit operating speed
Arbeitskontakt normally open contact (electronics)
Arbeitsleistung load
Arbeitsmethode working method
Arbeitsprogramm working program (software)
Arbeitsschritt job step
Arbeitsspannung operating current (electronics)
Arbeitsspeicher working memory (hardware)
Arbeitsspeicher working storage (hardware)
Arbeitsstunde man-hour, working hour
Arbeitsvorbereitung job management, operations scheduling
Arbeitsvorgang working process
Arbeitswicklung operating coil (electronics)
Arbeitszyklus operating cycle, working cycle
Architekt architect
architektonisch architectonic
Architektur architecture
Archiv morgue
Argument argument (mathematics)
Arithmetik arithmetic (mathematics)
arithmetische Rechenoperation arithmetic operation (mathematics)
arithmetische Reihe arithmetic progression, arithmetic series (mathematics)
arithmetisches Mittel arithmetic mean (mathematics)
arretierende Taste locking type of button (mechanics)
Art sort
Art und Weise mode
Artikel item
Asbest (z.B. als Isolierung) asbestos
Assembler (Programmiersprache) assembler (software)
Assembleranweisung assembler statement (software)
Assemblerbefehl assembler instruction (software)
Assemblerprogramm assembly routine (software)
Assemblersprache assembly language (software)
Assemblersystem assembly system (software)
assemblieren to assemble (software)
Assoziativspeicher associative memory, associative storage (parallel search memory)
Asymmetrie asymmetry
asynchron nonlocked, asynchronous
Asynchronbetrieb asynchronous operation
asynchrone Übertragung asynchronous transmission
Atomtechnik nucleonics
Attrappe dummy (software, hardware)
Attribut attribute (software)
ätzen to corrode
Audio-Ausgang audio output (electronics)
Audio-Erweiterungskarte soundcard (hardware)
Aufbereiten (von Daten) editing
Aufbereitung preparation, reconditioning
Aufbereitungsroutine edit routine (software)
aufbewahren to reserve
aufblenden to fade up
aufblitzen to flash
aufdrücken to imprint
aufeinanderfolgend sequent, successive
aufeinanderlegen to stack
auffinden to locate
Auffinden von Fehlern fault finding
Auffrischen (z.B. Speicher) refresh (electronics)
auffrischen to recreate, to refresh
Auffüllen padding
auffüllen to refill
Auffüllen mit Nullen zero fill, zeroise

Aufgabe lesson, task
Aufgabenstellung problem
Aufgabensteuerung task management (software)
aufgliedern to dissect
Aufgliederung dissection
Aufhängen (Programm) hang up
aufhäufen (sich) to accumulate
aufheben to annul, to cancel, to undo
Aufhebungsbefehl undo command (software)
Aufkleber sticker
Auflage edition
auflaufende Summe running total
auflösen to disintegrate, to resolve, to solve
Auflösung resolution (picture)
Auflösungszeit response time
Aufmachung get-up
Aufmerksamkeit interest
Aufnahmegebühr initiation fee
aufnehmen to enter
Aufprall des Schreib- /Lesekopfes head crash (mechanics)
aufrecht perpendicular
aufrechterhalten to uphold
aufrollen to uncoil
Aufruf call, cue
Aufruf zur Stimmenabgabe call for votes
Aufrufbefehl (für ein Unterprogramm) calling instruction (software)
aufrufen to call
aufrunden to half adjust, to round up (mathematics)
Aufrundung round up (mathematics)
Aufrundungs-Fünf five impulse (mathematics)
Aufschlagstelle (z.B. beim Drucker) point of impact (mechanics)
aufschließen to unlock (mechanics, software)
aufschrauben to unscrew (mechanics)
aufschreiben to inscribe, to note
Aufschrift superscription
Aufseher supervisor

Aufsetzbereich landig zone (harddisk)
Aufsetzen (des Schreib-/Lesekopfes) landing (mechanics)
Aufsicht inspection
aufstapeln to stack
aufsteigende Reihenfolge ascending sequence
aufstellen to install
Aufstellung installation (hardware)
Aufstellungsort site
aufsummieren to accumulate
Aufsummierung addition
auftauchen to surface
aufteilen to split
Auftrag job, order, commission
Auftragsbestätigung sale-note
auftragsbezogen job oriented
Auftragsnummer job number
Auftreten incidence
Auftritt scene
aufwärtskompatibel upward compatible (hardware, software)
Aufwertung appreciation
Aufwickelgeschwindigkeit take-up speed (mechanics)
aufwickeln to wind up
Aufwickelspule take-up wheel (mechanics)
aufzählen to enumerate
Aufzählung enumeration
aufzeichnen to graph, to record
Aufzeichnung record (electronics)
Aufzeichnung der Kopfdaten header record (software)
Aufzeichnungsdichte recording density, storage density (electronics)
Aufzeichnungsgenauigkeit accuracy of recording
Aufzeichnungsmedium recording medium
Aufzeichnungsspur recording track
Aufzeichnungsverfahren recording method
Aufzeichnungsverkettung record linkage
augenscheinlich evident
Ausbau (Erweiterung) development (hardware)

ausbauen to extend
ausbessern to refit
Ausbesserung refitment
Ausbeute yield
Ausbilder instructor
Ausbildungsprogramm training program (software)
Ausbleiben non-attendance
Ausblendebefehl mask instruction (software)
Ausblenden masking (software)
Ausblick preview
ausbreiten to explode, to expand
ausdehnen to distend, to expand, to extend, to lenghten
Ausdehnung expansion, extent, dilatation, distention
Ausdruck (auf Papier) hardcopy (on paper)
Ausdruck expression, term (mathematics)
Ausdruck des Bildschirminhaltes (auf einem Drucker) screen dump
Ausdruck, eingeklammerter bracketed therm (mathematics)
ausdrucken print out (on paper)
ausdrücken to word, to voice
ausdrücklich explicit, expressly
Ausdrucksweise diction
ausdünsten to exhale
Ausdünstung exhalation
auseinandernehmen to dismount, to disassembly, to strip (mechanics)
Ausfall failure, outage, shortfall (system)
Ausfall der Netzspannung AC dump (electronics)
Ausfall eines Bits (auf einem magnetischen Speicher) dropout (electronics)
Ausfall eines Gerätes equipment failure
ausfallen to break down
Ausfallhistogramm failure histogram
Ausfallkurve failure curve
Ausfallrate failure rate
ausfallsicheres (störungssicheres) System fail safe system (hardware)
Ausfallzeit (durch eine Reparatur) makeup time, down time
ausfasern to shred
Ausfertigung execution
ausfindig machen to locate
ausfragen to interrogate
ausfransen to fray
ausfräsen to countersink
ausführbar executable
ausführbares Programm executable program (software)
Ausführbarkeit executable
ausführen to implement, to effect, to execute
ausführendes Programm executive routine (software)
Ausführung execution, implementation
Ausführungszeit run time, execution time, operation time
Ausführungszyklus execution cycle
Ausgabe edition, issue, output
Ausgabe, akustische audible output
Ausgabe-Pufferspeicher output buffer storage (hardware)
Ausgabebefehl output instruction, output statement (software)
Ausgabebereich output area
Ausgabedatei output file (software)
Ausgabedaten output data (software)
Ausgabedrucker terminal printer (hardware)
Ausgabeeinheit output element, output unit (hardware)
Ausgabeformat output format
Ausgabegerät output device, output equipment (hardware)
Ausgabekanal output channel
Ausgabeport output port (hardware)
Ausgabewarteschlange output queue
Ausgabewicklung output winding (electronics)
Ausgang (aus einem Programm) exit (software)
Ausgang eines Gerätes output terminals (hardware, electronics, mechanics)
Ausgangsadresse home address (software)

Ausgangsanschlüsse output terminals (hardware)
Ausgangsbedingungen initial conditions
Ausgangsbuchse exit hub (electronics)
Ausgangsdaten original data, raw data, source data (software)
Ausgangsmaterial raw material
Ausgangsposition home position
Ausgangswert default value
ausgearbeitet elaborate
ausgeblendeter Zustand masked state
ausgewachsen, erwachsen adult
Ausgleich compensation
ausgleichen to compensate, to counterbalance
Ausgleicher handicaper
Auskleidung lining
auskoppeln to uncouple
auskratzen to erase
Auskunft information, intelligence
auskuppeln to declutch, to disconnect, to ungear
Auskuppelung disconnection (mechanics)
Auslagerungsdatei swapfile, temporary file (software)
ausländisch foreign
Auslaufen level off (electronics, mechanics)
auslesen to read out
ausloggen to log off
Auslösefunktion trigger function
Auslöseimpuls trigger pulse (electronics)
Auslösekriterium trigger criterion
auslösen to release, to trip
Auslöser trigger
Auslösesignal trigger signal (electronics)
Ausmaß dimension
Ausmessung admeasurement
Ausmultiplizieren factoring (mathematics)
Ausnahme exception
auspacken (eine Datei) to unpack (a file)

Ausprobieren trial-and-error
ausradieren to erase, to rub out
ausrechnen to cipher (mathematics)
ausreichend bemessen conservatively rated
Ausreißer outliers
ausrichten align
Ausrichtung alignement
Ausrüstung equipment (hardware), outfit
Ausschalter cut-out (electronics)
ausschließen to exclude
ausschließlich exclusive
Ausschuß junk, scarp
ausschwitzen to exude
Ausschwitzung exudation
außen external
Außenstation outstation (hardware)
Außenstelle remote station
Außenstellenrechner satellite computer (hardware)
außer Betrieb out of order
außerhalb befindlich, äußerlich external
außerordentlich extraordinary
äußerst extreme
außerstande unable
äußerste linke Ziffer leftmost position
äußerste Maßnahme extremity
Aussetzen intermission
aussetzen to expose, to intermit
Ausstattung configuration, outfit
ausstellen to show
Ausstellung show
ausstoßen to reject (mechanics)
Ausstrahlung radiation
Ausströmen eduction
Austausch exchange, interchange (hardware, software)
austauschbar interchangeable
austauschen to interchange, to swop, to exchange
Austauschteil substitution part (hardware)
austeilen to deal
Austesten checkout
Ausübung exercise

Auswahl choice, selection
auswählen to choose, to select
Auswahlkontrolle selection check
Auswahlsortierung selection sort
Auswahlzyklus selection cycle
auswechselbar interchangeable, demountable
auswechseln to interchange
Auswechselung replacement, interchange
Ausweis identification
ausweisen to identify
Ausweitung expansion
auswerfen (z.B. Diskette) to eject (mechanics)
auswerten to interpret , to evaluate
Auswertung evaluation, interpretation
Auswertungszeit interpretation time
Auswurfmechanismus ejection mechanism
auszeichnen to excel
Auszeichnung marking
ausziehbar telescoping (mechanics)
Auszug dump, extinguish
automatisch robot, automatic
automatische Kontrolle automatic check
automatisches Prüfgerät automatic test equipment (hardware)
automatische Rückstellung self resetting
automatische Vorschubeinrichtung automatic carriage (mechanics)
automatische Zeichengenerierung automatic character generation
automatische Zurückstellung (in den Ausgangszustand) automatic reset
automatischer Übertrag self instructed carry
automatisches Parken (der Schreib-/Leseköpfe) auto-parking (mechanics)
automatisiert automated
Automatisierung automation
autonomer (unabhängiger) Betrieb autonomous operation
Autor author

Autorensprache author language
Axiom axiom (mathematics)

B

Bahn (Spur) path, track
Balkencode barcode
Balkendiagramm bar diagram (graphics)
Band (z.B. Buch) volume (book)
Band (z.B. Magnetband) tape, ribbon, band
Bandanlauf tape start
Bandbreite bandwith (electronics)
Bandeinfädelung tape threading (mechanics)
Bandende end of tape (EOT), tape outage
Bandfehler tape error (software)
Bandführung tape transport (mechanics)
Bandkassette tape cartridge (mass storage)
Bandlaufwerk magnetic tape device, tape drive (hardware)
Bandriß torn-tape condition (mechanics)
Bandrolle reel (mechanics)
Bandschräglauf skew
Bandspannung tape tension (mechanics)
Bandstörung tape jam (mechanics)
Bandtellerbremse reel brake (mechanics)
Bandtransport tape feed, tape transport (mechanics)
Bandvorspann tape leader
Bandwickelvorrichtung tape reeling device (mechanics)
Bank (Speicherreihe) bank (memory, hardware)
Banknote (Geld) paper
Bankumschaltung bank switching (electronics, software)
bares Geld ready money

Basis base (mathematics)
Basisadresse base address
Basisband baseband (electronics)
Basiskomplement noughts complement (mathematics)
Basisregister base register
Basisspeicher base memory (MS-DOS: 0 - 640 KB)
Basisstrom base current (electronics)
Basiszahl radix (mathematics)
Bauelement component (hardware)
Baugruppe assembly (electronics, hardware)
Baugruppensystem assembly system (electronics)
Baumstruktur, Baumtopologie tree structure (network, directory)
Bausatz kit (hardware)
Baustein module (hardware, software)
Bauteil component
Bauteildichte packing density, component density (electronics)
beanspruchen to stress, to strain
Beanspruchung stress (mechanics)
bearbeiten to edit (software)
bearbeitete Oberfläche finish
Bearbeitungsart occupation
beaufsichtigen to supervise
Beaufsichtigung supervision
bebildern to illustrate
Bebilderung illustration
Bedarf need, demand
bedeutsame Ziffer significant bit
Bedeutung denotation, significance
bedeutungslos insignificant
bedeutungslose Daten irrelevant data (software)
Bedeutungslosigkeit insignificancy
Bediener operator
Bedienungsfehler operating error
Bedienungsfeld control panel (hardware)
Bedienungspersonal operating staff
Bedienungspult control console (hardware)
Bedienungsrichtlinien operational guidance
Bedienungsvorschriften operating instructions
bedingte Programmunterbrechung conditional breakpoint
bedingter Befehl conditional instruction (software)
bedingter Sprung conditional jump, conditional transfer (software)
bedingter Sprungbefehl branch on condition (in a program)
bedingungslos unconditional
Beeinflussung manipulation
beeinträchtigen to impair
Beeinträchtigung derogation
beenden to finish, to terminate
Beendigung termination
befähigen to enable
befähigt qualified
Befähigung qualification
Befehl command, instruction, order (software)
Befehl ohne Adresse addressless instruction (software)
Befehl, bedingter conditional instruction (software)
befehlen to order
Befehlsablauf control sequence (software)
Befehlsadresse instruction address (software)
Befehlsadressenregister instruction address register
Befehlscode operation code, instruction code (software)
Befehlsdecodierschaltung instruction decoder
Befehlsfolge sequence of instruction (software)
Befehlsformat instruction format (software)
Befehlslänge instruction length (software)
Befehlsliste instruction list
Befehlsmenü command menu (software)
Befehlsmix instruction mix (software)
Befehlsregister instruction register, control register

Befehlssatz instruction set
Befehlsstruktur code structure, command structure
Befehlsverkettung command chainig, piping
Befehlsvorrat instruction repertory, instruction set
Befehlswort instruction word
Befehlszähler control counter, instruction counter, program counter
Befehlszählerregister instruction counting register
Befehlszeit instruction time
Befehlszyklus instruction cycle
befestigen to fasten, to fix, to pin
Befestigung holddown (mechanics)
befristet terminable
Befund evidence
begrenzen to limit, to terminate
Begrenzerschaltung limiter circuit (electronics)
Begrenzung limitation
Begrenzungswiderstand limiting resistor (electronics)
Begriff conception
Begriffsbestimmung definition
begründen to found
begutachten to survey
Behälter box, container (mechanics)
behandeln to manage, to handle, to manipulate
beherrschen to dominate
behutsam cautious
Beihilfe subvention
Beimischung admixture
Beispiel example, sample
beispielhaft belegen to exemplify
Beizmittel mordant
bekannt noted
Bekanntmachung publication
Bekleidung incrust (mechanics)
beladen to fraught
Belag incrust
Belastbarkeit wattage rating, load carrying ability, power rating (electronics), rated load
belasten to encumber
Belastung charge (electronics, mechanics)
Belastungsfaktor load factor (electronics, mechanics)
Belastungswert rating
beleben to animate
Beleg voucher
Belegleser document reader (hardware)
Belegung, Auslegung seizing (electronics)
Belegungsplan layout (electronics)
Belegungszeit holding time
belichten (Foto) to expose
beliefern to yield
bemerken to notice
Bemerkung remark
bemessen (Konstruktion) to design
benennen to term
Benennung designation
Benutzer user
Benutzeradresse user address (network)
benutzerfreundlich human friendly, easy to use
Benutzerkennsatz user label
Benutzeroberfläche user interface (software)
Benutzerschnittstelle user interface (software)
Benutzung use
beobachten to notice
Bequemlichkeit easyness
berechenbar computable
berechnen to calculate, to account
Berechnung account, calculation, computation, evaluation
Berechnung der Adresse address computation (software)
Berechnungsmethode arithmetic technique, method of analysis (mathematics)
berechtigen to licence
Bereich array, area, domain
bereit ready
Bereitschaft readiness
Bereitschaftszeichen prompt
Bereitstellung provision
berichtigen to rectify, to adjust

berichtigte Version amended version (program)
Berichtigung rectification, amendment
Berichtigungsdaten correction data (software)
bernsteinfarben (z.B. Monitorbild) amber (color)
berühmt noted
Beschaffung provision
Beschäftigung lay
bescheinigen to certificate
Bescheinigung certificate
beschichtet (mit Folie) foliated
beschichtetes Papier coated paper
Beschichtung coating
Beschlag mounting (mechanics)
beschleunigen to accelerate, to speed up
Beschleuniger accelerator
Beschleunigerkarte (z.B. Grafikkarte) accelerator-card (hardware)
Beschluß decision
beschränken to limit, to restrict
beschränkend restrictive
beschränkt limited
beschreiben to describe
beschreibende Literatur descriptive literature
beschriften to inscribe
Beschriftung lettering
beschweren to encumber
besetzt (Telefonleitung) engaged
besichtigen to survey
Besichtigung inspection
Besonderheit feature
Bestand constancy
Beständigkeit constancy
Bestandsführung file maintenance
Bestandteil ingredient, element, integral part (hardware, software)
bestätigen (eine Eingabe) to confirm (an input)
bestätigen to ratify, to affirm, to verify
Bestätigung grant, ratification, acknowledge
Bestätigungsanfrage request for confirmation
Bestätigungstaste enter key
Bestätigungszeichen acknowledge character
bestehen to exist
besteuern to tax
bestimmbar definable, determinable
bestimmen to appoint
bestimmend determinant
bestimmt definitive, determinate
bestimmtes Integral definite integral (mathematics)
Bestimmung determination
Bestimmungsort destination
Bestrahlung irradiation (electronics)
betätigen to actuate
Betrag sum, amount
betreiben to operate
Betrieb mode, operation
Betriebsabrechnung factory accounting
Betriebsanleitung instruction manual, operation instruction
Betriebsanweisung operation instruction
Betriebsart mode of operation
betriebsbereit operational, ready for operation, standby
Betriebsbuchhaltung factory accounting departement
Betriebsdauer operating time
betriebsfähig workable, operable
Betriebsfrequenz operating frequency (electronics)
Betriebskosten operating expenses
betriebssicher dependable, fool-proof
Betriebssicherheit von Geräten equipment dependability
Betriebsspannung operating voltage (electronics)
Betriebssprache operating language (software)
Betriebsstörung equipment failure, break down
Betriebsstrom operating current (electronics)
Betriebsstundenzähler time-hour meter (hardware)
Betriebssystem operating system (software)

Binärdaten

Betriebstemperatur operating temperature
betriebsunfähig unworkable
bevorzugt privileged
bewegen to stir, to move
bewegend kinetic
beweglich mobile, moveable, portable
Beweglichkeit mobility, portability
Bewegung motion, stir
Bewegungsdaten variable data
Beweis argument (mathematics)
Beweis evidence
beweisen to verify
Bewertung weighting
Bewertungsfunktion weighing function (mathematics)
Bewertungsproblem benchmark problem
bewirken to effect
bezeichnen to mark, to signify, to term
bezeichnend characteristic
Bezeichnung marking, notation, denotation, designation
beziehen to relative
beziehungslos irrelative
bezüglich relative
Bezugsadresse reference address (software)
Bezugspegel reference level (electronics)
Bezugswert reference value
bezwecken to aim
Bibliothek library (software)
biegen to curve, to incurve
biegsam limber, pliable, flexible
Biegsamkeit flexibility, pliability
Bild image, picture, figure
Bildabtaster scanner (hardware)
Bildauflösung picture resolution
Bilddekompression image decompression (software)
bilden (z.B. einen Block) to frame
Bilderfassung image capture
Bildfenster window (software)
Bildfrequenz refresh rate (electronics)
Bildinhalt-Austast-Synchron-Signal
(BAS) composite signal (electronics)
Bildlaufleiste scroll bar (software)
Bildpunkt pixel
Bildpunktdichte (Auflösung) pixel density
Bildröhre cathode ray tube (hardware)
Bildschirm screen, scope (hardware)
Bildschirmdarstellung soft copy
Bildschirmeditor screen editor (software)
Bildschirmgerät visual display terminal (hardware)
Bildschirmmaske screen mask (software)
Bildschirmtext teletext, videotext system
Bildschirmtreiber display driver (software)
Bildsensor image sensor (hardware)
Bildübertragung picture transmission
Bildungsgesetz law of formation (mathematics)
Bildungssoftware educational software
Bildverarbeitung image processing (software)
Bildwechsel frame switching
Bildwiederholrate refresh rate (electronics)
Bildwiederholspeicher frame buffer (hardware)
billig inexpensive
binär binary
binär dargestellte Dezimalschreibweise binary coded decimal notation
binär dargestellte Dezimalzahl binary coded decimal digit
Binär-Dezimalumsetzer binary to decimal converter
Binäraddierer binary adder
Binärarithmetik binary arithmetic (mathematics)
Binärbaum binary tree (software)
Binärcode binary code
Binärdaten binary data

binäre (duale) Zahl binary number
binäre Information binary information
binäre Informationseinheit information bit
binäre Stelle binary position
binäre Zähler radix-two counter
binäre Ziffernfolge bit rate
binärer Zahlenbereich binary scale
binäres Schieberegister binary shift register
binäres System two-state system
Binärschreibweise binary notation
Binärsuche binary search
Binärsystem binary system
Binärzahl mit Vorzeichen signed binary
Binärzähler binary counter
Binärzelle binary cell
Binärziffer binary digit, bit
Binär-zu-dezimal-Umwandlung binary to decimal conversion
Bindelader link loader
Binder (für Programmmodule) linker (software)
Bindestrich hyphen
BIOS Basic Input Output System
bistabile Kippschaltung trigger pair circuit, flipflop (electronics)
bistabile Schaltung bistable circuit (electronics)
bistabiler Code on-off code (electronics)
Bit-orientierter Speicher bit organized memory
Bitdichte (z.B. Schreibdichte) bit density (electronics)
Bitfrequenz bit frequency (electronics, software)
Bitkette bit string
Bitkonfiguration bit configuration
Bitmaske bit mask
Bitmuster bit pattern, bit map, bit configuration (software)
Bitmusterschriften bitmap font
bitparallel bit parallel (transmission)
Bitrate bit rate
Bits pro Sekunde bits per second (bps)

Bits pro Zoll bits per inch (bpi)
bitseriell bit serial, serialized
Bitübertragungsschicht (OSI-Schichtenmodell) physical layer
Bitvektor bit vector
Blasenspeicher bubble memory (hardware)
Blatt sheet, paper
Blättern leafing
Blattkurve folium, n-leaved rose (mathematics)
Blattvorschub form feed (mechanics)
Blattzuführung form feeding (mechanics)
Blattzuführungsgerät form feeding device (hardware)
Blaupause blueprint
Blech tin, sheet
blechern tiny
Blei lead
Bleiakkumulator lead acid storage battery (electronics)
Bleistift pencil
blind blind, dead
Blindbefehl dummy instruction (software)
Blindenschrift braille
Blindleistung reactive power (electronics)
Blindsicherung dummy fuse (electronics)
Blindstecker dummy plug (electronics)
Blitz flash
Blitzableiter lightning-conductor (electronics)
blitzen to flash, to sparkle, to lighten
Blitzschutzsicherung lightning-arrester (electronics)
Block block
Blockadresse block address
Blockauswahl block selection
Blockierung (einer Datei im Netzwerk) file locking (software)
Blocklänge block length, block size
blockorientiertes Gerät block device (hardware)
Blockprüfung block check

Blockregister block register
Blocksatz (Text) justified text
Blockschaltbild block diagram (electronics)
Blockverschiebung block movement
Blockzwischenraum interblock space
Boden ground
Bogen arc (geometry)
bohren to bore (mechanics)
Bohrer borer, piercer (mechanics)
Bohrloch bore (mechanics)
Bohrung bore (mechanics)
Bolzen bolt, gudgeon (mechanics)
bombenfest bomb-proof
bombensicher bomb-proof
Boolesche Algebra Boolean algebra (mathematics)
booten (das Betriebssystem laden) to boot (software)
Botschaft message
brauchbar usable, useful, workable
brauchen to require
brechen to fracture, to refract
Breite width
Breitformat landscape representation
Bremse brake (mechanics)
Brief letter, mail
Briefpapier notepaper
Briefqualität (eines Ausdruckes) letter quality
Briefumschlag envelope, letter-cover
Briefwaage letter-balance
Brille specs
Broschüre folder, booklet, brochure
Bruch fraction, algebraic fraction (mathematics), fracture (mechanics)
Brüche auflösen clearing of fraction (mathematics)
Bruchform fractional representation (mathematics)
brüchig (Metall) short (mechanics)
Bruchstrich fraction line (mathematics)
Bruchstück fragment, fraction (mechanics)
Brücke strap, bridge (hardware)
Bruttolohnabrechnung gross pay calculation
Buch book

buchen to book, to enter
buchen nach ... to post
Buchse hub, bush
Buchstabe letter, alphabetic letter
buchstabenweise Übertragung (von einem Alphabet in ein anderes) transliterate
buchstäblich literal
Buchungsbeleg journal voucher
Budget budget
Bündel bundle, trunk
bündeln to multiplex (channel), to bundle (software, hardware)
bündig terse
bunt particoloured
Büroautomation office automation
Bürobedarfsartikel office appliances
Bürokratie red tape
Bus (Datenbus, Adreßbus...) bus (hardware)
Bustreiber bus driver (software, hardware)
Bytegrenze byte boundary

C

Cache-Speicherbereich cache memory
Cachespeicher-Fehlgriff cache-miss
CD-ROM Compact Disk Read Only Memory (mass storage)
Chiffre cipher
chiffrieren to cipher
Chrom chrome
Code-erzeugendes Programm generator (software)
Code-Umsetzer data translator
Code-Wort code word
Codegenerierung code generation
Codemuster code pattern
Codeseite (vorbereiteter Zeichensatz) codepage (software)
Codeumsetzer code translator
Codeumsetzung code conversion
Codewandler code converter

codieren to code
codiert coded
codierte Dezimalschreibweise coded decimal notation
codierte Dezimalzahl coded decimal digit (software)
codierte Signalausgabe coded output (electronics)
codierter Befehl coded instruction (software)
Codierung coding
Compiler für Compilerentwicklung metacompiler (software)
Computer für die Handfläche palmtop computer (hardware)
Computer für die Jackentasche pocket computer (hardware)
Computerfachmann computer professional
Computergeneration computer generation
computergesteuert computer controlled
computergestützt computerized
Computergrafik computer graphics
Computerlauf computer run
Computersimulation computer simulation (software)
computerunabhängige Programmiersprache computer independent language (software)
computerunterstützt computer aided
Computervirus computer virus (software)
Cursorsteuertaste arrow key (keyboard)

D

Dampf reek
dämpfen to quench
dampfen to reek, to smoke
darstellen to present
darstellende Geometrie projective geometry
Darstellung presentation, representation
Darstellung auf einem Bildschirm scope presentation
Darstellung mit Summenzeichen sigma notation (mathematics)
Darstellungsschicht (OSI-Schichtenmodell) presentation layer
Datei file, data file (software)
Datei mit wahlfreiem Zugriff random file (software)
Datei-Server file server (hardware)
Dateiende end of file (EOF)
Dateiendemarke end of file mark
Dateiname file name (software)
Dateinamenserweiterung extension (COM, EXE, BAT)
Dateiorganisation file organisation
Dateischutz file protection (software)
Dateisteuerblöcke file control blocks (FCB)
Dateiübertragung file transfer
Dateiverwaltung file management (software)
Dateiverwaltungssystem file management system (software)
Dateizuordnungstabelle file allocation table (software)
Daten bereitstellen supply data
Datenadresse data address
Datenadreßverzeichnis data directory
Datenaufbereitung data preparation
Datenaufzeichnung data recording
Datenaufzeichnungsmedium data recording medium (harddisk, diskette etc.)
Datenausgabe data output
Datenaustausch data exchange
Datenaustauschformat data exchange format (DXF)
Datenauswertung interpretation of data
Datenautobahn information highway (network)
Datenbank data base (software)
Datenbankabfrage data base access

Datenbankbetreiber spinner
Datenbankschlüssel data base key (software)
Datenbanksystem data base system (software, hardware)
Datenbankverwaltung data base management
Datenbankzugriff data base access
Datenbeschreibung data description
Datenbibliothek data library
Datenblatt data sheet
Datenblock block of informations, data block (software)
Datenbus data bus (hardware)
Datendarstellung data presentation
Datendurchsatz information flow rate
Dateneingabe data input
Dateneinheit data unit
Datenelement data element
Datenendeinrichtung (z.B. Terminal) data terminal equipment (hardware)
Datenendstation data terminal (hardware)
Datenerfassung data collection, data gathering, data recording, data acquisition
Datenfeld data field, field
Datenfernübertragung remote data transmission
Datenfernverarbeitung remote data processing, teleprocessing of data
Datenfluß data rate, information flow
Datenflußplan data flow chart
Datenformat data format
Datengrenze data boundary
Datengruppe string
Datenhierarchie data hierarchy
Datenintegrität data integrity (software)
Datenkanal data channel, information channel (software, hardware)
Datenkasse point of sale
Datenkassette data cartridge (mass storage)
Datenkategorie data category
Datenkette data chain
Datenkompatibilität data compatibility (software)
Datenkompression data compression (software)
Datenkontrollwort data control word (software)
Datenleitung data line, data highway
Datenmanipulation data manipulation
Datenmassen bulk of data
Datenmenge pack of data, bulk of data
Datenmodul data module
Datenmodullaufwerk data module drive (hardware)
Datennetzwerk data network
Datenorganisation data organization
Datenpaket packet (software)
Datenpfad data path
Datenpuffer data buffer (hardware)
Datenquelle (Sender) data source (hardware)
Datenreduktion data reduction
Datenrückführung roll back
Datensatz record
Datensätze record set
Datensatzsperrung (im Netzwerkbetrieb) record locking (software)
Datenschutz data protection (hardware, software)
Datenschutzbeauftragter data security officer
Datensenke data sink
Datensicherheit data security
Datensicherung backup, data security, protection of data
Datensichtgerät terminal, information display system (hardware)
Datensichtstation (Terminal) data display unit (hardware)
Datenspeicherplatz data storage position
Datenspeicherung auf Mikrofilm videomicrographics
Datenstation data station (hardware)

Datenstruktur data format, data structure
Datenträger data carrier, data medium (diskette, magn. tape)
Datenträgername volume label
Datentransfer information transfer
Datentyp data type
Datenübertragung data communication, data transfer, data transmission
Datenübertragung im Gegenverkehr duplex communication
Datenübertragungseinrichtung data circuit equipment (DCE)
Datenübertragungsnetz data communication network
Datenübertragungsrate average data transfer rate
Datenübertragungssteuerung communication control
datenverarbeitendes Gerät data processing equipment (hardware)
Datenverarbeitung data handling, data processing
Datenverarbeitungsanlage data processing machine (hardware)
Datenverarbeitungsexperte data processing expert
Datenverarbeitungssystem data processing system (hardware and software)
Datenverbindung data link
Datenverdichtung data compaction
Datenverkettung data chaining
Datenverlust data loss
Datenverschlüsselung data encryption (software)
Datenverwaltung data management
Datenverzeichnis data dictionary
Datenwandler data transducer
Datenwort data word
datieren to date
Datum date
Dauer permanence, constancy, endurance
Dauerbetrieb continuous-duty operation
dauerhaft permanent, solid, stable

dauerhafte Verbindung optischer Fasern optical splice (mechanics)
dauerhafter Speicher permanent memory (hardware)
dauernd abiding
Dauerverbindung full time circuit
Daumen thumb
Daumenabdruck thumb-print
de-installieren to deinstall (software)
deaktivieren to deactivate
dechiffrieren to decipher (software)
Deckel cover, dome (mechanics)
Defekt fault
Definition definition
dehnbar ductile
Dehnbarkeit ductility
dehnen to strech
Dehnung strech
Dejustierung misalignment (mechanics, electronics)
Dekade decade (mathematics)
dekadische Logarithmus Briggsian logarithm (mathematics), common logarithm
dekodieren to decode
Dekodierer decoder
Dekodiermatrix decoder matrix
Dekodierung decoding
dekomprimieren to decompress (data)
Dekomprimierung decompression (data)
Dekrement decrement (mathematics)
demagnetisieren to demagnetize (electronics)
demnächst next
Depot depot
Design design (hardware, software)
Deskriptor descriptor (software, mathematics)
Detail detail
deutlich articulated, definite, explicit, express
dezimal decimal
Dezimal-binär-Umwandlung decimal to binary conversion
dezimale Schreibweise decimal notation

dezimale Zahl decimal number
dezimaler Bruch decimal fraction (mathematics)
dezimaler Gleitpunkt (Komma) decimal floating point
Dezimalpunkt (Komma) decimal point
Dezimalsystem decimal system, metric system
Dezimalziffer decimal, decimal digit
Diagnose-Routine diagnostic routine (software)
diagnostizieren to diagnose
diagonal diagonal
Diagonale diagonal
Diagramm chart, diagram
Dialekt dialect
Dialog dialogue
Dialogbetrieb conversational mode, interactive mode
dialogorientiert conversational
Dialogsprache conversational language
Diapositiv (Dia) lantern-slide
dicht compact
Dichte density
Dichte, einfache single density (SD)
dichtgedrängt serried (data)
Dichtigkeit (von Papier) texture
Dichtigkeit thickness, compactness
Dichtung gasket (mechanics)
Dichtungsring gasket, washer (mechanics)
Dicke thickness
Dienstleistungszentrum service center
Dienstprogramm service program, utility program (software)
Differential differential (mathematics)
Differentialgleichung differential equation (mathematics)
Differentialgleichung höherer Ordnung higher-order differential equation (mathematics)
Differentialquotient derivative (mathematics)
Differentialrechner differential analyser (hardware)
Differentialrechnung differential calculus (mathematics)
digital digital
digital arbeitender Prozeßrechner digital process computer (hardware)
Digital-analog-Umsetzer digital to analog converter
Digitalanzeige digital display (hardware)
Digitalcomputer digital computer (hardware)
digitale Darstellung digital representation
digitaler Winkelstellungsgeber shaft position digitalizer (mechanics)
digitalisieren to digitalize, to digitize
Digitalisiertablett digitizer (hardware)
Digitalisierung digitization
Digitalkassette digital cassette (mass storage)
Digitalwertwandler digital transducer (electronics)
Dimension dimension
dimensionslose Größe dimensionless quantity (mathematics)
Diode diode (electronics)
Dioptrie (Optik) dioptric
DIP-Schalter dual inline package switch (electronics)
Diplom diploma
direkt direct, lineal
Direktantrieb direct drive (mechanics)
direkte Adresse one level address
direkte Adressierung direct addressing, immediate addressing
direkte Ansteuerung linear selection (electronics)
direkte Verarbeitung one-line processing
direkter Betrieb on-line operation
direkter Speicherzugriff direct memory access, immediate access
direkter Zugriff (Speicher) direct access
Direktruf direct call
Direktzugriffsmethode direct access method

Direktzugriffsspeicher direct access memory, random access memory
Disassembler disassembler
Disjunktion disjunction
Disk-orientiertes Betriebssystem disk operating system (software)
Diskette diskette, floppy disk (mass storage)
Diskettenformat disk format
Diskettenlaufwerk disk drive, floppy disk drive (hardware)
Diskettenverzeichnis disk directory (software)
diskrete Zahl diskrete number
Disposition disposition
Distanzadresse displacement address
Divergenz divergence (mathematics)
divergierende Reihe divergent series (mathematics)
Dividend antecedent (mathematics)
Division division (mathematics)
Divisor divisor (mathematics)
Divisor-Register division register
Dokument document
Dokumentation documentation
Dokumentationssystem information retrieval system (software)
dokumentenecht permanent
dokumentenechter Stift indelible pencil
Dolmetscher interpreter
Domäne domain
Doppelbit double bit
Doppeldruck overprinting
Doppelintegral double integral (mathematics)
Doppelpunkt colon
doppelseitig double sided (DS), reversible (diskette)
Doppelstecker two adapter
doppelt double, twice
doppelte (Umdrehungs-) Geschwindigkeit doublespeed (CD-ROM)
doppelte Auslegung double eXtension (DX)
doppelte Buchführung double-entry bookkeeping
doppelte Dichte double density (DD)
doppelte Genauigkeit double precision
doppelte Prüfung double sampling
Dorn mandrel, spine (mechanics)
Dosis dose
Draht tin, wire
drahtlos wireless
Drahtstift brad (mechanics)
drängen to hustle
Draufsicht plan view
drehen to revolve, to spin, to turn, to twist, to wheel, to roll
drehen um etwas to hinge upon something
drehend revolving, rotary
Drehkondensator variable capacitor (electronics)
Drehmelder selsyn (electronics)
Drehmoment torque
Drehpunkt hub, pivot
Drehscheibe pallet (mechanics)
Drehstrom three-phase current, triphase current (electronics)
Drehung spin, turn, twist, torsion
Drehwiderstand potentiometer, rheostat (electronics)
Drehzahlgeber tachometer generator
Drehzahlregler speed variation unit (electronics)
Dreieck triangle (geometry)
dreieckig triangular
Drift drift
dringend urgent
Dringlichkeit urgency
dritte Ausfertigung triplicate
dritte Wurzel cubic root (mathematics)
Drossel reactor (electronics)
drosseln to throttle
Druck impress, pressure, compression (mechanics)
Druckbefehl print command (software)
drucken to print
Drucken mit Kleinbuchstaben lower case printing
drückend hard

Drucker printer (hardware)
Drücker trigger (mechanics)
Drucker mit mechanischem Anschlag impact printer (hardware)
Druckerei print office
Druckereinheit (eines Laserdruckers) image unit (hardware)
Druckerschwärze ink, print ink
Druckerserver print server (network)
Druckfehler misprint
Druckgeschwindigkeit print speed, printing rate
Druckhammer print hammer (mechanics)
Druckknopf button, pushbutton
Druckkopf print head (hardware)
Drucklager thrust bearing (mechanics)
Druckmaske print mask
Druckmesser manometer
Druckwalze print roll (mechanics)
Druckwerk print unit, printing mechanism (hardware)
Druckzeile print line
DTP desktop publishing
Dualcode binary code
duale (binäre) Zahl binary number
duale Schreibweise binary notation
Dualsystem binary system
Dualzahl binary digit
Dübel dowel (mechanics)
dunkel dark, black
Dunkelheit dark
dünn flimsy, papery
dunstig damp
Duplexbetrieb duplex operation
Duplexverkehr duplex communication
Duplikat duplicate
Duplizieren duplicating
duplizieren to duplicate
durchbrennen to fuse
Durcheinander mix-up
durchfluten to flush
Durchführbarkeit feasibility
Durchgang passing
durchgehend non-stop
Durchlauf pass, run

Durchlaufen looping
durchlaufen to traverse
durchleuchten to X-ray
durchlöchern to hole
Durchmesser diameter
durchnumerieren to number serially
Durchpausen tracing
Durchsatz performance, throughput
durchscheuern to fray
Durchschlag strainer
Durchschlagpapier flimsy
Durchschnitt section
durchschnittliche Suchzeit average seektime
Durchschnittswert average value
Durchsicht recension, revision
durchsichtig pellucit, transparent
durchsichtige Darstellung phantom view
Durchsuchen einer Datei file searching
durchtesten to test out
dürftig sparing
Düse jet, nozzle
dynamisch dynamic
dynamische Speicherung dynamic storage
dynamische Verknüpfungen living-links (software)
dynamischer Datenaustausch dynamic data exchange (DDE)
dynamischer Speicher dynamic memory
dynamisches Unterprogramm dynamic subroutine (software)

E

Ebene plane (mathematics)
ebene Koordinaten plane coordinates (mathematics)
ebene Kurve plane curve (mathematics)
Ebenengeometrie plane geometry (mathematics)

ebnen to smooth
Echoprüfung read back check
echt real, true
echter Bruch proper fraction (mathematics)
Echtfarbendarstellung true color
Echtzeit-Programmiersprache real time language
Echtzeit-Videodigitalisierer framegrabber
Echtzeitbetrieb real time operation
Echtzeitrechner real time computer (hardware)
Echtzeitverarbeitung real time processing
Ecke nook, angle
eckig angular
eckige Klammer bracket
editieren to edit
Editor editor (software)
Effekt effect
effektive Adresse (Speicher) effective address, actual address
Effektivität efficiency
Effektivwert effective value
eichen to calibrate, to dispart
Eichleitung step attenuator (electronics)
Eichtabelle calibration chart
Eichung calibration
Eigenart identity
Eigenbedarf one´s own need
Eigenmagnetisierung intrinsic induction (electronics)
Eigenresonanz self resonant frequency
Eigenschaft feature, attribute, characteristics, quality
Eigentest eines Computers open shop testing (software)
Eignung qualification
Ein-/Ausgabe input/output
Ein-/Auslagerung swapping
Ein-/Ausschalter on-off switch
Ein-Adreß-Code single address code
Ein-Aus-Regelsystem on-off-control system (electronics)
Einadreßrechner one address computer (hardware)

einäugig monocular
Einbenutzerbetrieb single user operation
einbetten to embed (software, hardware)
einbrennen to burn-in
eindeutig non ambiguous (mathematics)
eindeutig unmistakeable
eindeutige Funktion one valued function (mathematics)
Eindruck imprint (mechanics)
eindrücken to impress (mechanics)
Einerkomplement ones complement
einfach single
einfache Auslegung (z.B. von Datenleitungen) single eXtension (SX)
einfache Dichte single density (SD)
einfache Genauigkeit single precision
einfacher Logarithmus common logarithm (mathematics)
Einfallswinkel angle of incidence
einfalzen to rebate
einfarbig monochrome
Einfluß incidence, influence, factor
Einfügebyte insert byte
einfügen to rabbet
Einfügesortierung insertion sort
einführen to introduce
Einführung initiation, introduction
Eingabe input
Eingabe von Hand manual input
Eingabe-/Ausgabebereich input/output area
Eingabe-/Ausgabebus input/output bus (hardware)
Eingabe-/Ausgabeeinheit I/O unit (software, hardware)
Eingabe-/Ausgabekanal I/O channel
Eingabe-/Ausgabeport input/output port (hardware)
Eingabe-/Ausgabesteuerung input/output control
Eingabe-Pufferspeicher input buffer storage
Eingabebefehl input instruction (software)

Eingabebereich input area
Eingabedaten input data
Eingabedatenfluß input job stream
Eingabeeinheit input unit (software, hardware)
Eingabegerät input device, input equipment (hardware)
Eingabegeschwindigkeit input speed
Eingabekanal input channel
Eingabeport input port (electronics)
Eingabeprogramm input routine (software)
Eingaberegister input register
Eingabespeicher input block
Eingabetaste enter key
Eingang receipt, port, input
Eingangsfehler inherited error
Eingangsöffnung inlet
Eingangsvariable input variable
Eingangswarteschlange input work queue
eingearbeitet inwrought
eingebaute Kontrolle built-in check
eingeben to enter, to input, to introduce
eingebettet embeded
eingebrannt burn-in
eingeklammerter Ausdruck bracketed therm (mathematics)
eingelagert embeded
eingerostet rusty
eingetragen registered
eingliedern to affiliate
Eingrenzung eines Fehlers fault isolation
Einheit unit (hardware, software)
Einheitenzähler unit counter (hardware)
Einheitsformular standard form
Einheitsschritt unit element
einhüllen to wrap
Einkauf purchase
Einkaufspreis cost-price
einkerben to notch
einklammern to paranthesize
Einlage inlay, inlet
Einlaß inlet
einlegen to inlay, to insert (diskette)
Einleitung initiation, preamble

Einlesefehler loading error
einloggen to log on (network)
einmalig one shot
einmalige Erscheinung noncurrent phenomenon
einmischen to interfere
Einmischung interference
einordnen to file, to classify
einpassen to patch
einplanen to schedule
Einplatzsystem single user system (hardware)
einreihen to range
einrichten to install, to organize
Einrichtung installation, arrangement
Einsatzerprobung field test
einsatzfähig operational
einschaltbereites System turnkey system (hardware)
einschalten to energize
Einschaltstromstoß inrush current
Einschaltung line up
einschieben interpolate
Einschiebung interpolation
einschließen to encase, to include, to inclose
einschließlich inclusive
einschränken to restrict
einschränkend determinative, restrictive
Einschränkung restriction
Einschub slide-in chassis, slot
Einschubkarte plug-in card
einseitig single sided, unilateral
einseitige Bandführung single-edge guiding (mechanics)
einsetzen to install (software, hardware)
einsilbiges Wort monosyllable
Einspeicherung line to store transfer
einspeisen to inject
Einsteckmodul plug-in module (hardware)
einstellbar adjustable
einstellen to set
Einstellgenauigkeit setting accuracy
Einstellpotentiometer setting potentiometer (electronics)

Einstellung setup
Einstellungszeichenkette setup string
eintasten to keystroke
eintragen to list, to record
Eintragung insertion, registration, entry (database)
einwandfrei unobjectionable
Einweggleichrichter half wave rectifier (electronics)
einwickeln to wrap
Einwicklung involution
Einwilligung compliance
einwirken to operate
Einzahl singular
einzeichnen to inscribe
Einzelbild frame
Einzelblatteinzug (Drucker) sheet feeder (mechanics)
Einzelblattzuführung (Drucker) single sheet feeder (mechanics)
Einzelhandel retail
Einzelheit item, datum, detail
einzeln single
Einzelnachricht diskrete message (software)
Einzelproblem one time job
Einzelschritt-Betrieb single step mode, single step operation
Einzelschrittgeschwindigkeit list speed
Einzelstation stand-alone unit (hardware)
Einzelteil component part (hardware)
Einzelverarbeitung single-cycle processing
einzigartig singular
Einzigartigkeit singularity
Eisen iron
eisenhaltig ferruginous
Eisenkern iron core
elastisch elastic, resilient
Elastizität resilience
elektrisch electric
elektrische Leitfähigkeit electric resistivity
elektrische Schreibmaschine electric typewriter (hardware)
elektrische Verzögerungsleitung electric delay line
elektrischer Anschluß current junction
elektrischer Strom current
elektrisieren to spark
Elektrolytkondensator electrolytic capacitor (electronics)
Elektromagnet solenoid (electronics)
elektromagnetisch gesteuert solenoid controlled
Elektromechanik electromechanics
Elektronenkanone (z.B. in einer Bildröhre) electron gun
Elektronenstrahl electron beam
Elektronikingenieur electronic engineer
elektronische Datenverarbeitungsanlage electronic data processing machine (hardware)
elektronische Datenverarbeitung (EDV) electronic data processing
elektronische Nachricht electronic mail (software)
elektronische Post electronic mail (software)
elektronische Zeichenabtastung electronic character sensing
elektronischer Briefkasten electronic mailbox, mailbox (software)
elektronischer Datenaustausch electronic data interchange
elektronischer Schalter electronic switch
elektronischer Zähler electronic counter
elektronischer Zahlungsverkehr electronic funds transfer (software)
elektronisches Bauteil electronic component, electronic device
elektrostatischer Drucker electrostatic printer (hardware)
elektrostatischer Speicher electrostatic memory (hardware)
Element element, cell
Elementarfunktion elementary function

Ellipse ellipse (mathematics)
elliptische Funktion elliptic function
Emaille enamel
Emitter emitter (electronics)
Emitterstrom (am Transistor) emitter current (electronics)
Empfang receipt, receive
empfangen to receive
Empfänger (in einem Netz) data sink, receiver (hardware, software)
Empfangsbereich reception coverage
empfehlen to commend, to recommend
empfehlenswert commendable
Empfehlung recommendation, commendation
empfindlich sensitive
empfindlich, leicht zu beschädigen damageable
Empfindlichkeit sensitivity
Emulation emulation (software, hardware)
Emulator emulator (software, hardware)
Ende end, termination
Endergebnis final result
Endgerät subset
endgültig definitive
Endkontrolle final inspection
Endkriterium at end condition (program)
endliche Reihe finite progression, finite series (mathematics)
endlos interminable, endless
Endlosbandrekorder tape loop recorder (hardware)
Endlosbetrieb continuous operation
Endlosformular continuous form, continuous paper form
Endlospapier fan-fold paper
Endmontage final assembly (hardware)
Endschalter limit switch (mechanics)
Endstation terminal
Endstelle terminal station (hardware)
Endstufe final stage
Endsumme final total
Energieüberwachungssystem power management (electronics)
energieunabhängiger Speicher non volatile storage
Enge, Engpaß bottleneck
Entbündelung (Trennung von Hard- und Software beim Verkauf) unbundling
entdecken to detect, to discover
Entdeckung detection, discovery
entfalten to develop, to display
entfernt remote
Entfernung distance
entflammen to inflame, to enkindle
entgegenarbeiten to counterwork
entgegengesetzt opposite, antipodial, opposed
entgehen to escape
entgiften to decontaminate
Entgiftung decontamination
enthalten to include
entkoppeln to isolate (electronics)
Entkoppelungsschaltung isolating circuit (electronics)
entladen to discharge (electronics)
Entladung discharge (electronics)
entlasten to disburden, to disencumber, to unburden
entleeren to void
entlegen remote
Entmagnetisierung demagnetization (electronics)
entpacken (z.B. eine Datei) to unpack (a file)
entprellen (Tasten) debounce (electronics)
entschädigen to redeem, to reimburse
Entschädigung reimbursement
entscheidend definitive
Entscheidung decision
Entscheidungsbefehl decision instruction, discrimination instruction (software)
Entscheidungsbox (Programm) decision box (software)
Entscheidungsfähigkeit decision making ability
Entscheidungsfeld decision box (software)

Entscheidungsspiel decision making game
Entscheidungstabelle decision table (mathematics)
entschieden determinate
Entschluß decision
entschlüsseln to encipher
entspannen to unbend
entsprechend relative
Entstehung von Information originating of information
Entstörung interference elimination (electronics)
entwerfen to plan, to sketch, to design, to delinerate
entwickeln to develop
Entwickler developer
Entwicklung development, evolution
Entwicklungsmodul evaluation module (hardware, software)
Entwicklungssystem development system (hardware, software)
Entwicklunsgszeit development time
entwirren to straighten out
Entwurf layout, plan, scheme, sketch, blueprint, delineration, design
entzerren to equalize (electronics)
Entzerrer compensator (electronics)
entziffern to decipher
entzündbar igniable
entzünden to ignite, to enkindle, to inflame
entzündlich inflammable
entzündliche Stoffe inflammables
Entzündlichkeit inflammability
Entzündung ignition
Epoxidharz epoxy resin
Erde ground (electronics)
erden to ground (electronics)
erdfrei free of ground (electronics)
Erdgeschoß ground-floor
Erdleitung ground wire
Erdung ground connexion (electronics)
Ereignis event
Ereignisbit event bit
erfahren expert
Erfahrenheit expertness

Erfahrung know how
erfahrungsgemäß empirical
Erfassen (Daten) acquisition (data)
Erfindung invention
Erfolg success
Erfolg haben to succeed
erfolglos unsuccessful
erforderlich required
Erfordernis requirement
erforschen to investigate, to explore
Erforschung exploration
Ergänzung integration, supplement
ergeben to yield
Ergebnis result, outcome
ergebnislos inconclusive
Ergonomie human engineering
ergreifen to grasp
erhalten to save
erhitzen to ignite, to heat
Erhitzung ignition
erhöhen to enhance, to heighten, to increment
erholen to recreate
Erholung recreation
Erholungspause recreation
Erinnerung recollection
erkennbar cognizable
Erkennbarkeit perceptibility
erkennen to recognize
Erkenntnis cognition
erklärbar definable, explainable
erklären to explain, to expound, to illuminate
erklärend explicative, explicatory
Erklärung declaration, explanation
erlauben to licence, to allow
Erlaubnis licence, permission
erläutern to illuminate, to illustrate, to comment
Erläuterung illustration, comment
erledigen to dispatch
erleuchten to lighten, to illuminate
Ermittlung ascertainment
ermöglichen to enable
erneuern to regenerate
erproben to evaluate
Erprobung try-out
erreichbar available

errichten to construct
Ersatz substitution, compensation, displacement, replacement
Ersatz leisten to make restitution
Ersatzfüllung refill
Ersatzteil spare, maintenance part, replacement part (hardware)
erschaffen to create
ersetzen to replace, to redeem
Ersetzungsregel production rule
Erstattung reimbursement
Ertrag yield
erwachsen adult
erwarten to expect
erwartete Lebensdauer life expectancy
erweiterter Speicherbereich extended memory
Erweiterung development
erweiterungsfähig open ended
Erweiterungsfähigkeit expandability
Erweiterungsspeicher extended memory (hardware)
Erweiterungssteckplatz card slot (hardware)
erwidern to reply, to respond
erzeugen to produce, to create, to generate
erzeugende Funktion generate function (mathematics)
Erzeugnis product
Escape-Sequenz escape sequence (software)
Escape-Zeichen escape symbol
Etikett label
Exemplar exemplar, specimen
exklusives ODER exclusive OR, non equivalence
Expansionsspeicher expanded memory (hardware)
Experiment experiment
Experte expert
Expertensystem expert system (software)
explizite Adresse explicit address (software)
explizite Funktion explicit function (mathematics)

explodieren to explode
Explosion explosion
Explosionszeichnung exploded view
Exponent exponent (mathematics)
exponentielle Funktion exponential function (mathematics)
exponentielle Verteilung exponential distribution (mathematics)
externe Geräte peripheral equipment (hardware)
externer Speicher external storage, peripheral memory
Exzentrizität (z.B. einer Scheibe) eccentricity (mechanics)

F

Fabrik manufactory
Fabrikat manufacture
Fabrikation manufacture, fabrication
Fabrikationsfehler flaw
fabrikneu green
fabrizieren to fabricate
Facette facet
Fach panel, pocket
Fachbezeichnung nomenclature
Fächer (zur Kühlung) fan (mechanics)
fachkundig competent
Fachliteratur non-fiction
Fachmann expert
Fachwerk framework (mechanics)
Fadenkreuz cross hairs, reticule
fähig sein to be able to
Fähigkeit ability, capability, faculty
fahren to drive, to wheel
Fahrlässigkeit negligence
Faksimile (Fax) facsimile
Faktor factor
Faktura invoice
fakturieren to invoice
Fakturierung billing
Fakultätsdarstellung factorial notation (mathematics)
falsch false

falsch berechnen to miscalculate
falsch buchstabieren misspell
falsch datieren to misdate
falsch numeriert misnumbered
falsch rechnen miscount
falsch schreiben misspell
falsch übersetzen mistranslate
falsche Rechnung miscount
falsche Übersetzung mistranslation (software)
falsches Datum misdate
Fälschung falsification
Falte fold
falten to fold
Falz fold, joggle, rabbet, rebate
falzen to fold, to groove
fangen to hook
Farbband ribbon, type ribbon
Farbbandtransport ribbon feed (mechanics)
Farbbildschirm color monitor (hardware)
Farbdrucker color printer (hardware)
Farbe paint, colour, color (american engl.)
färben to colour, to color (american engl.)
Farbgrafik color graphics
Farbmischungstafel color formular guide
Farbsättigung saturation
Färbung hue
faserig stringy
Fassung redaction, socket (electr.), version
Faustregel rule-of-thumb
Faxkarte fax board (electronics)
federkräftig springy
Federleistenstecker clip contact connector (mechanics)
federnd springy
Fehlanpassung mismatch (software, hardware)
Fehlantwort false drop
Fehlbetrag deficit, shortage
Fehleinstellung false position
Fehlen failure
fehlen to fail

fehlend missing
Fehler error, mistake, trouble, bug, defect, failing, fault
Fehlerabschätzung error estimation
Fehleranzeige error indicator
Fehlerbehandlungsprogramm fault interrupt routine (software)
Fehlerbeseitigung trouble shooting, debugging
Fehlerbeseitigung durch wiederholte Übertragung error deletion by iterative transmission
Fehlerbeseitigung in einem Programm program debugging (software)
Fehlercode error code
Fehlererkennung error detecting
fehlerfrei errorfree, clean, faultless
fehlerfreier Betrieb error-free operation
fehlerhaft faulty, defective, incorrect
fehlerhafte Daten erroneous data (software)
Fehlerhaftigkeit faultiness
Fehlerhäufung error burst
Fehlerkontrolle error control
Fehlerkontrollzeichen error checking character
Fehlerkorrektur error correction, error recovery
Fehlerkorrekturcode error correcting code (software)
Fehlerkorrektureinrichtung error correcting feature
Fehlerkorrekturprogramm error correcting program (software)
Fehlerkorrekturzeichen error correcting character
Fehlerliste error list
Fehlermeldung error message (software)
Fehlerstatus errorlevel
Fehlersuche error detecting, trouble location, trouble shooting
Fehlersuchhilfen debugging aids (software)
Fehlersuchprogramm debug program, debugger (software)

Fehlertoleranz fault-tolerance
Fehlerverhältnis error rate
Fehlerwahrscheinlichkeit error probability
fehlgeleitet misrouted
fehlschlagen to fail
Fehlstellen auf einer Festplatte hard errors, bad sectors
Feinheit niceness
Feld field, array (mathematics, electronics)
Feldauswahl field selection
Feldbegrenzung field definition
Feldrechner array processor (hardware)
Feldspezifikation field specification
Feldspule inductor (electronics)
Feldstärke (Magnetfeld) field strength, magnetic field strength (electronics)
Feldtest field test
Feldvariable array variable (software)
Fenster window (software)
Fenstertechnik windowing (software)
fern von afar
ferngesteuert distance controlled
Fernleitung trunk line
Fernmeldeeinrichtung telecommunications system
Fernmessung telemetering
Fernschreibcode telegraph code
Fernschreiber teleprinter, teletype, teletypewriter, ticker (hardware)
Fernschreibnetz telex network, wire telegraph network
Fernsehgerät television set (hardware)
Fernsprechkanal voice channel
Fernsteuerung remote control
Fernübertragung long distance transmission
Fernvermittlung trunk switch office
Fernwartung remote maintenance
Fernzugriff remote access
Fernzugriff auf eine Datenbank remote database access

Ferritkern ferrit core (electronics)
Ferritstab ferrit rod (electronics)
fertig ready
fertiges Produkt finished product
Fertigungskontrolle manufactoring control
Fertigungsplanung production planning
Fertigungssteuerung product control
Fertigungstechnik product engineering
fest fix, solid, steady, compact
feste Satzlänge fixed record length
Festformat fixed format
festgesetzt determinate
Festigkeit compactness, consistency, fastness, firmness, steadiness
Festkomma fixed point
Festkomma-Addition fixed point addition
Festkomma-Division fixed point division
Festkomma-Multiplikation fixed point multiplication
Festkomma-Operation fixed point operation
Festkomma-Subtraktion fixed point subtraction
Festkommadarstellung fixed point representation
Festkommarechnung fixed point calculation
Festkommasystem fixed point system
Festkörperbauteil solid state device (electronics)
Festkörperphysik solid state physics
Festkörperschaltkreis solid state circuit (electronics)
festmachen to clinch (mechanics)
Festplatte fixed disk, hard disk (mass storage)
Festplattenlaufwerk harddisk drive (hardware)
Festplattenspiegelung (zwei Festplatten mit identischem Inhalt) disk mirroring
Festplattenverzeichnis disk directory (software)

Festpunktzahl fixed point number (mathematics)
festsetzen to appoint
feststehend static
feststellen to identify
Feststellung ascertainment, statement
festverdrahtet hardwired
Festwertspeicher read only memory (ROM), shadow store
Fett grease
fette Schriftauszeichnung bold (character, font)
fettig greasy
Fetzen shred
feucht wet, dank
Feuchtigkeit damp, humidity, moistness, moisture
feuchtigkeitsbeständig damp-proof
Feuchtigkeitsmesser hygrometer
feuerfest fireproof, refractory
feuergefährlich inflammable
Figur pattern
Filiale subsidiary
Film motion pictures
Filter filter
filtern to filter
Filterprogramm filter program (software)
finden to found, to detect
Fingerabdruck finger print, dactylogram
Fingerbreite digit
Fingernagel thumbnail
fingernagelgroßes Bild thumbnail (picture)
Firma mit Niederlassungen multiple firm
Fixpunkt fixpoint, checkpoint
Fixpunktdaten ledger data
Flachbandkabel ribbon cable (electronics)
Flachbettplotter flat bed plotter (hardware)
Fläche slant, surface, area
Flächeneinheit unit area (mathematics)
Flächenintegral surface integral (mathematics)
Flächenmodell surface model
Flackern flicker
flackern to flicker, to wobble
Flag flag (software)
Flansch flange
Flattersatz unjustified text
fleckenfrei stainless
flexibles Kabel flexible cable
flicken to botch
Flickwerk botch, patchwork
fliehen to escape
Fließkommaeinheit floating point unit (hardware)
Fließkommazahl floating point
Flimmern flickering
flimmern to flicker
Flipflop-Schaltung trigger pair circuit (electronics)
Flipflopspeicher flipflop (electronics)
Flucht escape
flüchtig (z.B. Ladung) volatile (electronics)
flüchtiger Speicher volatile storage (electronics)
Fluchtsymbol escape symbol
Flugbahn trajectory
Flügelschraube thumb-screw (mechanics)
Flugsimulator flight simulator (software, hardware)
Flußcontrolle flow control
Flußdiagramm programming flowchart
Flußdichte flux density (electronics)
flüssig fluid, liquid
Flüssigkeit fluid, fluidity, liquid
Flüssigkeitskristallanzeige liquid crystal display
Flußlinie flux line
Folge effect, result, cycle
Folgeadresse continuation address
Folgefrequenz repetition rate (electronics)
folgen to result, to succeed
folgerichtig systematically
Folgerung inference, consequent
Folgesteuerung sequential control
Folgezeile continuation line

Folientastatur touch sensitive keyboard (hardware)
Förderband conveyor belt (mechanics)
fordern to require
Forderung requirement, demand
Form form
formaler Fehler formal error
Format format
Formatieren formatting
formatieren to format (a diskette)
Formatierungsprogramm formatter (software)
Formatsteuerungszeichen layout character
Formel formula (mathematics)
Formelberechnung formula evaluation (mathematics)
formen to pattern
formlos formless, informal, unceremonious
Formular form, paper form
Formularende end of form
Formularleser document reader (hardware)
formulieren to formulate
forschen to quest
Forscher explorer
Forschung research
Forschungsmodell research model
fortgeschritten advanced
Fortpflanzung propagation
fortschrittlich forward
Foto photography
Fotoapparat camera
Fotodiode photodiode (electronics)
Fotografie photography
fotografieren to photograph
fotografisch photographic
Fotokopie photostatic copy
Fotosatz photo typing setting
Fotozelle photocell (electronics)
Fracht freight
Frachtstück package
Frage question
Fragebogen questionaire
fragen to query
Fragezeichen query
Fragment fragment

Fraktal fractal (mathematics)
Frakturschrift german text
frei free, vacant, disengaged
frei lassen to free
freie Software freeware (Public Domain)
freier Parameter arbitrary parameter
freier Speicherplatz allocatable space (memory)
Freigabe release (software, hardware)
Freigabeimpuls enable pulse
freigeben to enable, to deallocate, to detach
freigegebener Bereich purge area
freigestellt optional
Freileitung open wire line
freimachen to free
Freiraum (beim Barcode) quiet zone
Freitext-Datenbank free format database (software)
fremd foreign
Fremdsprache foreign language
Frequenz frequency (electronics)
Frequenzabstand frequency spacing (electronics)
Frequenzabtastung frequency scanning (electronics)
Frequenzabweichung frequency departure (electronics)
Frequenzband frequency band (electronics)
Frequenzbereich frequency coverage (electronics)
Frequenzenteiler frequency divider (electronics)
Frequenzfehler frequency instability (electronics)
Frequenzfilter frequency selective filter (electronics)
Frequenzgang frequency response (electronics)
Frequenzhub frequency swing
Frequenzmesser frequency meter (hardware)
Frequenzmodulation frequency modulation (electronics)
Frequenzspektrum frequency spectrum (electronics)

Frequenzumsetzer frequency converter (hardware)
Frequenzumsetzung frequency conversion, frequency translation
Frequenzumtastung frequency shift keying (electronics)
Frequenzverlauf frequency characteristics (electronics)
Frequenzverzerrung frequency distortion (electronics)
frieren to freeze
Frontplatte front panel (mechanics)
frühzeitiger Ausfall early failure
Fuge joint, rabbet, join
führen to guide
führende Nullen leading zeros
Führung guide, lead
Führungsgröße control quantity (electronics)
Führungskante guiding edge
Führungslöcher (z.B. beim Endlospapier) feed holes
Führungsstift guide pin (mechanics)
Füllzeichen fill character
Fundament ground work
Fundamentalsatz fundamental theorem (mathematics)
Fünfeck pentagon (geometry)
Fünfergruppe pentade
Funkbrücke radio link (electronics)
Funke sparkle
funkeln to sparkle
funken to spark, to radiate
Funkenstörung man-made static (electronics)
Funkkanal radio channel
Funktion function
Funktion, hyperbolische hyperbolical function (mathematics)
Funktion, implizite implicit function (mathematics)
funktionelle Einheit module (software, hardware)
Funktionsbaugruppe function module (hardware)
Funktionsstörung malfunction
Funktionstaste control key, function key
Funktionstüchtigkeit viability
Funktionszeichen control character, function character
Furche groove
Fussel fuzz
fusselig fuzzy
fusseln to fuzz
Fußnote foot-note

G

Gabel fork
gabeln to bifurcate, to divaricate
Gabelung bifurcation, fork, furcation
galvanisch galvanic
galvanisch getrennt galvanically isolated (electronics)
gangbar passable
Gangverzögerung cycle delay (mechanics)
ganz total
Ganze integer (mathematics)
ganze Zahl (im Gegensatz zur gebrochenen) integer (mathematics)
ganze Zahl diskrete number, integer number (mathematics)
gänzlich total, dead
ganzmetallig all-metal
Ganzseitendrucker page-at-a-time printer (hardware)
ganzzahliges Vielfaches integral multiples (mathematics)
Ganzzahlvariable integer variable
Garantie guaranty, warranty
garantieren to guarantee
garantiert warranted
Gas gas
gasförmig gaseous
gasgefüllte Röhre gas tube
Gateway gateway (hardware)
Gatter gate (electronics)
Gaußsche Fehlerverteilung Gaussian failure distribution (mathematics)
Gaußsche Verteilung Gaussian distribution (mathematics)

Gebiet domain, zone
Gebilde structure
Gebläse (zur Kühlung) blast
Gebrauch usage, use
gebrauchsfertig ready for use, ready made
Gebrauchsmuster registered design
Gebrauchsmusterschutz protection for registered designs
gebündelte Nachricht multiplexed information (software)
gebunden latent
Gedächnis memory, recollection
Gedränge jam
gedruckte Schaltung printed circuit (electronics)
geeignet fit, qualified
Gefahr danger, hazard, jeopardy
Gefahrenzone line of danger
gefährlich hazardous, dangerous
gefahrlos safe
gefrieren to freeze
Gefüge texture
gegen versus
Gegenbetrieb duplex transmission (data transmission)
Gegengewicht balance, counterbalance, counterpoise, counterwight (mechanics)
Gegenkopplung degenerative feedback, inverse feedback (electronics)
Gegenmaßnahme countermove
Gegenmutter lock-nut (mechanics)
Gegenphase (Elektronik) phase opposition (electronics)
gegenseitig mutual
gegenseitige Blockierung (von Programmen) deadlock
Gegenseitigkeit reciprocity
Gegenstand object, topic
Gegenstück counterpart
Gegenteil reverse, opposite
gegenüberliegend opposite
Gegenuhrzeigersinn counterclockwise
Gegenwirkung response, reaction
Gehäuse encasement, housing, shell, case

gekoppelter Schaltkreis coupled circuit
geladen live
gelb (das Gelb) yellow
Gelbbuch (mit Spezifikationen zur CD-ROM) yellow book
gelbe Seiten (Telefonbuch) yellow pages
Gelegenheit occasion
gelingen to succeed
gelöst (nicht miteinander verbunden) disengaged
Gemälde picture
gemeinsam common, mutual
gemeinsamer Bereich common area (memory)
gemietete Leitung leased line
gemischt miscallaneous
gemischte Digital-analog-Schaltung hybrid digital-analog circuit (electronics)
genau exactly, strict
genau dann wenn if and only if
genaue Nachbildung facsimile
Genauigkeit accuracy, exactitude, exactness, preciseness, precision
Genauigkeit, doppelte double precisions (software)
Genauigkeit, einfache single precisions (software)
Genauigkeitsprüfung accuracy control
Genauigkeitsverlust loss of accuracy
Genehmigung assent, permission
geneigte Ebene oblique plane (mathematics)
Generation generation
Generator generator (electronics, software)
generieren to generate (electronics, software)
Geodäsie geodesy
Geometrie geometry (mathematics)
Geometrie der festen Körper solid geometry
geometrisch geometric (mathematics)
geometrisches Mittel geometric mean (mathematics)

geometrische Reihe geometric series (mathematics)
geometrischer Ort locus (mathematics)
gepaart double
gerade lineal (geometry), even (mathematics), direct
Gerade straight line (mathematics)
gerade Funktion even function (mathematics)
gerade Parität even parity (software)
gerade Paritätskontrolle even parity check (software)
gerade Zahl even number
Geradenabschnitt line segment (mathematics)
geradlinig linear
Gerät device, apparatus, tool, gear, implement, utensil (hardware)
Gerätebaugruppe package (hardware, electronics)
Geräteeinschub slide-in chassis (hardware)
Gerätegruppe cluster (hardware)
Gerätehandbuch technical manual
geräteinterner Betrieb local mode
Geräteprüfung hardware check
Geräteschrank equipment cabinet (mechanics)
Gerätestörung equipment trouble
Gerätetreiber device driver (software)
Gerätschaften hardware
Geräumigkeit ampleness
Geräusch noise
geräuschlos noiseless
geräuschvoll noisy
geringe Menge modicum
geringer less
geringer Stromverbrauch low power drain (electronics)
Gerippe framework, skeleton (mechanics, software)
gerundet rounded
Gerüst stage
Gesamtfehler gross error
Gesamtheit complex
Gesamtsumme sum total, tot, total
Gesamttest checkout test

Geschäft employ, job, deal, trade
Geschäftsgrafik business graphics
Geschäftsvorgang transaction
Geschäftszweig line of business
geschickt expert, handy,
geschlitzt slotted
geschlossen closed
geschlossene Schaltung packaged circuit (electronics)
geschlossene Schleife closed loop (software)
geschlossene Zählkette closed counting chain (software)
geschlossenes Unterprogramm closed subroutine (software), linked subroutine (software)
geschmeidig limber
geschmolzen molten
geschrieben written
geschrumpft shrunken
geschützt protected
geschützter Speicherbereich protected storage area
geschweifte Klammer brace
Geschwindigkeit speed, celerity, velocity
Gesellschaft society
Gesetz law
Gesetzgeber law-giver
gesetzlich legal, at-law
gesetzlich geschützt registered
gesondert separate
gespanntes Seil tight-rope
gesperrt disabled
Gespräch dialogue
Gestalt form
Gestaltung configuration
Gestell skeleton, cabinet, creel, rack (mechanics)
Gestellrahmen cabinet rack (mechanics)
gestört out of order
gestörte Leitung faulted line
geteilt shared
geteilter Bildschirm split screen
getrennt separate , discrete
Getriebe drive, gear, gear train (mechanics)

gewagt hazardous
gewähren to allow
gewährleisten to guarantee
Gewährleistung guaranty, warranty
Gewalt force
Gewebe texture
gewerblich commercial
Gewicht weight
Gewichtung weighting
gewickelte Verbindung wrapped connection (electronics)
Gewinn- und Verlustrechnung financial statement
gewöhnlich usual
gewöhnliche Differentialgleichung ordinary differential equation (mathematics)
gewöhnliches Papier plain paper
gewölbt concave
giftig toxic
Giftstoff toxin
Gips gypsum
Gitter grid
glanzlos dead
Glasfaser fiber optics
Glasfaserkabel fiber optics cable
Glasur glaze
glatt smooth, sleek
Glätte sleekness
glätten to planish, to smooth, to burnish
Glaubwürdigkeit plausibility
gleich identical, similar
gleich machen to level,. to assimilate
gleich Null setzen equate to zero (mathematics)
gleichartig homogeneous, kindred, uniform
Gleichartigkeit homogeneity
gleichbedeutend identical
gleiches Vorzeichen like sign (mathematics)
gleichgerichtete Spannung rectified voltage (electronics)
Gleichgewicht balance
Gleichgewicht halten to counterpoise
gleichgewichtiger Code fixed count code (software)

Gleichheit parity
Gleichheitszeichen equality sign (mathematics)
Gleichlauf synchronism
gleichlaufend parallel
gleichlaufend synchronous
Gleichlauffehler clock error, timing error
gleichmäßig uniform, steady
gleichmäßige Konvergenz uniform convergence (mathematics)
Gleichmäßigkeit uniformity
Gleichrichter rectifier (electronics)
Gleichrichterschaltung rectifier circuit (electronics)
Gleichrichtung detection, rectification (electronics)
gleichseitige Hyperbel rectangular hyperbola, equilateral hyperbola (mathematics)
Gleichstrom direct current (DC)
Gleichstrombelastbarkeit steady-state rating (electronics)
Gleichstromimpuls unidirectional pulse (electronics)
Gleichung equation (mathematics)
Gleichung dritten Grades cubic equation (mathematics)
Gleichung höherer Ordnung higher-order equation (mathematics)
Gleichung mit Unbekannten equation with unknowns (mathematics)
Gleichung nach x auflösen solve an equation for x (mathematics)
Gleichung vierten Grades biquadratic equation (mathematics), quartic equation (mathematics)
Gleichungssystem system of equations (mathematics)
gleichzeitig synchronous, concurrent, simultaneous
gleichzeitig sein synchronize
gleichzeitige Übertragung simultaneous transmission
gleichzeitiger Betrieb simultaneous operation
gleichzeitiger Zugriff concurrent access

Gleichzeitigkeit simultaneity, synchronism
Gleiten glide
gleiten to slide, to slip, to glide
Gleitkomma floating point
Gleitkomma-Addition floating point addition
Gleitkomma-Division floating point division
Gleitkomma-Multiplikation floating point multiplication
Gleitkomma-Operation floating point operation
Gleitkomma-Subtraktion floating point subtraction
Gleitkommadarstellung floating point representation
Gleitkommarechnung floating point calculation
Gleitkommasystem floating point system
Gleitpunktzahl floating point number (mathematics)
global global
globale Variable global variable (software)
Glossar glossary
Glühlampe incandescent lamp
goldhaltig auriferous
Grad groin, pitch, degree
Gradeinteilung graduation, scale
Graf graph
Grafik graphics
Grafik-Beschleuniger (Grafikkarte) graphics accelerator (hardware)
Grafikanzeige graphic display
Grafikauflösung graphic resolution
Grafikbefehl graphics instruction (software)
Grafikbildschirm graphic display, graphics screen (hardware)
Grafikdrucker graphics printer (hardware)
Grafikeinheit graphics display unit (graphics board and monitor)
Grafikfähigkeit ability to graphic representation (software, hardware)
Grafikkarte graphics board (hardware)
Grafikpaket graphics package (software)
Grafikprozessor pixel processor (hardware)
Grafiktablett graphics table (hardware)
grafisch graphic, graphical
grafische Benutzeroberfläche graphical user interface (software)
grafische Darstellung graph, graphical representation
grafisches Symbol graphics symbol
grammatikalisch grammatical
grammatisch zerlegen to parse
Granulat granulation
Graphit graphite, plumbago
Graphitstift electrographic pen
grau (das Grau) grey
Greifarm picker arm (mechanics)
greifen to hold, to catch, to grab
Greifer grab, grapple (mechanics)
Greifvorrichtung gripping device (mechanics)
Grenze limit, border, bound, boundary
grenzenlos boundless, limitless, unlimited
Grenzfrequenz cut-off frequence (electronics)
Grenzwert boundary value, rating (electronics, mathematics)
Grenzwertprüfung limit check (mathematics)
Griff grasp, handle, hold, catch
Großbuchstabe upper case, capital letter
Größe size, extent, quantity
große Informationsmenge bulk information
Größenordnung order (mathematics)
Großhandel whole-sale
Großraumspeicher bulk memory, large capacity store (hardware)
Großrechner mainframe (hardware)
grün (das Grün) green
Grund ground, principle, bottom
Grundfläche base, bottom, floor space
Grundformat basic format

Grundfunktionen core primitives
grundieren to ground
Grundierung priming
Grundlage foundation, ground work, basis
Grundlagen fundamentals
grundlos unprovoked
Grundplatine motherboard (hardware)
Grundplatte baseplate
Grundrechenart basic calculation operation (mathematics)
Grundriß plan view, floor plan, ground-plan
Grundsatz axiom (mathematics)
grundsätzliche Arbeitsweise principle of operation
Grundtakt master clock (electronics)
Gründung foundation
Grundwelle fundamental (electronics)
Gruppe series
Gruppe von Bauteilen pod (hardware)
Gruppenanordnung control hierarchy (electronics)
Gruppenanzeige group indication (electronics)
Gruppenwechsel group control change (electronics)
gültig valid, passable
Gültigkeit validity
Gültigkeitsbereich scope
Gültigkeitsprüfung validity check
Gummi gum, rubber
gummieren to gum
Gurt web
Gußstahl cast-steel
Gutachten survey
Güte quality

H

Haarnadel hairpin
hacken to hack
Haftpflicht liability
Haken hook, catch
haken to hook
Halbaddierer half adder
halbautomatisch semi-automatic
Halbbyte nibble
halbduplex half duplex
Halbduplex-Verkehr half duplex communication (data transmission)
Halbebene half plane (mathematics)
halbfertig semifinished
halbhohes Laufwerk slimline drive (hardware)
halbieren bisect (mathematics)
Halbierung bisection
Halbkugel hemisphere
Halbleiter semiconductor (electronics)
Halbleiterdiode semiconductor diode (electronics)
Halbmesser radius
Halbperiode half cycle (mathematics)
Halbwort half word (software)
Halt hold
halten to hold
Haltepunkt break point (mechanics, software)
Halter catch
Haltezeit stop time
Hammer hammer (mechanics)
hämmern to hammer
Hamming Code (zur Fehlerkorrektur) hamming-code (software)
Hand hand
Handarbeit (keine Maschinenarbeit) handwork
Handbetrieb manual operation
Handbreite (=4 Zoll) hand, palm
Handbuch manual, manual of instruction
Hände weg! hands off
Handel trade, commerce, traffic
handeln to deal
Handelsdatenaustausch trade data interchange
Handelsmarke trademark
handelsüblich usual

handelsübliches Gerät conventional equipment
Handfertigkeit handicraft
Handfläche palm
handförmig palmated
handgefertigt manually prepared, handmade
handgemacht manual
handgeschriebene Information handwritten information
Handhabe handle
handhaben to handle, to manage, to manipulate
Handhabung manipulation, administration, handling, management
Handkoffer suitcase
Händler vendor
Händlerpreis tradeprice
handlich manageable
Handlichkeit handiness
Handscanner handheld scanner (hardware)
Handschrift hand, writing, handwriting, plain text
handschriftlich manuscript
Handshake-Betrieb handshaking
Handsteuerung manual control
Handwerk handicraft
Handwerkszeug kit (mechanics, software)
Hantierer handle
Hardwareadresse hardware address
Hardwarekompatibilität equipment compatibility
hart hard
Härte hardness
Hartgummi ebonite
hartlöten braze
hartnäckig refractory
hartsektoriert hard-sectored (diskette)
Hash-Verfahren hashing
Haube hood
hauchdünn filmy
Haufenstruktur heap (data)
Häufigkeit frequency
häufigster Wert mode (mathematics)

Hauptaufgabe main task
Hauptdatei master file (software)
Hauptfehler major defect
Hauptimpuls master pulse (electronics)
Hauptmenü main menu (software)
Hauptplatine motherboard (hardware), main board
Hauptprogramm main program, master routine (software)
Hauptprozessor main processor
Hauptsache substance
Hauptschlüssel masterkey
Hauptspeicher general storage, main memory, main storage (hardware)
Hauptteil body
Hauptverbindung highway circuit (electronics)
Hauptwert principal value (mathematics)
Hauptwort substantiv, noun
Hauptzyklus major cycle
Haussprechanlage interphone
Haustelefon interphone
Haut skin
Heben lift
heben to lift
heften to rivet
heiß hot
Heizfaden filament (electronics)
Heizspannung filament voltage (electronics)
Heizung heating
helfen to help
hell light
Helligkeit luminance
hemmen to cramp
Hemmung jam, restriction
herabdrücken to depress
herabsetzen to degrade
Herausgabe publishing
herausgeben to redact
Herausgeber publisher
herauskommen to issue (new product)
herkömmlich run of the mill
Herkunft derivation, origin
herleitbar derivable

herleiten to derive
Herstellen einer Verbindung von Hand manual patching
Hersteller producer
Herunterladen (von Daten eines anderen Rechners) downloading
herunterstufen to downgrade
hervorheben to highlight
Hervorhebung highlighting
heterogen heterogeneous
heuristische Methode heuristic method
hexadezimal hexadecimal
hexadezimale Zahl sedecimal number, hexadecimal number
Hexadezimalsystem hexadecimal system
Hierarchie hierarchy
hierarchisch aufgebaute Datenbank hierarchical database (software)
Hilfe help
Hilfefunktion help function
hilfreich helpful
Hilfseinrichtung auxiliary device
Hilfsmittel help, ressource
Hilfsprogramm auxiliary routine (software)
Hilfsprogramm utility (software)
Hilfsrelais slave relay (electronics)
Hilfsspeicher auxiliary storage, secondary storage (hardware)
Hilfszeichen im Barcode guard bars
hinneigen to gravitate
hinreichend competent
Hintereinanderschaltung tandem connection (electronics)
Hintergrund background
Hintergrundprogramm background program (software)
Hintergrundspeicher background memory, virtual memory (hardware)
Hintergrundverarbeitung background processing
Hinweis cue
hinweisen to advert
hinzufügen to add
Histogramm (die Darstellung einer Häufigkeitsverteilung) histogram

Hitze heat, hotness, thermic
hitzig red-hot
Hochbetrieb hustle
Hochformat portrait representation
Hochfrequenz high frequence (electronics)
Hochgeschwindigkeitsmodem high speed modem (hardware)
Hochgeschwindigkeitsübertragung burst transmission, burst mode
Hochsprache (Programmiersprache) high level language (software)
höchst extreme
höchster Grad height
höchster Punkt climax
Höchstwert absolute maximum rating
höchstwertiges Bit most significant bit
höchstwertige Ziffer leftmost position
hochwertiges Bauteil high grade component
Höhe height, pitch
hohe Impulsdichte pulse crowding (electronics)
hohe Integrationsdichte (eines Schaltkreises) large scale integration (electronics)
Höhepunkt height, zenith
höhere Programmiersprache high level language (software)
höherwertig high-order
hohl concave
Holografie holography
homogen homogeneous
homogene Differentialgleichung homogeneous differential equation (electronics)
hörbar audible
hörbare Niederfrequenz audio frequency
Horizont skyline
Horizontalablenkung (Monitor) horizontal deflection (electronics)
horizontales Rollen des Bildschirminhaltes horizontal scroll (screen roll)
Hub lift (mechanics)

Hülle wrapper, skin, wrap
Hüllkurve envelope (mathematics)
hundertfach centuple
Hupe hooter
Hybridrechner (analog und digital) hybrid computer (hardware)
Hyperbel hyperbola (mathematics)
hyperbolisch hyperbolic, hyperbolical (mathematics)
hyperbolische Funktion hyperbolical function (mathematics)
hyperbolische Interpolation hyperbolical interpolation (mathematics)
hyperkritisch hypercritical
Hypotenuse hypotenuse (mathematics)

I

identifizieren to identify
identifizierung identification
identisch identical
Identität identity
ignorieren to ignore
imaginäre Wurzel imaginary root (mathematics)
Imaginärteil imaginary part (mathematics)
Imaginärzahl imaginary number (mathematics)
imitieren to imitate
Impedanz impedance (electronics)
Implementation implementation
Implikation (wenn ... dann) implication, inclusion
implizite Funktion implicit function (mathematics)
importieren (Daten) to import
imprägnieren to impregnate
improvisieren to improvise
Impuls impulse, clock (electronics)
Impulsamplitude pulse amplitude (electronics)
Impulsanstiegszeit pulse rise time (electronics)

Impulscode pulse code (electronics)
Impulsdauer pulse duration (electronics)
Impulsfolge pulse train (electronics)
Impulsform pulse shape (electronics)
Impulsgeber emitter, digit emitter (electronics)
Impulsgenerator pulse generator (electronics)
Impulsmodulation pulse modulation (electronics)
Impulsspitze pulse pike, spike (electronics)
Impulszähler pulse counter (electronics)
inaktiv inactive
Inbetriebnahme line up
Index index
Indexloch (auf Diskette) index hole (diskette)
Indexmarkenzähler extraction counter
Indexmarker marker (software)
Indexregister index accumulator, index register
indexsequentieller Zugriff (auf Daten) index sequential access
Indexwert index value
indirekte Adresse (die Adresse einer Adresse) indirect address, multilevel address
Individualsoftware proprietary software
indizierte Adresse indexed address
indizierte Datei indexed file (software)
indizierter Zugriff selective access
Indizierung indexing
induktive Kopplung mutual inductance coupling (electronics)
Induktivität inductance (electronics)
Industriestandard industry standard
induzieren (eine Spannung) to induce (electronics)
ineinandergeschachtelt nested (software)
Informatik computer science
Information information

Informationen übertragen convey information
Informationseinheit unit of information
Informationsfluß flow of information
Informationsinhalt information content
Informationsmenge, große bulk information
Informationsquelle (Sender) source of information (hardware)
Informationssignal information signal (electronics)
Informationsspeicherung information storage
Informationstheorie information theory
Informationsverarbeitung information processing
infrarot infra-red
Ingenieur engineer
Ingenieurstunde engineering manhour
Inhaber keeper
Inhalt content, substance
Inhaltsangabe summary
Inhaltsstoff ingredient
Inhaltsvermerk docket
Inhaltsverzeichnis directory
initialisieren to initialize
Initialisierung initializing
Initialisierungsdatei (im Netzwerk) login script (software)
inkompatibel incompatible (software, hardware)
Inkompatibilität incompatibilty (software, hardware)
inkompetent incompetent
Inkrement increment
Inkrementgröße increment size
inkrustieren to encrust
innen inwards
Innendurchmesser inside diameter
innenliegend inwards
innerbetrieblich in plant
Insellösung stand alone solution (software, hardware)
insgesamt total

Inspektion inspection
Inspektor supervisor
instabil unstable
Installation installation (software, hardware)
Installation vor Ort field installation (software, hardware)
installieren to install (software, hardware)
Instandhaltung maintenance
Instandhaltungskosten upkeep
Instandsetzung repair
Instruktion instruction
Instrument instrument
Integerarithmetik integer arithmetik (mathematics)
Integral integral (mathematics)
Integralgleichung integral equation (mathematics)
Integralrechnung integral calculus (mathematics)
Integralzeichen integral sign (mathematics)
Integration integration (mathematics)
Integrationskonstante integration constant (mathematics)
Integrationsweg path of integration (mathematics)
integrieren to integrate
integrierte Datenverarbeitung integrated data processing
integrierte Schaltung integrating circuit (electronics)
integrierter Schaltkreis integrated circuit (electronics)
intelligent intelligent
intelligentes Terminal intelligent terminal, smart terminal (hardware)
Intelligenz intelligence, intellect
intensiv intense
interaktiv interactive
Interesse interest
intermittierender (unregelmäßig auftretender) Fehler intermittent failure
Internationale Geschäftsbedingungen incoterms (International Commercial Terms)

interner Speicher internal memory, internal storage (hardware)
internes Sortieren internal sort
Interpolation interpolation (mathematics)
Interpretation interpretation (software)
Interpreterprogramm interpreter (software)
interpretieren to interpret (software)
Interpunktion punctuation
Interpunktionssymbol punctuation symbol
Interpunktionszeichen punctuation mark
Interruptregister interrupt flag register
Intervall interval
Inventar fixed assets, inventory
inverse Zeichen reverse character
Inverter inverter
invertierte Datei inverted file (software)
irrationale Zahl irrational number (mathematics)
irrationaler Bruch irrational fraction (mathematics)
irreparabel irreparabel
irreversibel irreversible
Irrtum error
isolieren to isolate, to insulate
Isolierschlauch insulating sleeving, spaghetti
Isolierung insulation
Istwert actual value
Iteration iteration (mathematics)
Iterations(programm)schleife iteration loop (software)
Iterationsmethode iteration method (mathematics)

J

Ja/Nein-Code on-off-code (software)
Ja/Nein-Test go-no-go test
Jahr year
jährlich yearly
Jahrzehnt decade
Jokerzeichen wildcard (MS-DOS: ?,*)
Journal journal
Joystick joystick (hardware)
juristisch legal
justieren to justify (mechanics)

K

Kabel cable
Kabelanschluß cable connect
Kabelbaum, Kabelbündel cable harness
Kabelkanal cable runway
Kalender calendar
kalibrieren to calibrate, to dispart (software, electronics)
Kalibrierung calibration (software, electronics)
Kalkulation calculation
kalkulieren to calculate
Kaltstart cold boot (system)
Kamera camera
Kanal channel (data transmission)
Kanalaufteiler line splitter
Kanalbelegung channel loading
Kanalkapazität channel capacity
Kanalwähler channel selector
Kapazität capacity (mass storage)
Kapazitätsgrenze overflow
Kappe hood
Kardangelenk cardanjoint (mechanics)
Kardanwelle cardanshaft (mechanics)
Karosserie body
Karte card
Kartei file, filing cabinet (software)
Karteikarte record card
Kartenabtaster card reader (hardware)
Kartenleser card reader (hardware)
Kartenstapel stacker

karthesische Koordinaten cartesian coordinates (mathematics)
Kassette cassette, cartridge (mass storage)
Kassettenlaufwerk cartridge tape device (hardware)
Kassettenrecorder cassette recorder (hardware)
Kasten bin, box
Katalog catalogue
Katastrophe landslide
Kathodenstrahlröhre cathode ray tube (electronics)
Kauf purchase
kaufen to purchase
Käufer purchaser
kaufmännisch commercial, mercantile
Kegel cone (mathematics)
kegelförmig conical
Kegelrad mitre-wheel (mechanics)
Kegelstumpf frustum of a cone (mathematics)
Keil chock, key
keilförmig cuneiform, wedge-shaped
Keilriemen v-belt (mechanics)
Kellerspeicher stack, cellar
Kenndaten characteristics
Kennlinie characteristic curve (electronics)
Kennsatz indentifying label
Kenntnis knowledge, science
Kennung indentifying information
Kennwerte performance characteristics
Kennwort password, call word
Kennzeichen badge, characteristic, flag
Kennzeichenbit flagbit
kennzeichnen to ticket
Kennzeichnung qualifier
Kennziffer index
Kerbe hack, notch, nock
Kern core, kernel
Kernspeicher corememory
Kette range, chain
Kettenlinie catenary (mathematics)
Kiloherz (kHz) kilocycle

kinderleicht fool-proof
Kinetik kinetics
kinetisch kinetic
Kippschalter toggle switch
kippsicher machen to stabilize
Kippsicherheit stability
Kissen cushion
Kitt lute
Klammer brace, clamp, clip, cramp
Klang sound
Klangerzeugung sound synthesis
klar clear
klären to clear
Klarschriftleser character reader (hardware)
Klartext (ohne Formatierungen) clear text, plain text
klassifizieren to classify
Klaviatur keyboard (hardware)
kleben to paste
Kleber paste, gluten
klein short, small
Kleinbildkamera substandard camera
Kleincomputer micro computer (hardware)
kleiner less
Kleinmotor fractional horsepower motor (electronics)
Kleinstbaugruppe micro-miniature circuit, micromodule (electronics)
kleinster gemeinsamer Nenner lowest common denominator (mathematics)
Kleinstrelais midget relay (electronics)
Klemme terminal, fix (electronics, mathematics)
Klemmleiste terminal block (electronics, mathematics)
Klicken click
Klima clima
klimatisch climatic
klingen to sound
Knacken click
knapp sparing
Kniff trick
Knopf button, nob
Knoten knot, node (network)

Knotenpunkt junction (network)
Knotenpunktgleichung nodal equation (mathematics)
Koaxialstecker coaxial connector (mechanics)
kochen to boil
kodieren to encode
Kodiergerät encoder
Kohle coal
Kohlenstaub coaldust
Kohlenstoff carbon
Kohlenwasserstoff hydrocarbon
Kohlestift carbon
Kolben forcer, piston, sty (mechanics)
Kolbenhub piston-stroke (mechanics)
Kolbenstange piston-rod (mechanics)
Kollektor collector (electronics)
Kollision collision
Kombination combination
Komma (in einer Binärzahl) binary point
Komma comma, point
Kommaeinstellung point setting
Kommando command (software)
Kommastelle radix point
Kommastellung point position
Kommaverschiebung point shifting
Kommentar comment, remark
kommentieren to annotate
kommerzialisieren to commercialize
kommerzielle Daten business data (software)
Kommunikationssteuerschicht (OSI-Schichtenmodell) session layer
kommunizieren to communicate
kompatibel compatible
Kompatibilität compatibility (hardware, software)
Kompendium (Abriß) compendium
kompensieren to compensate
Kompetenz competence
Kompiler compiler (software)
Kompilersprache compiler language (software)
kompilieren to compile (software)
Kompilierung compilation (software)
Kompilierungszeit compile time

Komplement complement (mathematics)
Komplementdarstellung complement representation (mathematics)
kompletter Übertrag complete carry
komplex complex
komplexe Zahl complex number (mathematics)
Komplikation complication
kompliziert complex
Komponente component
komprimieren to compress
komprimiert compact
komprimierte Datei compressed volume file (CVF) (software)
Komprimierung compaction (software)
kondensieren to boil, to condense
Konferenzschaltung conference call
Konfiguration configuration (hardware, software)
konforme Abbildung conformal mapping (mathematics)
konisch conical
konjugiert komplexe Zahl complex conjugate number (mathematics)
Konjunktion conjunction
konkav concave
Konkurrent competitor, competition
Konsequenz consequence
Konsistenz consistency
Konsole console
Konsolenbediener console operator
Konstante constant (mathematics)
konstanter Koeffizient constant coefficient (mathematics)
konstruieren to construct, to design
Konstrukteur designer
Konstruktion construction, design, engineering
Kontakt contact (electronics)
Kontaktbildschirm touch sensitive screen (hardware)
kontaktlos non contact making (electronics)
Kontaktverunreinigung contact contamination

kontinuierliche Eingabe continuous input
Kontinuität continuity
Kontrastverstärkung image enhancement
Kontrastwert density
Kontrollbit check bit, parity check bit
Kontrollbitmuster control bit pattern
Kontrollbus control bus (hardware)
Kontrolldrucker monitor printer (hardware)
Kontrolle check, checking, control
Kontrolleinheit controller (hardware)
Kontrollfeld control field
kontrollieren to control
Kontrollwert control value
Kontrollziffernprüfung (z.B. Paritätsprüfung) control digit test (software)
Konturabtastung (Zeichenerkennung) contour following (software)
Konturauswertung (Zeichenerkennung) contour analysis (software)
Konturverfolgung (Zeichenerkennung) contour following (software)
Konvergenz convergence (mathematics, electronics)
konvergieren to converge
konvergierende Reihe convergent series (mathematics)
konvertieren to convert (data)
Konvertierung conversion (data)
konvex convex
Konzentration concentration
konzentrieren to concentrate
Konzept concept
Koordinate coordinate
Koordinatentransformation translation of axis (mathematics)
koordinieren to coordinate
Kopf head
Kopfarbeit brainwork
Kopfdaten (einer Datei) header (software)

Kopfende-Signal end of heading signal (software)
Kopfhörer earphones, headphones
Kopfrechnen mental computation
Kopfzeile heading line
Kopie (auf Papier) hardcopy
Kopie copy
kopieren to copy
Kopierschutz copy protect (hardware, software)
Kopierschutzstecker dongle (hardware)
koppeln to intercouple
Kopplung, induktive mutual inductance coupling (electronics)
Koprozessor coprocessor, floating point unit (hardware)
körnig granular, granulous
Körnung granulation
Körper body, solid
körperlich physical, solid
korrekt correct
Korrekturfahne gally-proof
Korrektursignal correcting signal
Korrelationsfunktion correlation function (mathematics)
korrigieren to correct
Korrosion corrode
Kosinus cosine (mathematics)
Kosinussatz cosine law (mathematics)
Kosinusspannung cosine wave (electronics)
Kosinuswelle cosine wave (mathematics)
Kosten cost
kosten to cost
Kosten erstatten to reimburse
Kostenberechnung costing
kostspielig expensive
Kraft force, power
kraftgeladen dynamic
kräftig forceful
Kraftlinie field line
Krampe (Klammer) cramp (mechanics)
Kratzen scrape
kratzen to scrape

Kratzer scraper
Kreis wheel, circle, round
Kreisbewegung gyration
kreisen to gyrate
kreisförmig circular
Kreislauf circuit
Kreisumfang circumference (mathematics)
Kreuz cross
kreuzen to cross
Kreuzmodulation intermodulation (electronics)
Kreuzung hybrid
Kriechstrom leakage current (electronics)
Kristalldiode crystal diode (electronics)
Kriterium criterion (mathematics)
krumm wry
krümmen to incurve, to curve
Krümmung camber, curve, incurvation, sinuosity
Krümmung einer Kurve curvature (mathematics)
kryptographisches Verschlüsseln von Daten scrambling of data (software)
Kubikwurzel cubic root (mathematics)
kubisch cubic, cubical
kubische Gleichung cubic equation (mathematics)
kubische Parabel cubic parabola (mathematics)
Kubus cube
Kügelchen (z.B. im Toner) globule, pellet
Kugelform globosity
kugelförmig globose, globular, spherical
Kugelfunktion spherical function (mathematics)
Kugelgelenk ball-and-socket joint (mechanics)
Kugelkoordinaten spherical coordinates (mathematics)
Kugelschreiber ball point pen
Kühlaggregat cooling plant

Kühlblech sink
kühlen to refrigerate
kühlend refrigerant
Kühlmittel refrigerant
Kühlung cooling, refrigeration
Kulisse dummy
Kunde patron, client
kundenspezifisch (zugeschnitten) custom tailored
Kundschaft clientele
Kunstharz synthetic resin
künstlich factitious, synthetic
künstlich herstellen synthesize
künstliche Belüftung forced cooling
künstliche Intelligenz artificial intelligence (AI)
künstliches neuronales Netzwerk artificial neural network (software, hardware)
Kunststoffolie plastic foil
Kupfer cooper
kupfern (aus Kupfer) cooper
kuppeln to couple (mechanics)
Kupplung coupling (mechanics)
Kurbel crank (mechanics)
Kurbelwelle crank shaft (mechanics)
kursiv cursive, italics
Kursivschrift italics
Kurswert market-value
Kurve trace, curve, graphics
Kurvendiskussion curve tracing (mathematics)
Kurvenschar family of curves (mathematics)
Kurvenschreiber graphics display unit, curve plotter, graph plotter (hardware)
kurz short
Kürze shortness
kurze elektrische Verbindung strap (electronics)
kurze Wiederholung recapitulation
Kürzel grammalogue
Kurzfassung abridgement
Kurzschluß short circuit (electronics)
Kurzschlußspannung short circuit voltage (electronics)
Kurzschrift grammalogue

Kurzschrift shorthand
kurzzeitig short term
Kybernetik cybernetics
kyrillische Zeichen cyrillic character

L

Labor lab
Laboratorium laboratory
Lack lacquer, dope
lackieren to dope, to lacquer
Ladeadresse load address (software)
Ladefehler loading error
laden (einer Batterie) to charge (electronics)
laden to load
Laden und Ausführen (Programm) load and go (software)
Ladeprogramm (für das Betriebssystem) bootstrap (software)
Ladeprogramm loading routine (software)
Lader loader (software)
Ladeschwund spillover (electronics)
Ladung cargo, charge (electronics)
Lage lay, situation, layer
Lager collar, deposition, stock
Lagerhaltung inventory maintenance
lagern to store
Laie layman
Lampenfassung lamp holder
Lampenfeld lamp panel
Lampenschirm lampshade
Länge length, longitude
langfristig long-term
Langlebigkeit longevity
länglich oblong
langsam reagierend slow acting
langsame Bewegung (Zeitlupe) slow motion
langsamer Speicher slow access storage (hardware)
Längsbewegung linear movement
längsgerichtetes Magnetfeld longitudinal magnetic field (electronics)
Längssummenkontrolle longitudinal parity check, summation check (software)
lärmend noisy
Laser laser (electronics)
Laserdrucker laser printer (hardware)
Laserlesegerät laser scanner (hardware)
Laserlichtquelle laser light source (electronics)
Lasersonde laser probe (electronics)
Laserstrahl laser beam (electronics)
Last load
Lastwiderstand load impedance, load resistor (electronics)
Lauf run
laufen to run
laufend current, perpetual
laufende Summe running total
Läufer rotor (electronics), runner (mechanics, electronics)
Laufnummer sequence number
Laufrolle caster (mechanics)
Laufschiene runner (mechanics)
Laufvariable index variable
laufwerklose Station diskless station
Laufzeit (eines Programmes) run time
Laufzeit propagation time, running time, time delay, transit time
Laufzeitverzerrung delay distortion
Lauge lye
lautlos soundless
Lautstärke loudness
Leben life
leben to live
lebendig live, vivid
Lebensdauer life
Lebenszeit lifetime
lebhaft vivid
lebhaft bunt high coloured
leer vacant, void, blank
Leeranweisung dummy statement (software)
Leerbefehl waste instruction, do nothing instruction, null statement (software)

Leere vacancy, void, blank, blankness
leerlaufend idle
Leerlaufspannung open circuit voltage (electronics)
Leerlaufwiderstand open circuit impedance (electronics)
Leerlaufzyklus idling cycle
Leerspalte (Tabelle) blank column
Leerstellenunterdrückung space suppression
Leerzeichen space, blank character, break character
Leerzeichenbalken (die große Leerzeichentaste) space bar
legen to lay
Legierung alloy
Lehre gauge (mechanics)
Lehrgang instruction course
Lehrsatz lemma, theorem (mathematics)
leicht light
leichter machen to lighten
leichtsinnig careless
Leim glue
leimen to glue
leise soft
Leistung performance, power
leistungsabhängiger Speicher regenerative memory (hardware)
Leistungsabnahme detorioration of performance (electronics)
Leistungsaufnahme power consumption, power drain (electronics)
Leistungsdaten performance characteristics
Leistungsfähigkeit capacity
Leistungsfaktor power factor
Leistungspegel power level (electronics)
Leistungsstufe power stage (electronics)
Leistungstest performance test
Leistungstransistor power transistor (electronics)
Leistungsverlust dissipation
Leitbefehl guidance command
leiten to guide, to lead, to route

leitend anelectric, conducting (electronics)
leitender Zustand on state (electronics)
Leiter manager
Leiter, elektrischer conductor (electronics)
Leiterplatte printed circuit board (electronics)
leitfähige Tinte electrographic inc
Leitstation control station (hardware)
Leitung line
Leitungsadapter line adapter (hardware)
Leitungsbelegung line occupancy
Leitungsdämpfung line loss (electronics)
Leitungspaar pair of conductors
Leitungsprüfer continuity checker (hardware)
Leitungstreiber line driver (hardware, software)
Leitungsunterbrechung discontinuity
Leitungsverstärker line driver
Leitwort control word
Lektion lesson
lenken to direct
Lenkung steering
Lernsoftware educational software
lesbar readable
Lesebefehl read instruction (software)
Lesefehler read error
Lesegerät scanner, reader, reading device
Lesekopf reading head (electronics)
lesen to read
Leseprogramm input program (software)
leserlich legible
Leserlichkeit legibility
Lesesignal read-back signal
Lesespannung playback voltage (electronics)
Lesestift data pen (hardware)
Lesestrom read current (electronics)
Leseverstärker read amplifier, sense amplifier (electronics)

Lesevorgang reading operation
Lesewicklung sensing coil (electronics)
Lesezeichen marker
Leuchtdiode (LED) light emitting diode (electronics)
leuchtend radiant
Leuchtkörper light-fitting
Leuchtpunkt (auf dem Bildschirm) luminous spot
Licht light
Lichtbild lantern-slide
Lichtbrechungseinheit (Optik) dioptric
lichtecht fast to light
lichtempfindlich light sensitive
lichtempfindlich machen to sensitize
Lichtgriffel light pen, light gun (hardware)
Lichtpause photographic print, phototype
Lichtpausverfahren heliographic calking
Lichtpunkt flying spot
Lichtstift selector pen (hardware)
Lichtstrahl light beam
Lichtwellenleiter fiber optic light pipe, optical fiber, optical waveguide
liefern to supply, to yield
liegen to slant
linear linear
lineare Gleichung linear algebraic equation (mathematics)
lineare Interpolation straight line interpolation (mathematics)
lineare Schaltung linear circuit network (electronics)
lineare Verzerrung linear disortion (electronics)
linearer Code linear code
linearer Maßstab linear scale (mathematics)
Linearität linearity
Linearzugriff (Speicher) linear access
Linie line
Liniengrafik line graphics
Linienintegral line integral (mathematics)
Linke left
links left
linksbündig (Text, Tabelle) left justified
linksgängig left
Linksverschiebung left shift
Linse lens
Linsensystem lens system
Liste list, listing, roster
Listenverarbeitung list processing
Literalkonstante literal
Lizenz licence
lizenzieren to licence
Loch hole
Locher perforator
Lochkarte punched card
Lochstreifen punched tape
locker slack
Lockerung relaxation
logarithmischer Maßstab logarithm scale (mathematics)
Logarithmus logarithm, log (mathematics)
Logarithmus, einfacher common logarithm (mathematics)
Logik logic
Logik mit Mikroschaltungen micrologic (electronics)
Logikanalysator logic analyzer
Logikanalyse logic analysis
Logikbaugruppe logical building block (electronics)
Logikkontrolle consistency check
Logikplan logical diagram
Logikschaltkreis logic circuit (electronics)
logisch logical
logische Addition logic addition (mathematics)
logische Anordnung logic array
logische Entscheidung logic decision
logische Funktion logical function (mathematics)
logische ODER-Schaltung logical OR circuit (electronics)
logische Operation logical operation
logische Organisation logical organization

logische Verschiebung logical shift
logischer Aufbau logical design
logischer Befehl logic instruction
logischer Elementarausdruck Boolean primary (mathematics)
logischer Fehler logical error
logischer Operand logical operand
logischer Schaltkreis logical circuit (electronics)
logischer Test logical test
logischer Vergleich logical comparison
logischer Zustand logic level
logisches Element logic element
logisches Programm logical program (software)
logisches Zeichen logical symbol
Logistik logistic
Lohn- und Gehaltsabrechnung payroll accounting
Lohnkosten labor cost
lokale Variable local variable
lokales Netzwerk (LAN) local area network
lokalisieren to locate
Los lot
lösbar dissolvable, soluble
Lösbarkeit solubility
löschbarer Speicher erasable memory, erasable storage
Löschbereich purge area
löschen to erase, to delete (file), to discard, to clear, to discharge (memory), to rub out (characters on paper)
löschen von Informationen to cancel information
Löschkopf erase head (electronics)
Löschregister deletion record
Löschsignal erase signal (electronics)
Löschtaste manual override key
Löschung erasure (data)
Löschverfolgung (Methode von MS-DOS) delete sentry
Löschzeichen cancel character
lose slack
lose Verbindung loose coupling
lösen to solve, to unloose, to disengage, to dissolve
loskuppeln to disengage (mechanics)
löslich soluble
Löslichkeit solubility
loslösen to detach
loslöten unsolder
losmachen to disengage, to unloose, to untack
Lösung solution
Lösungsmittel dissolvent
loswickeln to unwind
Lot (Lötzinn) lead
Lötbrücke solder strap
löten to solder
Lötfahne solder lug
lötfreie Verbindung solderless connection
Lötkolben soldering-iron
Lötleiste terminal strip
Lötmasse solder
Lücke void, blank, gap, interstice
luftig aerial

M

Magazin magazine
Magnet magnet
Magnetband magnetic tape (mass storage)
Magnetbandeinheit magnetic tape unit (hardware)
Magnetbandgerät tape deck, tape recorder (hardware)
Magnetbandtransport magnetic tape transport (mechanics)
Magnetblasenspeicher magnetic bubble memory (electronics)
Magnetfeld magnetic field (electronics)
Magnetfeldstärke magnetic field strength (electronics)
magnetisch magnetic, magnetically
magnetisch gesättigt magnetized to saturation (electronics)
magnetische Abtastung magnetic reading (electronics)

magnetische Anziehungskraft attractive magnetic force
magnetische Aufzeichnung magnetic recording
magnetische Beschichtung magnetic coating
magnetische Feldstärke magnetizing force (electronics)
magnetische Flußdichte magnetic flux density (electronics)
magnetischer Bereich magnetic area
magnetischer Fluß magnetic flux (electronics)
magnetischer Speicher magnetic memory (diskette, tape)
magnetischer Widerstand magnetic reluctance (electronics)
magnetisches Bauteil magnetic component (electronics)
magnetisches Streufeld stray magnetic field (electronics)
magnetisierbare Tinte magnetic ink
magnetisierbares Medium magnetizable medium (electronics)
magnetisieren to magnetize
Magnetisierung magnetization
Magnetisierungszustand magnetic state
Magnetkarte magnetic card
Magnetkartenspeicher magnetic card memory
Magnetkern dust core, magnetic core
Magnetkopf magnetic head (electronics)
Magnetkopfhalterung magnetic head mount (mechanics)
Magnetkupplung magnetic clutch (mechanics)
Magnetplattenspeicher magnetic disk (harddisk)
Magnetschicht magnetic coating, magnetic layer
Magnetschrift magnetic characters (machine readable)
Magnetspur magnetic track
Magnetstreifen magnetic stripe
Magnettrommel magnetic drum (electronics)
Magnettrommelspeicher magnetic drum memory (hardware)
Mahnung reminder, warning
Majuskel (Großbuchstabe) capital letter
Makro macro (software)
Makroassembler macroassembler (software)
Makroaufruf macro call (software)
Makrobefehl macro instruction (software)
Makrobibliothek macro library (software)
Makrocodierung macro coding
Makroexpansion macro expansion (software)
malen to paint
Malprogramm paint program (software)
Malteserantrieb geneva drive (mechanics)
Mandantenfähigkeit (eines Programmes) ability to clientele processing
Mangel defect, deficiency, need, shortness
mangelhaft deficient, faulty
mangelhafte Anordnung maladjustment
Mangelhaftigkeit shortness
mangeln to fail
Manipulation manipulation
Manometer manometer
Mantel jacket
Mantisse mantissa (mathematics)
manuelle Steuerung manual control
manueller Zugriff manual access
manuelles Umschreiben manual transcription
Manuskript (mit Schreibmaschine geschrieben) type script
Manuskript manuscript, script
Mappe folder
Marke label, sentinel
markenfrei ration-free
Markierbit marker
markieren to tag
Markierung mark, tag

Markierungseinrichtung marking device (hardware)
Markierungsimpuls marker pulse (electronics)
Markierungszeichen mark
Markierungszone marking zone
Markt market
Marktanalyse market analysis
Marktforschung market research
Marktpreis rule price
Marktwert market-value
Maschennetz mesh network (hardware)
Maschine (z.B. Computer) machine (hardware)
Maschine engine
maschinelle Übersetzung machine translation, mechanical translation (software)
maschinelles Einlesen automatic reading
Maschinenadresse machine address
Maschinenausfall machine failure
Maschinenbaukunde mechanical engineering
Maschinenbefehl machine code instruction, machine instruction
Maschinenbelastung machine load
Maschineneinstellzeit machine setup time
Maschinenfehler machine error, machine fault
Maschinenformat (Darstellung von Daten) machine format
maschinenlesbar machine readable, machine sensible
maschinenlesbare Daten machine readable data, machine script, mechanized data
maschinenorientierte Programmiersprache machine oriented language (software)
Maschinenprogramm machine program (software)
Maschinensprache machine language (software)
Maschinenstillstandszeit machine down time
maschinenunterstützt machine aided
Maschinenwort computer word, machine word (software)
Maschinenzyklus machine cycle
Maske mask
Maskenregister mask register
maskieren to mask
Maß measure, rate
Masse (Erde) ground (electronics)
Masse (Menge) volume
Massenproduktion mass production, volume production
Massenspeicher mass storage (hardware)
maßgeschneiderte Version taylored version
massiv solid
Maßstab gauge, norm, scale
Maßstabsänderung scaling
Material material
Materialabrechnung material accounting
Materialbestand material status
Materialcode material code
materiell material
Mathematik mathematics
mathematisch mathematical
mathematische Berechnung mathematical computation
mathematische Logik mathematical logic
mathematischer Ausdruck mathematical expression
mathematischer Begriff mathematical term
mathematisches Problem mathematical problem
Matrix matrix, grid
Matrixdruck matrix printing
Matrixdrucker matrix printer, mosaic printer (hardware)
Matrixzeichen matrix character
Matrize mat, matrix
Matrizendarstellung matrix notation (mathematics)
Matrizeninversion matrix inversion (mathematics)
Matrizenrechnung matrix calculus (mathematics)

Matrizenspalte matrix column
Matrizenzeile matrix line, matrix row
matt mat, dead
mattiert mat
Maus mouse (hardware)
Mausunterlage mouse-pad
maximale Flußdichte peak flux density (electronics)
Mechanik mechanics
Mechaniker mechanic
mechanisch mechanic, robot
mechanische Belastung strain
mechanische Festigkeit mechanical strength
mechanische Verbindung mechanical linkage
mechanische Werkstatt machine shop
mechanisches Zählwerk mechanical register
Mechanismus mechanism
Medium medium
Mehradreßbefehl multi address instruction (software)
Mehradressencode multiple address code (software)
Mehrbenutzerbetrieb time sharing
Mehrbenutzerbetriebssystem multiuser operating system
Mehrbenutzersystem multiuser system
mehrdeutige Zahl polyvalent number
Mehrdeutigkeit ambiguity
Mehrdeutigkeitsfehler ambiguity error
Mehrfachanweisung compound statement (software)
Mehrfachbetrieb multiplex operation
Mehrfachsteckverbinder multiple connector, multipoint connector, multipole connector
Mehrfrequenz-Wählverfahren multi frequency code
Mehrfrequenzmonitor multiscan monitor (hardware)
Mehrphasenstrom polyphase current (electronics)
Mehrprogrammbetrieb multiprogramming

mehrstellige Zahl multiple digit number
Mehrwegübertragung multipath transmission
Mehrwertsteuer value added tax (VAT)
Mehrwortbefehl multibyte instruction (software)
Mehrzweckregister general register
Meile (=1609,33 m) mile
Meldung message, notification, bulletin
Menge heap
Mensch human
Mensch-Maschine-Dialog man-machine-dialog
menschenähnlich anthropoid
menschlich human
menschliche Arbeitskraft manpower
menschliches Versagen human error
Menü menu (software)
Menüleiste, Menübalken menu bar (software)
Menüpunkt menu item (software)
merken memorize
Merkmal feature, mark, note, attribute
Merkmalerkennung feature recognition
Meßanordnung measurement setup (hardware)
meßbar measurable
Meßbereich measuring range
Meßbereichsumschalter scale switch
Meßbrücke measuring bridge (electronics)
messen to measure
Messer meter
Meßgerät measuring instrument (hardware)
Messing brass
Meßinstrument indication instrument
Meßpunkt measuring point
Meßsender signal oscillator (hardware, electronics)
Meßwert measuring value
Meßwertgeber sensor (electronics)
Meßwertverarbeitung processing of measured data

Metalldünnfilm-Platte plated thin film media
Metalloxid-Halbleiter metal oxide semiconductor (MOS), electronics
Metallspiegel speculum
Metapher metaphor
Metasprache (zur Beschreibung einer Programmiersprache) meta language (software)
Methode method
methodisches Probieren heuristic method
Miete hire
Mieten renting
mieten to hire
Mietleitung leased line
Mikrobefehl micro instruction (software)
Mikrochip micro chip (electronics)
Mikrocode microcode (software)
Mikrocomputer microcomputer (hardware)
Mikrodiskette micro disk (mass storage)
Mikrofilmtechnologie micrographics
Mikrokanal (Bussystem von IBM) microchannel (electronics)
Mikroprogramm micro program (software)
Mikroprozessor microprocessor (hardware)
Mikroprozessor-Befehlssatz microprocessor instruction set
Mikroschaltung microcircuit (electronics)
Mikrowelle microwave (electronics)
Mindestbestand minimum inventory
Miniaturisierung miniaturization
Minicomputer minicomputer (hardware)
Minikassette minicartridge (mass storage)
minimieren to minimize
minus less
Mischen merging
mischen to merge, to mix
Mischung hybrid, mixture
mißachten to disregard

Mißverhältnis asymmetry, disproportion, incongruity
Mitbewerbung competition
Mitnehmer driver (mechanics)
Mitschuld complicity
Mitte medium
mittel medium
Mittelpunkt hub
Mittelwert average value (mathematics)
Mittelwert mean value
Mittelwertsatz law of the mean (mathematics)
Mittenfrequenz mid frequency (electronics)
mittig intermediate
mittlere Ausfallzeit mean time between failure
mittlere Integration medium scale integration (electronics)
mittlere Lebensdauer mean life
mittlere Rechengeschwindigkeit average calculation speed
mittlere Reparaturzeit mean time to repair
mittlerer Informationsgehalt entropy
mnemonisch mnemonic
mnemonischer Code mnemonic code
mnemotechnisch mnemonic
mobil mobile
mobiles Gerät mobile equipment
Modell model, prototype
Modem (Modulator/Demodulator) modem (hardware)
modifizieren to modify
Modifizierung modification
Modul module
modulares Konzept modular concept
Modulation modulation (electronics)
Modulator modulator (electronics)
Modulbauweise modular design (hardware, software)
Modulo N-Prüfung residue check (mathematics)
Modus mode
Möglichkeit eventuality
Molekularelektronik molecular electronics

Momentaufnahme snapshot
Monitor monitor, visual display terminal (hardware)
monochromer Bildschirm monochrome display (mathematics)
monostabile Kippschaltung monostable flip flop (electronics)
monostabile Schaltung monostable circuit (electronics)
monostabiler Multivibrator one kick multivibrator (electronics)
Montage fitting, assemblage, erecting, mounting
Monteur fitter
montieren to assemble
Motor engine
Muffe muffle, socket
Müll garbage
Multiplexbetrieb multiplex mode
Multiplexer (Kanalaufteiler) multiplexer (hardware)
Multiplexkanal multiplex channel
Multiplikant mutliplicand (mathematics)
Multiplikation multiplication (mathematics)
Multiplikationsregister multiplier register
Multiplikationstafel multiplication table (mathematics)
Multiplikator multiplier (mathematics)
Multiplizierbefehl multiply instruction
multiplizieren to multiply (mathematics)
Multivibrator multivibrator (electronics)
mündlich verbal
Muster exemplar, pattern, specimen, model, sample
Mustererkennung pattern detection
Mustervergleich pattern matching (software)
Musterzeichnung cartoon
Mutation mutation

N

n-fach n-tuple
n-Fakultät factorial n (mathematics)
nachahmen to imitate
Nachahmung imitation, take-off
Nachbarkanal flanking channel
Nachbearbeitung post editing (software)
nachbilden to reproduce
Nachbildung imitation, reproduction
Nachfolger successor
nachforschen to investigate
Nachforschung investigation, research
Nachfrage request
Nachführsymbol tracking symbol
nachgemacht factitious
nachgeregeltes System slave system
nachgiebig pliable
Nachlassen relaxation
nachlässig careless
Nachlässigkeit neglect, carelessness
Nachlaufregelsystem servo controlled system
Nachlaufregler servo controller
Nachlaufsteuerungssystem servo system (electronics)
Nachleuchten persistance (electronics), afterglow
Nachname surname
nachprüfen to verify
Nachprüfung review, revision, verification
Nachricht information, message, notice
Nachrichten intelligence, news
Nachrichtenende-Signal end of message signal
Nachrichteninhalt intelligence
Nachrichtenkopf message heading
Nachrichtenvorsatz message preamble
Nachrüstsatz add-on kit
Nachsatz lead-out
Nachschlagewerk reference book
Nachsehen in einer Tabelle table look-up
nachsenden to redirect

Nachsilbe suffix
nächstfolgend next
nächstniedrigere Ziffer lower order digit
Nachteil disservice
Nachtrag supplement
nachweisbar verifiable
Nadel pin, needle
Nadeldrucker dot matrix printer, wire printer (hardware)
Nagel pin
nähern to approach
Näherung approximation (mathematics)
Näherung erster Ordnung first order approximation (mathematics)
Näherungsfehler error of approximation (mathematics)
Näherungsrechnung approximate computation (mathematics)
Näherungswert approximated value (mathematics)
Naht join
nahtlos seamless
Namenszusatz extension
namhaft substantial
NAND-Funktion non-and conjunction
narrensicher fool-proof
natürliche Basis (e = 2,71828) natural base (mathematics)
natürlicher Logarithmus naperian logarithm, hyperbolic logarithm (mathematics)
natürlichsprachliche Schnittstelle natural language interface (software)
Nebenrecherche surrogate search
Nebenresonanz spurious resonace
Nebenschluß shunt (electronics)
Nebenstellenanlage private branch exchange
Negation negation
negativ negative
negative Logik negative logic
negative Quittung negative acknowledgement
negativer Koeffizient minus coefficient (mathematics)
Neigung pitch, slope, gradient, inclination
Neigungswinkel slope angle
Nennbelastung rated load (electronics)
Nennfrequenz nominal frequence (electronics)
Nennspannung nominal voltage (electronics)
Nennstrom rated current (electronics)
netto net
Nettobetrag net amount
Nettogewicht net gain
Netz net, grid
Netzanschlußkabel line connector cord
Netzausfall power outage
Netzdatenbanksprache network database language (software)
Netzgerät power pack, power supply unit (electronics)
Netzkabel line cord
Netzschalter power switch
Netzspannung line voltage (electronics)
Netzspannungsregler line voltage regulator (electronics)
Netzspannungsschwankungen line voltage fluctuations (electronics)
Netzsteckdose convenience outlet
Netzstromversorgung mains supply (electronics)
Netzstruktur topology (network)
Netztransformator power transformator
Netzwerk network
Netzwerk mit gleichberechtigten Stationen peer-to-peer network
Netzwerkabschnitt segment
Netzwerkplanung network planning
Netzwerkschicht network layer
Netzwerksegment subnet
Netzwerktopologie network topology
Netzwerkverbund internetworking
Netzwerkzugang network job entry
neu new, novel
neu drucken to reprint
neu herausgeben to re-edit
neu schreiben to rewrite

Neuauflage reprint
Neuausgabe redaction
Neubildung regeneration
Neudruck reprint
Neuerscheinung current publication
Neufüllung refill (ink tank)
neugestalten to reorganize
Neuheit lateness, novelty, recency, recentness
Neuigkeiten news
Neuling rookie
Neunerkomplement nines complement (mathematics)
Neuordnung readjustment
neuronales Netzwerk neural network (software, hardware)
Neustart new start, restart (system)
neutral neutral
Neuzuordnung new assignment
nicht elektrisch dielectric (electronics)
nicht leitender Zustand off state (electronics)
nicht übereinstimmen disaccord, disagree
NICHT-Gatter inverting gate (electronics)
NICHT-ODER-Funktion NOR-function
Nichtgebrauch disuse
nichtig void
Nichtleiter non conductor (electronics)
nichtlöschbarer Speicher non erasable memory (hardware)
nichtpermanenter Speicher volatile storage (hardware)
nichtpolarisierte Aufzeichnung dipole modulation
Nichts nullity
niederdrücken to depress
Niederlassung location
niederohmig low impedance (electronics)
niederwertig low order, low value
niedrig low
niedrigstwertige Stelle least significant character
niedrigstwertiges Bit (in einem Byte) least significant bit
Niet rivet (mechanics)
nieten to rivet (mechanics)
Niveau level
Nomenklatur nomenclature
NOR-Funktion non disjunction
Norm norm, standard
normal normal
normalisieren normalize
Normierung standardization
Normzeichnung standard chart
Notbehelf makeshift
Note note
Notenpapier music-paper
notieren to note, to item
Notiz memorandum, notice, jotting
Notizblock scratchpad
Notizblockcomputer (mit handschriftlicher Eingabe) notepad computer (hardware)
Notizbuch notebook
Notizbuchcomputer (Größe etwa einer DIN-A4 Seite) notebook computer (hardware)
Notsignal danger-signal
Notstromversorgung emergency power supply (hardware)
notwendig neccessary
Null zero, nought, nullity
Nullenunterdrückung zero suppression
Nulloperation no operation, null operation (software)
Nullpunkt neutral
Nullpunktabweichung null drift
Nullsetzen zero
nullstellen to zeroise
Nullstellenfehler zero error
Nullstellenkontrolle zero blanking
Nullstellenprüfung zero check
Nullstellenverschiebung zero shift
Nullstellungszustand reset condition
Nullzustand down-state, zero state
numerieren to number
Numerierung numeration
numerisch numerical, numeric
numerisch codierter Befehl numerical coded instruction

numerische Codierung numerical coding
numerische Größe numerical quantity (mathematics)
numerische Integration numerical integration (mathematics)
numerische Steuerung (von Werkzeugmaschinen) numerical control, NC
numerischer Prozessor numeric processor (hardware)
Nummer number
nur-Lesespeicher read only memory (hardware)
Nut groove, slot, joggle, notch
nuten to groove
nutzbar effective
nutzbare Fläche useful surface
Nutzen utility
Nutzerkennung (Netzwerk) network user identification, NUI
Nutzfläche useful surface
Nutzleistung effective capacity
nützlich helpful, useful
Nützlichkeit utility
nutzlos unavailing, useless
Nutzlosigkeit inutility
Nutzsignal useful signal (electronics)

O

Oberfläche surface, superficiality
Oberflächenbestückungstechnik surface mount technology (electronics)
Oberflächenmodell surface model
oberflächlich skin-deep
Obermonteur senior fitter
Oberwelle overtone (electronics)
Objekt object
Objektcode object code (software)
Objektiv lens, object-glass, object-lense
objektorientiert object orientated (software)
Objektprogramm object program (software)
OCR-Schrift OCR-code (machine-readable)
ODER-Funktion disjunction, OR-function
ODER-Schaltung OR-circuit (electronics)
Off-line-Betrieb off-line operation
offenbar klar evident
offene Schleife open loop
offenes Unterprogramm open subroutine (software)
öffentlich public
öffentliche Dienste public services
öffentlicher Bereich public domain
öffentlicher Fernsprecher pay-station
Öffentlichkeit public, publicity
Öffentlichkeitsarbeit public relations
offizieller Beleg official document
öffnen to unclose
Öffnung aperture
ohmsche Belastung resistive load (electronics)
ohmsche Komponente resistive component (electronics)
ökonomisch economic
Oktalschreibweise octal notation
Oktalsystem octal number system
Oktalzahl octal number
Oktalziffer octal digit
Öl oil
ölen to oil
On-line-Betrieb on line
Operand operand
Operandenadresse data address, operand address
Operandenkanal operand channel
Operandenregister operand register
Operation operation
Operation mit nur einem Operanden monadic operation (software)
Operation mit zwei Operanden dyadic operation (software)
Operationscode operation code, opcode (software)

Operationsfolge sequence of operations (software)
Operationsgeschwindigkeit operation rate, operation speed
Operationsregister operation register
Operationsverstärker operational amplifier
Operationszeit instruction cycle
Operator operator
optimal optimally
Optimierung optimization
optisch optical
optisch abtastbare Marke photo sensing mark
optische Abtasteinrichtung optical sensing device (hardware)
optische Abtastung optical scanning
optische Anzeige visual display
optische Diskette optical disk (mass storage)
optische Floppy floptical disk (mass storage)
optische Prüfung visual check
optische Zeichenerkennung optical character recognition (OCR), optical pattern recognition
optischer Abtaster photoelectric reader (hardware)
optischer Belegleser optical document reader (hardware)
optischer Codeumsetzer optical encoder
optisches Lesegerät optical reader (hardware)
optisches Signal visual signal
optoelektrische Schaltung optoelectric device (electronics)
ordentlich regular
Ordinate ordinate (mathematics)
ordnen to regulate, to dispose, to tabulate
Ordner digester
Ordnung order, regularity
Ordnungszahl ordinal (mathematics)
Organisationsschaubild organizational flow chart
organisatorische Operation overhead operation
organisatorischer Befehl housekeeping instruction, red tape instruction
organisieren organize
Original original
Originaldokument source document
Ort location
orthogonale Koordinaten orthogonal coordinates (mathematics)
örtlich local
ortsgebunden stationary
Ortsgespräch local call
Ortsgleichung equation of the locus (mathematics)
Oszillatorschaltung oscillator circuit (electronics)
Oszilloskop oscilloscope (electronics)
oval, das Oval oval (geometry)
Oxyd oxid
oxydieren to oxidize
Oxydschicht oxide coating
Ozon ozone
ozonhaltig ozonic

P

Paar pair
Packung pack
Packungsdichte packing density, component density (electronics)
Paging paging
paginieren to page
Paginierung (Seitenzählung) pagination
Paket package, packet, parcel
Paketvermittlung (Datenübertragung) packet switching
Palette palette
Panel panel
Papier paper
papierartig papery
Papierkorb wastepaper basket
Papierlängenanzeiger footage indicator (mechanics)

Papierlochstreifen paper tape
papierloses Büro paperless office
Papierrolle web
Papiertraktor (Drucker) tractor (mechanics)
Papiervorschub paper feed, paper transport (mechanics)
Papiervorschubeinrichtung skipping device (mechanics)
Papierwaren stationery
Pappe pasteboard
Parabel parabola (mathematics)
Parabel dritten Grades cubic parabola (mathematics)
parabolische Funktion parabolic function (mathematics)
parabolischer Bogen parabolic arc (mathematics)
parallel parallel
parallel verarbeiten to process in parallel
parallel verbinden to connect in parallel (electronics)
Parallel-Rechenwerk parallel arithmetic unit (hardware)
Parallel-seriell-Umsetzer parallel serial converter (electronics)
Parallelbetrieb concurrent operation, parallel operation
Paralleldarstellung parallel representation
Parallele parallel (mathematics)
parallele Abtastung parallel readout
parallele Organisation parallel organization
parallele Schnittstelle parallel interface (electronics)
Parallellauf concurrency
Parallelogramm parallelogram (mathematics)
Parallelregister parallel register
parallelschalten connect in parallel (electronics)
Parallelschaltung parallel connection (electronics)
Parallelschnittstelle parallel port (electronics)
Parallelschwingkreis tank circuit (electronics)
Parallelspeicherung parallel storage
Parallelverarbeitung parallel processing
Parallelwiderstand parallel resistor, shunt resistor (electronics)
Parameter parameter
Parameter-Substitutionsbefehl parameter substitution instruction
Parametergleichung parametric equation (mathematics)
parametrischer Verstärker parametric amplifier
Parität parity
Paritätsbit parity bit
Paritätsfehler bad parity, parity error
Paritätskontrolle odd-even check, parity check
Paritätszeichen parity character
Partialbruch partial fraction (mathematics)
partielle Ableitung partial derivative (mathematics)
partieller Differentialquotient partial derivative (mathematics)
Partikel particle
passend fit
passend machen to match
Passende match
Paßwort password
Patentschrift specification
Patrone cartridge (ink)
Pause interval, intermission, recess, break
Pausenzeichen break character
Pauspapier tracing paper
Pauszeichnung tracing
pechschwarz jet-black
Pegel level
Pegelregulierung level regulation
Pegelumsetzung level conversion
Pendel pendulum (mechanics)
Pendelschwingungen hunting oscillations (electronics)
Periode period, cycle
periodisch abfragen to poll
periodische Funktion periodic function (mathematics)

periodischer Dezimalbruch repeater (mathematics)
periodischer Impuls recurrent pulse (electronics)
peripher peripheral
periphere Einheit peripheral unit (hardware)
periphere Geräte peripheral equipment, peripherals (hardware)
peripheres Gerät ancillary equipment, peripheral device (hardware)
Peripherie peripherals (hardware)
Peripherie-Schnittstellenadapter peripheral interface adapter (electronics)
Peripheriegerät sink (hardware)
permanent permanent
Permanentspeicher permanent memory (electronics)
persönlich personal
persönlicher Datenschutz protection of personal data
Persönlichkeit identity
Perspektive perspective
perspektivisch perspective
Pfad path
Pfadname (Verzeichnis) path name
Pfanne (Lager) collar
Pfeil arrow
Pfeilspitze arrow head
Phase phase
Phasenabweichung phase deviation, phase excursion (electronics)
Phasendetector phase detector (electronics)
Phasengeschwindigkeit phase velocity (electronics)
Phasenlage phasing (electronics)
Phasenmodulation phase modulation (electronics)
Phasenumkehr phase reversal (electronics)
Phasenumkehrschaltung phase inverter circuit (electronics)
Phasenverhalten phase characteristics (electronics)
Phasenverschiebung phase shift (electronics)
Phasenverzerrung phase distortion (electronics)
Phasenwechsel je Zeile phase alternation line (PAL)
Phasenwinkel phase angle (electronics)
Phosphat phosphate
Phosphor phosphorus
phosphoreszierend phosphorese, phosphorescent
physikalisch physical
physikalische Größe physical quantity
physisch physical
Piepen peep
piepen to peep
Plan plan, scheme, contrivence, design
planen to schedule, to scheme, to plan
planmäßig systematically
Planung scheduling
Planungsabteilung planning departement
Plasmabildschirm plasma screen (hardware)
plastisch plastic
Platine printed circuit board, board, card (electronics)
Platte sheet
Plattenspeicher disk storage (hardware)
Plattenstapel disk pack, disk patch (hardware)
Plattenverdoppelung disk duplexing
Platzbedarf space requirement
platzen to explode
Plausibilitätskontrolle plausibility check
Pluszeichen ampersand (mathematics)
pneumatisch pneumatic
Polarkoordinaten polar coordinates (mathematics)
polieren to planish, to polish, to burnish
Polinom polynomial (mathematics)
Polschuh polepiece (electronics)

Polster pad
polstern to pad
Portabilität portability (software)
Pos. -1-Taste home key
Position position
positionieren to position, to station
Positionierung positioning
Positionierungssteuerung positioning control
Positionsgeber position encoder (mechanics, electronics)
positive ganze Zahl positive integer
positive Logik positive logic
positive Rückkopplung regenerative feedback (electronics), positive feedback
positiver Übertrag carry forward (mathematics)
Post (Brief) mail
Posten post
Postleitzahl (amerikanische) zone improvement plan (ZIP)
Potential potential
Potenz power (mathematics)
Potenzformel power formula (mathematics)
Potenzfunktion power function (mathematics)
Potenzierung involution (mathematics)
Potenzreihe power series (mathematics)
Präfix prefix
prägen to impress
Prägung coinage
praktische Anwendung implementation
praktische Lebensdauer useful life
praktischer Einsatz field use
Präprozessor preprocessor (hardware, software)
präventiv preventive
Präzision precision
Preis cost
preiswert inexpensive
Preßstoff laminate
Prinzip principle
Priorität precedence, priority

Prioritätsschema priority scheme
Prioritätsstufe precedence level, precedence rating, priority grading
Probe probation, sample, specimen
Probelauf trial run
Probezeit probation
Problem problem
Problemanalyse problem analysis
problemorientierte Programmiersprache problem oriented language (software)
Produkt product
Produktion output
Produktionsnormen production standards
produzieren to produce
professionelles Entwickeln von Software software engineering
Programm program, routine (software)
Programm-Steckmodul program cartridge (firmware)
Programmabbruch program abort
programmabhängiger Fehler program-sensitive error (software)
Programmablaufplan flow chart
Programmautor program-author
Programmbefehl program instruction (software)
Programmbeschreibung program description
Programmbibliothek program library (software)
Programmeditor program editor (software)
Programmentwicklungszeit program development time
Programmfolge program sequence (software)
Programmfreigabe release
Programmgenerator program generator (software)
programmgesteuert sequence-controlled
programmgesteuerte Rechneranlage automatic sequence-controlled computer (hardware)
programmieren to program

Programmierer programmer
Programmierfehler programming error
Programmiergerät programmer (hardware)
Programmierhilfe software tool
Programmiermethode programming method
Programmiersprache program language, programming language (software)
Programmiertechnik programming technique
programmierter Stop programmed stop (software)
Programmierung programming
Programmlauf program run
Programmliste program listing
Programmodul program modul (software)
Programmpaket software package (software)
Programmpflege program maintenance
Programmprüfung program checking, program testing
Programmschleife loop (software)
Programmschleife program loop (software)
Programmschritt program step (software)
Programmsprung program skip (software)
Programmstufe program level (software)
Programmumschalter task switcher (software)
Programmunterbrechung program interrupt (software)
Programmunterbrechung, bedingte conditional breakpoint (software)
Programmverfasser program-author
Programmverzahnung multiprogramming (software)
Programmverzweigung branch (software)
Programmzähler program counter, sequence counter

proportional proportional
Proportionalitätssatz theory of proportion (mathematics)
Proportionalschrift proportional spacing
Prospekt prospectus
Protokoll journal, protocol, record, listing
protokollieren to protocol
Prototyp prototype
Provision percentage
provisorisch provisional
Prozedur procedure
prozedurale Betriebssicherheit percentage reliability
Prozentsatz percentage
Prozeß process
Prozeß-Automatisierung process automation
Prozessor processor, central processing unit (CPU)
Prozeßrechner process computer (hardware)
Prozeßsteuerung process control
Prüf-vor-Kauf-Software shareware
Prüfbit check bit, parity bit
Prüfdatengenerator test data generator
prüfen to audit, to check, to review, to test
Prüfgerät checking device (hardware)
Prüfprogramm audit program, check program, check routine, service checking routine, test routine (software)
Prüfpunkt checkpoint
Prüfsignal test signal (electronics)
Prüfsonde testing probe (electronics)
Prüfsumme check sum, check total
Prüfung test , certification, checking, recension
Prüfung auf unzulässige Code-Kombinationen forbidden combination check
Prüfung unter Umgebungsbedingungen environmental testing

Prüfung vor Ort test in site
Prüfungsaufgabe check problem
Prüfzeichen check character
Prüfziffer check digit, proof figure
Pseudobefehl pseudo instruction (software)
Pseudooperation symbolic operation (software)
Puffern (Zwischenspeichern) buffering
Pufferspeicher buffer (memory)
Pulszeitmodulation pulse time modulation (electronics)
Pult console
Pulver powder
pulverisieren to powder
Punkt point, item, dot, spot
Punktabstand dot pitch
Punktbefehl dot command (software)
Punkte pro Zoll dots per inch (dpi)
Punktmatrixdrucker dot matrix printer (hardware)
Punktsteuerung coordinate setting
punktweises Kopieren (eines Bildschirmausschnittes) bit-blitting (software)
punktweises Aufzeichnen point plotting

Qualitätsprüfung quality inspection, quality review
Qualitätssicherung quality assurance
Qualm smother
Quantität quantity
Quarzkristall quartz cristal
Quecksilber mercury
Quellcode source code (software)
Quelle source (hardware, software)
Quellprogramm source program (software)
Quellsprache (Programmiersprache) source language (software)
Querformat landscape representation
Querkeil cotter
Querrechnen crossfooting
Querschnitt cross-section
Quersumme sideways sum
querverbundene Datei crosslinked file (software)
Querverweis cross reference
quittieren to receipt
Quittierung acknowledge
Quittung quitance, voucher
Quittungsbetrieb handshaking
Quittungsnachricht reply message
Quittungssignal verification signal (electronics)
Quotient quotient (mathematics)

Q

Quader ashlar (geometry)
Quadrant quadrant (mathematics)
Quadrat square (geometry)
quadratisch quadratic
quadratische Gleichung quadratic equation (mathematics)
quadratische Kennlinie square law characteristic (electronics)
Quadratwurzel square root (mathematics)
Qualität quality
Qualitätskontrolle quality control
Qualitätsmerkmal quality characteristic

R

Rabatt discount
Rad wheel (mechanics)
radial radial
Radiergummi india rubber, rubber
Radioröhre valve (electronics)
Radiostörung jam (electronics)
Radius radius
Radixschreibweise mit fester Basis fixed radix notation (mathematics)
Rahmen frame (software, mechanics)
Rahmen-System framework (software, mechanics)

Rand edge, list, margin, border, boundary
Randbedingung boundary condition
Randbemerkung marginal note
Randeinstellung margin stop (printer, plotter)
Randfreigabe margin release (typewriter)
Randlochung marginal perforation (paper)
Randwertbedingung marginal condition
Randwertprüfung marginal check
Rang status
Rangfolge priority
Rangordnung hierarchy
rasch rapid
Raster graticule
Rasterbild digitized image
Rasterbild-Prozessor raster image processor (hardware)
Rasterbildschirm raster screen (hardware)
Rasterdaten digital image data
Rastergrafik raster graphics
Rasterung dithering
Rasterverfahren half-tone process
Rate rate
Ratenkauf hire-purchase
Ratgeber tipster
rationale ganzzahlige Funktion rational integral function (mathematics)
rationaler Bruch rational fraction (mathematics)
ratsam advisable
Ratschlag advice, counsel
Rauch reek, smoke
rauchen to reek, to smoke
Raum space
Raumgeometrie solid geometry
Rauminhalt cubage
Raumintegral volume integral (mathematics)
Raumkurve space curve (mathematics)
räumlich spatial
Raummultiplex-Verfahren space division multiplex (electronics)
Raumwinkel solid angle (mathematics)
rauscharmer Verstärker low noise amplifier (electronics)
Rauschen noise
Raute lozenge, rombus (mathematics)
reagieren to react
Reaktion reaction, response
Reaktor reactor
Rechenart calculus (mathematics)
Rechenblatt spreadsheet
Rechenfehler miscalculation
Rechengeschwindigkeit calculating speed, computing speed
Rechengröße operand
Rechenkunst arithmetic
Rechenmaschine calculation machine (hardware)
Rechenschieber slide rule (mathematics)
Rechenwerk (eines Prozessors) arithmetic element, arithmetic unit (hardware)
Rechenzeit machine time
Rechenzentrum computing center, data center
recherchieren to search
rechnen to reckon, to sum
rechnerabhängiger Betrieb on-line operation
Rechnerfamilie computer family
rechnerische Kontrolle mathematical check
Rechnernetz computer network (hardware)
Rechnersystem computer system (hardware)
rechnerunabhängiger Betrieb off-line operation
Rechnung account, count
Rechteck oblong, rectangle
rechteckig rectangular
Rechteckigkeit squareness
Rechteckimpuls rectangular pulse (electronics)
Rechteckimpuls square pulse (electronics)
Rechtecksignal rectangular signal (electronics)

Rechteckwelle rectangular wave, square wave (electronics)
Rechteckwellengenerator square wave generator (electronics)
rechter Winkel (90°) right angle
rechtsbündig (z.B. Text) right adjusted
Rechtschreibprüfung spelling checker
Rechtschreibung orthography, spelling
rechtsläufig right handed
rechtswidrig unlawful
rechtwinklig right angled
rechtwinklige kartesische Koordinaten rectangular cartesian coordinates (mathematics)
rechtwinklige Koordinaten cartesian coordinates (mathematics)
rechtzeitig just in time, welltimed
Redaktion redaction
Reduktion reduction
Reduktionszeit reduction time
redundante Ziffern redundant digits
Redundanz redundancy
Redundanzkontrolle redundancy check (software)
Redundanzverhältnis redundancy ratio (software)
reelle Zahl real number (mathematics)
Reflektor reflector
Reflektormarke reflective spot
Reflex reflection
Reform reform
Regel norm, rule, standard
Regelbereich fade margin
Regeleinrichtung automatic controller (hardware)
Regelgröße controlled variable, regulated quantity
Regelkreis regulating circuit (electronics)
regelmäßig regular
Regelmäßigkeit regularity, orderliness
regeln to regulate, to rule
Regelstrecke controlled system, process
Regelsystem automatic control system, automatic feedback control system
Regelungstechnik control engineering
Regelungsvorgang regulation process
Regelverhalten control action
Regelvorgang regulating action
Regelwiderstand regulating resistor (electronics)
Regenerationszyklus regeneration cycle (electronics)
Register register
Registerlänge register length
registrieren to log
Registrierung registration
Regler modulator (electronics)
regulieren to regulate
Regulierung regulation
Reibungsantrieb friction drive (mechanics)
Reibungsschutz antifriction (mechanics)
Reibungsvorschub (beim Drucker) friction feed (mechanics)
Reibungswiderstand frictional resistance (mechanics)
reichlich affluent
Reihe progression (mathematics), range, row, series
Reihenentwicklung series expansion (mathematics)
Reihenfolge sequence, suit
Reihenfolge, aufsteigende ascending sequence
Reihenschaltung join in series, connected in series, series connexion (electronics)
Reihenwiderstand series register (electronics)
rein clean, clear
rein binäre Darstellung pure binary notation
reinigen to purify
reinigend detergent
Reinigung purification
Reinigungsmittel detergent
reißen to rip

Reißnagel thumbtack
Reißschiene T-square
Reißwolf willow
Reklamation reclamation
Rekursion recursion (mathematics)
Relais relay (electronics)
Relaisschaltung relay network (electronics)
relationale Datenbank relational data base (software)
relationale Datenbanksprache (z.B. SQL) relational data language (software)
relative Adresse relative address
relative Adressierung relative addressing
relative Kodierung relative coding
Relativlader relative loader (software)
Reparatur repair
Reparaturwerkstatt repair shop
reparieren to repair
Report report
Reproduktion reproduction
Reproduzierbarkeit repetitive accuracy
Reprovorlage camera-read copy
Reserve reserve
Reservekanal spare channel
Reservespeicher standby storage
reservierte (belegte) Worte reserved words
Reset reset
Resettaste reset button
resident resident
Resonanz resonance
Resonanzkreis tuned circuit (electronics)
Rest remainder (mathematics), rest
Restmagnetismus residual induction, residual magnetism (electronics)
Restsumme arrearage
Resultat result, come-off
Retrieval retrieval
retten to save
Rettung saving
Return-Anweisung return instruction
retuschieren to retouch

reziprok reciprocal
Reziprokwert reciprocal (mathematics)
richten to direct
Richtfunkverbindung radio link
richtig correct, valid
Richtigkeit correctness
Richtlinie directive, guidance
Richtung lay, direction
Richtungsinformation direction code
Richtungsinformation routing information (network)
Richtungswahl route selection (network)
richtungsweisend directive
Riegel bolt (mechanics)
Ringtopologie ring topology (network)
Rinne groove
Rippe groin
Riß fissure, flaw, rip, scratch
Ritzel pinion (mechanics)
Roboter robot
Rohdaten raw data (software)
rohe Gewalt bruce force
Rohmaterial raw material
Rohstahl german steel
Rollbalken (Windows) scroll bar (software)
Rolle roll (mechanics)
rollen to roll, to wheel
Rollen des Bildschirminhaltes scroll (screen roll)
Rollenpapier continuous rollpaper
Rollkugel trackball
röntgen to X-ray
Röntgenstrahlen X-ray
rostbeständig rust-proof
rostfrei rustless, stainless
rostig rusty
Rotanteil der vier Grundfarben magenta
Rotation rotation
rotglühend red-hot
rotieren to rotate
rotierend to rotary
Rotor rotor (mechanics)
Routine routine
Routinearbeit routine work

Rückfall (zu einer geringeren Übertragungsgeschwindigkeit) fallback (modem)
Rückfall regression
Rückfragesignal request signal (electronics)
Rückführungsschaltung closed loop circuit (electronics)
Rückführungsschleife feedback loop (electronics)
rückgängig machen to unmake
Rückholfeder return spring (mechanics)
Rückkauf redemption
Rückkehr regression, return
Rückkehr zum Hauptprogramm return control transfer (from subroutine)
Rückkopplung back coupling, feedback (electronics)
rückläufig regressive, retrograde
Rückmeldung decision feedback
Rückprall bounce
Rückruf recall
Rückschritt backspace
Rücksprungadresse return address
Rücksprungbefehl return instruction (mechanics)
Rückspulgeschwindigkeit rewind speed (tape)
Rückstellknopf reset button
Rückstellung counter reset
Rückstrich (\\) backslash
Rückübersetzung retranslation
Rückübertrag elusive one, end around carry (mathematics)
Rückwärtslesen reverse reading
Rückwärtszählung reverse count
rückwirken to react
rückwirkend regressive
Ruhe rest
Ruhefunktion sleep function
Ruhekontakt normally closed contact (electronics)
ruhen to rest
Ruhestellung rest position
Ruhezeit dwell time
Ruhezustand quiescent state

ruhig steady
Rumpf body
rund round
Rundbrief (Serienbrief) multi address message
runde Klammern paranthesis
Rundlauftoleranz concentricity tolerance
Rundschreiben circular
Rundstab astragal
Rundungsfehler rounding error
rutschen to slide, to slip
rütteln to joggle

S

sachlich material
Sachrecherche subject searching
Sackgasse dead end
Salzsäure hydrochloric
Sammelleitung (Datenbus, Adreßbus ...) bus (electronics)
Sammeln sampling, pooling
Sanduhr sandglas
sanieren to reorganize
Satellit satellite
Sattelpunkt saddle point (mathematics)
sättigen to impregnate, to satiate, to saturate
Sättigung satiation, saturation, saturation, concentration
Sättigungsfluß saturation flux (electronics)
Sättigungsmagnetisierung saturation magnetization (electronics)
Satz rate, set
Satzgruppe grouped records, record set (software)
Satzlänge record length (software)
Satzlehre syntax
Satzlücke record gap (software)
Satzzählung record counting
Satzzeichen punctuation mark
sauber clean

Sauerstoff oxygen
Schablone pattern, template
Schaden damage, hurt
schadhaft defective
schädigen to damage
schädlich hurtful
Schädlichkeit maleficence
Schaft shaft
Schale shell
Schall sound
Schalldämpfer silencer
schalldicht sound-proof, sound-tight
schallgedämmt, schallschluckend sound-absorbing
Schaltalgebra Boolean algebra, switching algebra
Schaltdiode switching diode (electronics)
schalten to switch, to connect (electronics)
Schalter switch, counter
Schalter für kleine Spannungen low level switch (electronics)
Schaltfläche, Schaltknopf button (software, hardware)
Schaltfunktion switching function
Schaltgeschwindigkeit speed of operation
Schaltkreis switching circuit (electronics)
Schaltkreislogik circuit logic (electronics)
Schaltkreisprüfung circuit testing (electronics)
Schaltkreistechnik circuit technique (electronics)
Schaltplan electric schematic diagram (electronics)
Schaltplan wiring diagram (electronics)
Schalttafel control panel, pin board (electronics)
Schalttransistor switching transistor (electronics)
Schaltuhr automatic timer
Schaltung connexion (electronics)
Schaltungsanordnung circuit arrangement, circuitry (electronics)
Schaltungsmodul circuit module (electronics)
Schaltungsparameter circuit parameter (electronics)
Schaltungsplatine circuit card, circuit plate (electronics)
Schaltzeit switching time
Schärfe edge
scharfe Kante featheredge
Scharnier hinge, joint (mechanics)
Schatten shade
Schattenspeicher shadow store (hardware)
Schattierung shade
schätzen to size up, to reckon, to value
Schätzung appreciation
Schaum foam, spume
schäumend foam
Schauspiel spectacle
Schaustellung show
Scheibe wheel, disc (mechanics)
Scheinrealität virtual reality (software)
Scheinspeicher apparent storage
Scheitel vertex (mathematics)
Scheitelpunkt apex (mathematics)
Scheitelstrom peak current (electronics)
Schema scheme
schematisch diagrammatic
schematische Darstellung schematic diagram
Schere pair of scissors
Scheuerleiste skirting board (mechanics)
Schicht layer
schicken to send
Schieber register
schief slanting, wry, askance, aslant, skew
Schiene splint (mechanics)
Schildchen tab
Schilderung delineration, representation
Schirmbild screen pattern
Schlag hit, dash, runout
Schlagbolzen striker (mechanics)

schlagen to hit, to dash
Schlagwort catchword
Schlange queue
schlank slim
schlechte Anpassung maladjustment (hardware, software)
schlechte Verbindung bad joint (mechanics, electronics)
Schleife loop (program)
Schleifenzähler (Programm) cycle counter, cycle index counter (software)
Schleifer slider (electronics)
Schleifkontakt wiping contact (electronics)
Schleiflack high gloss painting
schließen to close
schlimmer Fehler fatal error
Schlinge loop
Schlitten sledge, sleigh (mechanics)
Schlitz slot
Schlitzlochkarte slotted card
Schlupf slippage
Schluß close, end, conclusion, inference
Schlüssel key
schlüsselfertig turnkey
Schlüsselwort keyword
schmaler Impuls narrow pulse (electronics)
schmelzbar fusible
Schmelzen fusion
schmelzen to dissolve, to fuse, to found, to smelt
Schmelzpunkt melting point
Schmiere grease, dope
schmieren to lubricate, to grease
schmierig greasy
Schmiermittel lubricant
Schmierung lubrication
Schnecke helix (mechanics)
Schneckenantrieb worm-drive (mechanics)
schneckenförmig voluted (mechanics)
Schneckengetriebe worm-gear (mechanics)
Schneckenlinie helix

Schneckenrad worm-wheel (mechanics)
Schneckenzahnrad helical gear (mechanics)
Schneide edge
schneidend secant
Schneidewerkzeug edgetool
schnell rapid
Schnellauf fast mode (tape recorder)
Schnelldrucker high speed printer (hardware)
Schnellhefter folder
Schnelligkeit rapidity
Schnellrücklauf (Bandlaufwerk) high speed rewind
Schnellschrift draft
Schnellspeicher high speed memory, rapid memory, zero access store (hardware)
Schnellzugriffsspeicher fast access memory, low access memory, quick access memory
Schnitt section
Schnittebene cutting plane (mathematics)
Schnittpunkt point of intersection (mathematics)
Schnittstelle interface (electronics, software)
Schnittstellentypen interface types (electronics, software)
Schnittstellenwandler interface adapter (electronics)
Schnur string, cord
schnurlos cordless
schräg skew, slant, aslant, bevel, bias,
Schräge bevel
Schräglage cant
Schrägstellung skew
Schrägstift cursive, italics
Schrägstrich slash, solidus
Schrägstrichmarkierung slanted mark
Schrägung cant
Schramme scratch
Schranke bound,
Schraube screw (mechanics)

schrauben to screw
Schraubenmutter female screw, nut (mechanics)
Schraubenschlüssel (der „Engländer") monkey-wrench (mechanics)
Schraubenschlüssel spanner (mechanics)
Schraubenspindel male screw (mechanics)
Schraubenzieher screwdriver, turnscrew
Schreib-/Lesekopf read/write head, record playback head, write-read head (electronics)
Schreibbefehl write instruction (software)
Schreibbüro typing pool
Schreibdichte density
schreiben to write
Schreiben writing
Schreiber writer
Schreibfehler typed mistake, typing error
Schreibkopf recording head (electronics)
Schreibmarke cursor
Schreibmaschine typewriter, typewriting machine (hardware)
Schreibpergament vellum paper
Schreibprüfung check read
Schreibring (Magnetbandspule) write lock
Schreibschrift script, longhand
Schreibschutz write protection
Schreibschutzring (Magnetbandspule) protection ring
Schreibschutzring write enable ring (magnetic tape)
Schreibsperre write lock, write protection
Schreibstelle printing position
Schreibstrom record current, write current (electronics)
Schreibtisch desk
Schreibtisch-Terminal desktop terminal (hardware)
Schreibvorgang writing action
Schreibwalze platen (mechanics)
Schreibwaren stationery
Schreibweise notation
Schreibweise mit gemischten Basen mixed base notation (mathematics)
Schrift script, font
Schriftart script
schriftlich written
Schriftrolle scroll
Schriftsatz memorandum
Schriftstellername pen-name
Schriftstück document, writing
Schritt iteration, pace
Schrittgeschwindigkeit stepping rate
Schrittschalter stepping switch, selector switch (electronics)
Schrittschaltmechanismus stepping mechanism
schrittweise one shot
schrittweise abschalten cycle off
schrittweise Addition iterative addition (mathematics)
schrittweiser Antrieb intermittent drive
schrittweiser Betrieb step-by-step operation
Schrittzähler stepping counter
schrumpfen to shrink
Schrumpfung shrinkage
Schule school
schulen to indoctrinate, to school
Schulungssoftware scoolware (software)
schütteln to joggle
Schutz protection, security
Schutz gegen Übertragungsfehler error protection
Schutzblech fender
Schutzbrille pair of goggles
Schutzebene protection level
Schutzmarke trademark
Schutzumschlag jacket
Schutzvorrichtung fender
Schwäche depression
schwächen to impair
schwanken fluctuate
Schwankung variation, fluctuation
schwarz black

schwärzen to black, to ink
schwarzes Brett bulletin board
schwefeln to sulphurize
schweißen to weld
Schweißen welding
Schweißnaht weld
Schwellenwert threshold circuit
schwer hard
Schwere gravity
Schwerkraft gravitation
schwerwiegender Fehler fatal error
schwierig difficult
schwieriges Problem intricate problem
Schwierigkeit difficulty, bottleneck, hardness
schwinden to dwindle, to fade
Schwingen hunting
schwingen to vibrate, to oscillate
Schwingkreis resonant circuit (electronics)
Schwingung mode, oscillation (electronics)
Schwingungsdämpfer shock absorber, vibration absorber (mechanics)
Schwingungserzeuger oscillator (electronics)
Schwingungsschreiber oscillograph (electronics)
Schwund dwindling
Schwungfeder pinion-feather, pen-feather (mechanics)
Schwungmasse drive capstan flywheel (mechanics)
Schwungrad flywheel (mechanics)
Sechseck hexagon (geometry)
Segment segment (hardware, software)
Sehweite eyeshot
Seilzug tight-rope
Seite page
Seitenansicht side-face
Seitenbeschreibungssprache (z.B. PostScript) page description language (software)
Seitenpfad bypath
Seitenrand margin

Seitensteckverbindung edge connector (electronics)
Seitenteil cheek
Seitenverhältnis (von Höhe zu Breite) aspect ratio
Seitenvorschub formfeed (mechanics)
Seitenwechsel paging
Seitenwechselspeicher virtual memory
Seitenzählung (Paginierung) pagination
seitlich sidelong, lateral
seitwärts sidelong
Sekante secant (mathematics)
Sektion section
Sektor sector (harddisk)
Sekundärspeicher secondary storage
selbständig single handed, substantiv
selbständig arbeitender Drucker off-line printer (hardware)
selbstanpassend self adapting
Selbstbedienungsladen groceteria
selbstgebaut home-grown
selbstgemacht selfmade
selbstkorrigierender Code self correcting code (software)
Selbstkostenpreis cost-price
selbstprüfender Code self checking code (software)
Selbstwähler (Telefon) autodialer
Selektion selection
Selektorkanal selector channel
seltsam unaccountable
Semantik semantics
semantische Codierung semantic coding (software)
Sendeanfrage request to send
Sendebereitschaft clear to send
Sendekanal send channel
senden to send
Sender talker, transmitter
Senke (Empfänger) sink
senkrecht perpendicular, apeak, normal, square
Senkrechte perpendicular
Sensor sensor (electronics)
Sensorbildschirm sensor screen (hardware)

sequentielle Datei sequential file (software)
sequentielle Zugriffsmethode sequential access method
sequentieller Zugriff sequential access
Serie line
Seriell-parallel-Umsetzer serial-parallel converter (electronics)
serielle Schnittstelle serial port, serial interface (electronics)
serielle Speicherung serial storage
serielle Übertragung serial transfer, serial transmission
serieller Zugriff serial access
Serienaddierer serial adder
Serienbetrieb serial operation
Serienbrief multi address message
Serienschaltung connected in series, tandem connection (electronics)
serifenlose Schrift (z.B. Arial) sanserif
Servomotor servo motor (electronics)
Servosystem servo system (electronics)
Servoverstärker servo amplifier (electronics)
setzen to set
sicher safe, secure, stable, steady
Sicherheit security, safety
Sicherheitskategorie security category
Sicherheitsschloß safety-lock
Sicherheitsschloß security key lock
Sicherheitsvorschriften safety instructions
sichern to ensure, to safe, to secure
Sicherung (elektrische) fuse (electronics)
Sicherungsdatei backup file (software)
Sicherungskopie backup copy (software)
Sicherungsprogramm safeguarding program (software)
sichtbar visible
Sichtkontrolle visual check
sichtlich visible

Sieb strainer
Signal signal
Signalamplitude signal strength (electronics)
Signalausfall drop out (electronics)
Signalgeber signal generator (electronics)
Signallampe indicator lamp
Signallicht signal light
Signalquelle signal source
Signalspeicher latch
Signalstärke signal strength (electronics)
Signalumformer transducer (electronics)
Signalverfolger signal tracer (electronics)
Signalverstärker (in einem Netzwerk) repeater (hardware)
Signalverstärker signal amplifier (electronics)
Signatur signature
Silbentrennung hyphenation
silberfarbig argent
Silhouette skyline
Simplexverkehr simplex communication
Simulation simulation (software)
simulieren to simulate
simultan simultaneous
Simultanbetrieb simultaneous operation
simultane lineare Gleichung simultaneous linear equation (mathematics)
Simultanübertragung simultaneous transmission
Simultanverarbeitung multiprocessing
Singular singular
Sinnbild symbol
sinnbildlich symbolic
sinnbildlich darstellen to symbolize, allegoric
sinnverwandtes Wort synonym
Sinus sine (mathematics)
Sinusfunktion sine function (mathematics)

Sinussatz law of sines (mathematics)
Sinuswelle sine wave (electronics)
Sirene hooter
Situation situation
Sitzung session, sitting
Skala scale
Skalar scalar (mathematics)
Skalarprodukt scalar product (mathematics)
Skaleneinstellung scale setting
Skalieren scaling
Skalierfaktor scale factor
Skelett skeleton
Skizze outline, sketch
skizzenhaft sketchy
skizzieren to adumbrate, to outline, to skeleton, to sketch
Sockel socket
softsektoriert soft sectored (diskette)
Softwarehaus software house
Softwarekompatibilität software compatibility
Sohle bottom
Sollwert desired value, set point
Sommerzeit daylight saving time
Sonde probe (electronics)
Sonderanfertigung custom made, custom tailored, taylored version
Sonderbarkeit singularity
Sonderzeichen special character
sondieren to probe
Sorgfalt carefullness
sorgfältig carefull
Sorglosigkeit carelessness
Sorte sort
sortieren to sort
Sortieren nach Nummern numerical sorting
Sortieren von Daten collating of data
Sortieren, blockweise block sort
Sortierfolge collating order, collating sequence
Sortiermethode sorting method
Sortierprogramm sort program (software)
Soundkarte soundcard (hardware)
Spalt fissure, gap
Spaltbreite gap width
Spalte column
spalten to fissure
Spaltenabstand column spacing
spaltenweise column by column
Spange clip (mechanics)
spannen (eine Feder) to tighten, to stress (mechanics)
Spannkraft resilience (mechanics)
Spannung strain, stress, tension (mechanics)
Spannung voltage, potential (electronics)
Spannungsimpuls voltage pulse (electronics)
Spannungspegel voltage level, drop (electronics)
Spannungsregler voltage regulator (electronics)
Spannungsschwankung voltage fluctuation (electronics)
Spannungsstabilisator voltage stabilizator (electronics)
Spannungsteiler voltage divider (electronics)
Spannungsverlauf voltage waveform (electronics)
Spannungsverstärkung voltage gain (electronics)
Spannungsverteilung potentional distribution (electronics)
Spannweite range
spärlich spare
sparsam saving, sparing, economic
Spediteur forwarder
Spedition forwarding
Speiche radius
Speicher memory, storage
Speicher mit nur einer Zugriffsebene (z.B. Festwertspeicher) one level store (electronics)
Speicheradresse memory address, storage location
Speicheraufteilung in Seiten paging
Speicherauszug (nach einem Programmabbruch) post mortem dump
Speicherauszug memory dump, snapshot, storage print

Speicherbank bank, memory bank
Speicherbedarf memory requirements
Speicherbefehl write instruction
Speicherbelegung storage allocation, storage occupancy
Speicherbereinigung garbage collection (software)
Speicherblock memory block, memory stack
Speicherbus memory bus (electronics)
Speicherbyte storage byte
Speicherchip memory chip (electronics)
Speicherdichte storage density
Speichererweiterungskarte memory board
Speichergröße memory size
Speicherkapazität memory capacity, storage capacity
Speichermedium storage medium
speichern to store, to write
Speicheroperation storage operation
Speicherplatz storage location, memory location, storage position
Speicherregister memory data register, memory location register, storage register
speicherresident memory resident
Speicherschutz memory protection
Speichersteuerung memory control
Speicherstufe storage level
Speicherüberlauf storage overflow
Speicherung storage
Speicherungszeitraum storage period
Speicherverwaltung memory management
Speicherverwaltungseinheit memory management unit (MMU)
Speicherwort memory word
Speicherzähler counter storage
Speicherzelle location, cell, storage cell
Speicherzone storage zone
Speicherzyklus memory cycle
Sperrdiode isolation diode (electronics)
sperren to lock, to disable
Sperrhaken click (mechanics)
Sperrhebel latch (mechanics)
Sperrimpuls inhibit pulse (electronics)
Sperrkontakt latch contact
Sperrstrom reverse current, reverse leakage (electronics)
Sperrung stoppage
Sperrvorrichtung lock
Sperrzustand off state
Spezialrechner special purpose computer (hardware)
Spezifikation specification
spezifisches Gewicht specific gravity
Spiegel looking-glass
Spiegelbild reflection
Spiel lost motion, play, game
Spielecomputer home computer (hardware)
Spielprogramm game software
Spielraum end play, latitude, lost motion, margin
Spindel arbor, shaft (mechanics)
Spirale spiral
spitz aussehen to peak
Spitze cusp (mathematics)
Spitze peak (electronics), point, spike
Spitzenamplitude crest amplitude (electronics)
Spitzenbelastung peak load (electronics)
Spitzentechnologie hightech
Spitzenwert peak
spitzer Winkel acute angle (mathematics)
Spleiß splice (mechanics)
Splint cotter (mechanics)
Splitter smithereens
spontane Magnetisierung spontaneous magnetization (electronics)
Sporn spur (mechanics)
Sprachausgabe voice (speech, acoustic) output, phonetic output
Sprache language
Sprachebene level of language
Spracheneditor language editor (software)

Spracherkennung speech recognition
Sprachverarbeitung speech processing
Sprachwissenschaft linguistics
Sprecher talker
Sprechverbindung voice communication
springen to skip, to jump
spröde brittle
sprühen to spark, to sparkle
Sprung (Riß) flaw (material)
Sprung jump (program)
Sprung, bedingter conditional jump, conditional transfer
Sprungadresse transfer address
Sprungbefehl jump, jump instruction, transfer instruction
Sprungvektor jump vector
Spule spool
spulen to spool
Spur trace, track (diskette)
Spurauswahl tracking selection
Spurbreite track width
Spurdichte track density
Spurweite gauge
stabil stable
stabiler Zustand stable state
stabilisieren to stabilize
Stabilisierung stabilization
Stachelwalzenführung pin feed platen device
Stadium stage
Stahl steel
Stahlkassette strong-box
Stammdatei master file
Stammdaten master information
Stammdatensatz home record
Stammverzeichnis root directory
Standard standard
Standardabweichung standard deviation (mathematics)
Standardformular standard form
standardisieren to standardize
Standardisierung standardization
Standbild image, still picture
Standfestigkeit stability
Ständigkeit permanence
Standort station

Stapel batch
Stapeldatei batch file (software)
Stapelspeicher stack
Stapelüberlauf stack overflow
Stapelverarbeitung batch mode, batch processing
Stapelzeiger stack pointer
stark forceful
Stärke force
Starkstrom heavy current, power current (electronics)
Starkstromtechnik power engineering (electronics)
starr inflexible
Startadresse start address
Startbit start bit
Startimpuls start pulse (electronics)
Statement statement
Station station
stationär stationary
statische Speicherung static storage
statischer Direktzugriffsspeicher static random-access memory
statischer Scheinwiderstand steady-state impedance (electronics)
statischer Speicher static storage
statisches Programm static program (electronics)
statisches RAM static RAM (electronics)
statisches Register static register
Statistik statistics
statistisch statistical
statistische Daten statistical data
statistische Qualitätskontrolle statistical quality control
statistische Sicherheit confidence level
Status status
Statusbyte status byte
Statusregister status register
Statuswort status word
Staub powder
staubdicht dust tight
stauben to powder
staubig dusty
steckbare Baugruppe plug-in subassembly (electronics)

steckbare Einheit plug-in unit (electronics, hardware)
Steckbrücke jumper (electronics)
Steckbuchse jack (electronics)
Steckdose socket, wall socket
Stecker connector (mechanics)
steckerkompatibel plug-compatible (electronic, mechanics)
Steckerleiste frame connector
Steckkarte plug-in board, printed circuit board (hardware)
Steckmodul cartridge (hardware)
Stecktafel patchboard, pegboard (hardware)
Steckverbinder connector
stehendes Bild still picture
Steigerung climax, gradient
Steigung pitch
Stelle position
stellen to station
Stellen hinter dem Komma fractional part (mathematics)
Stellenschreibweise positional notation
Stellenverschiebung im Addierer accumulator shift
Stellglied control organ, controlling element
Stellung status
Stellungsgeber position encoder
Stellvertreter substitute, surrogate
Stellvertretung substitution
Stempel impress, imprint, stamp
Stempelkissen ink-pad
Stenografie shorthand
Sternchen asterisk
sternförmig radial
Sternnetz radial network, star network (hardware)
Sternschaltung star connection, wye connection (electronics)
stetig steady
stetige Funktion continuous function (mathematics)
Stetigkeit continuity (mathematics)
Stetigkeitskontrolle smoothness check (mathematics)
Steuer tax

Steueranweisung control instruction (software)
Steuerblock control block
Steuerbus control bus (electronics)
Steuereinheit control unit (electronics)
Steuerknüppel joystick (hardware)
steuern to control, to direct, to guide
Steuerprogramm control program (software)
Steuerpult control position (hardware)
Steuerspeicher control memory
Steuerung steering, control
Steuerungskonsole control console
Steuerungskontrolle control check
Steuerungsschaltung control circuit (electronics)
Steuerungstechnik control engineering
Steuerungszeichen control code
Steuervariable control variable
Steuerwerk control unit
Steuerzeichen control character, effector
Steuerzyklus control cycle
Stichprobe spot check
Stickstoff nitrogen
Stift pin
Stiftcomputer (mit handschriftlicher Eingabe) pen-PC (hardware)
Stiftwagen (am Plotter) pin carriage (mechanics)
Stil diction
stillegen (ein Gerät) to cripple
Stillstand deadlock, standstill
Stillstandszeit lag time
Stimme voice
Stirnrad spur gear (mechanics)
Stockung stagnancy
Stoff material
Stoppanzeige no go flag
Stoppbefehl halt instruction
stoppen to halt
Stoppflag no go flag
Stopptaste stop button
störanfällig interference prone
Störanfälligkeit fault liability, susceptibility of failure

Störgröße disturbance
Störpegel interference level (electronics)
Störpegelabstand noise ratio (electronics)
Störschwingung parasitic oscillation (electronics)
störsicher interference proof
Störsignal disturb signal, drop-in signal, error signal, interference signal
Störstrahlung interference (electronics)
Störung fault, interference, trouble, bug, disturbance, man-made noise
Störung innerhalb eines Systems intrasystem interference
Störungsanzeige malfunction indicator
störungsfreier Betrieb failure free operation
störungssicheres System fail safe system
Stoß hit
Stoßbetrieb (Hochgeschwindigkeitsübertragung) burst mode
Stoßdämpfer shock absorber
stoßen to hit
Stoßprüfung shock test
stoßweise surge
Strahl jet
Strahlen irradiancy, radiancy, refract
strahlen to radiate
Strahlenbrechung (Optik) diffraction
strahlend radiant, irradiant
Strahlenverfolgung raytracing
Strahlung radiation, irradiancy, irradiation, radiancy
Streamerlaufwerk streamer (hardware)
Strebe brace
Strecke lenght
strecken to strech
streichen to delete, to cancel, to expunge
Streichung cancel

Streifen tab
streuen to scatter
Streukapazität stray capacitance (electronics)
Streuung scattering, scatter (mathematics)
Streuungsgrenzen limits of variation (mathematics)
Strichcode barcode
Strom flux
Stromdichte current density (electronics)
strömen to flush
stromführend conducting (electronics)
Stromimpuls current pulse (electronics)
Stromkreis circuit (electronics)
stromlos drop out (electronics)
Stromnetz mains (electronics)
Stromquelle current generator (electronics)
Stromsparfunktion sleep function (electronics)
Stromstoß current impulse (electronics)
Stromverbrauch current drain (electronics)
Stromversorgung power supply (electronics)
Stromversorgungspaket power pack (hardware)
Struktur structure
strukturierte Programmierung structured programming (software)
Stück part
Stückchen shred
Stückliste tally
stückweise by the job
Stufe stage
stufenloses Verändern der Größe zooming
Stufentransformator stepped transformator (electronics)
stufenweise gradual
stumpf edgeless
stumpfer Winkel obtuse angle (mathematics)

Stunde hour
stündlich hourly
stutzen to truncate
stützen to uphold
Subjekt subject
Substantiv substantiv
Substanz substance
Substitutionsbefehl extract instruction (software)
subtrahieren subtract (mathematics)
Subtraktion subtraction (mathematics)
Subtraktionsübertrag subtract carry (mathematics)
Subvention subvention
Suchdatei search file (software)
Suche quest
Suche nach einer Zeichenkette string search
Suchen search
suchen to quest, to search
suchen und ersetzen to search and replace
Suchprozeß search process
Suchschlüssel sequencing key
Suchzeit (von Informationen auf einem Massenspeicher) seektime, search time
Suffix suffix
Summandenregister addended register
Summe sum, tot
Summenbildung totaling (mathematics)
Summenhäufigkeit cumulative frequency (statistics)
Summenkontrolle parallel balance
Summenkurve cumulative frequency curve (statistics)
Summer hummer, buzzer (electronics)
summieren to tot up
Summierung summation
Supercomputer number cruncher (hardware)
supraleitender Speicher cryogenic store (electronics)
supraleitendes Material super-conductive material

Symbol symbol, icon
symbolisch symbolic
symbolische Adresse floating address, symbolic address
symbolische Operation symbolic operation
symbolische Programmierung (adressenfrei) symbolic programming
symbolische Sprache symbolic language (software)
symbolischer Befehl symbolic instruction (software)
symbolischer Code pseudo code (software)
symbolisches Programm (ohne Adressen) symbolic program
symmetrischer Ausgang balanced output (electronics)
synchron in step, synchronous
Synchronbetrieb synchronous operation
Synchronisationsimpuls sync pulse (electronics)
Synchronisationszeichen sync character
synchronisieren to synchronize
Synchronisierung syncing
Synchronübertragung synchronous transmission
Synonym synonym
syntaktisch syntactic
Syntax syntax
Syntaxfehler syntax error
synthetisch synthetic
System system, ism
Systemabsturz system crash
Systemanalyse system analysis
Systemanalytiker system analyst
systematisch systematically
systematischer Fehler systematic error
systembedingter Fehler systematic error
Systemdiskette system disk
Systemdokumentation system documentation
Systemdurchlauf computer run

Systemplatte system disk (diskette, harddisk)
Systemprogramm system program
Systemprüfung systems testing
Szene scene

T

tabellarisch tabulate
Tabelle list, table, chart, schedule
Tabellenkalkulationsblatt spreadsheet
tabellieren to tab, to tabulate, to list
Tabulator tabular insert
Tabulatorspeicher tab memory
Tafel panel, table, board
Tag day
Tagebuch journal
Tagesbericht bulletin
Tageslicht daylight
Tagesordnung agenda
Tageszeit daytime
tagsüber daytimes
Takt measure, time, clock (electronics)
Taktfolge clock rate
Taktfrequenz clock frequency (electronics)
Taktgeber clock generator, system clock (electronics)
Taktgenerator clock generator (electronics)
Taktimpuls clock pulse, gating pulse, strobe impulse, timing pulse, timing signal
Taktimpulsgeber gating pulse generator (electronics)
Taktrate timing pulse rate (electronics)
Taktzyklus clock cycle (electronics)
Tangente tangent (mathematics)
Tarnung (Virus) camouflage
Tasche jacket, pocket
Tastatur keyboard (hardware)
Tastaturcode scan code
Tastaturcodierer keyboard encoder (electronics)
Tastatureingabe key entry
Tastaturumschaltung (groß-klein) case shift
Taste key
Tastenanschlag keystroke (mechanics)
Tastencode (beim Loslassen) break-code
Tastenfeld keypad
Tastenkombination (zur Aktivierung z.B. eines Hintergrundprogrammes) hotkey
Tastenrückmeldung key backfeed
Tastkopf sensing head (electronics)
Tastung modulation (electronics)
Tatbestand fact
Tätigkeit (z.B. im Büro) agency
Tatsache fact
Tausch change
tauschen to change
Technik technique
Techniker technician
technische Abteilung engineering departement
technische Eigenschaften technical characteristics
technische Entwicklung engineering development
technische Grenzen engineering constraints
technische Lösung engineering solution
technische Unterlagen technical brochures
technische Zeichnung engineering drawing
technischer Kundendienst technical service
technischer Mangel engineering deficiency
Technologie technology
Teil part, share, deal
Teilchen particle
teilen to part, to divide, to share
Teiler divisor
Teilerzahl quotient (mathematics)
Teilmenge subset
Teilnahme interest
Teilnehmer participant, patron

Teilnehmerbetrieb time sharing
Teilnehmerkennung network user identification (NUI)
Teilnetz subnet (hardware)
Teilsumme partial sum (mathematics)
Teilübertrag partial carry (mathematics)
Teilung partition, division
teilweise partial
Teilzahlungskauf hire-purchase
Telefax facsimile, fax
Telefaxgerät facsimile equipment, telecopying equipment (hardware)
Telefon phone
Telefonanruf call
Telefonhörer phone
Telefonleitung communication line
Telex teleprinter exchange
Temperaturschwankung swinging temperature
Tempo pace, time
Term term (mathematics)
Terminal data terminal (hardware)
Test test, check
Testdaten test data (software)
testen to test
Tetrade tetrad (mathematics)
teuer expensive
Textbaustein text segment (software)
textbezogen textual
Textprogramm word processor (software)
Textverarbeitung text processing, word processing (software)
Textverarbeitungssystem word processing system (software and hardware)
Thema subject, topic
Theorem theorem
Theorie ism
thermisch thermic
thermisches Rauschen thermal noise
Thermodrucker thermal printer (hardware)
Thermoelement thermocouple (electronics)
Thermostat oven (electronics)
tief low

tiefergestelltes Zeichen subscript
tilgen to expunge, to delete
Tilgung amortization
Tilgungszeichen dele
Tinte ink
Tintenstrahl inkjet
Tintenstrahldrucker ink jet printer, bubble-jet printer (hardware)
Tintenstrahlplotter ink jet plotter (hardware)
Tisch table
Titel heading
Tochtergesellschaft subsidiary company
Toleranz tolerance
Toleranzgrenze tolerance limit
Ton sound
Tonband audio tape, tape
tönen to sound
Tonervorratsbehälter (Laserdrucker, Fotokopierer) toner-cartridge
Topologie topology (network)
Tortendiagramm pie chart
tot dead
total total, dead
Totzeit lag time
Totzone neutral zone
Towergehäuse towercase
tragbar portable
tragbarer Computer handheld computer (hardware)
träge inert, slow acting
Träger carrier
Trägerfrequenz carrier frequency (electronics)
Trägerschicht base, substrate
Trägheit inertia
Trägheitsmoment moment of inertia (mechanics)
Trailer-Label (einer CD) lead-out
tränken impregnate
Transaktion transaction
Transfergeschwindigkeit data transfer rate
Transformationsgleichung transform equation (mathematics)
Transformator transformer (electronics)

Transistor transistor (electronics)
transparent transparent
Transportrad escapement wheel (mechanics)
Transportschicht (OSI-Schichtenmodell) transport layer
Transportwalze transporting drum (mechanics)
Transpositionsfehler transposition error
transzendente Funktion transcendental function (mathematics)
transzendente Gleichung transcendental equation (mathematics)
treffend apposite
treiben to hustle
Treiber driver (software, hardware)
Treibrad driver (mechanics)
Treibriemen band (mechanics)
Trennbarkeit separability
trennen to detach, to disconnect, to divide, to part
Trennschärfe selectivity
Trennschritt space pulse, stop polarity pulse
Trennstufe buffer stage, decoupling circuit, isolating stage (electronics)
Trennsymbol delimiter, sentinel
Trenntransformator isolating transformator (electronics)
Trennung disconnection, disservement, separation
Trennung einer Verbindung logoff
Trennzeichen separator
Treppenspannung staircase voltage (electronics)
Triade triade
Trick trick
Triebkraft dynamic
Triebwerk gear
trigonometrische Funktion trigonomic function (mathematics)
trigonometrische Gleichung trigonomic equation (mathematics)
trigonometrische Reihe trigonomic series (mathematics)
trigonometrische Umkehrfunktion inverse trigonometric function (mathematics)
trocken dehydrated, dry
Trockenkopie dry copy
Trockenkopierer dry copier, xerographic printer (hardware)
trockenlegen to drain
trocknen to dry, to desicate
Trommel barrel, drum (mechanics)
Trommelspeicher drum memory (hardware)
trüb filmy, fuzzy
Tülle nozzle
Tunneldiode tune diode (electronics)
Type letter
Typenrad print wheel, type wheel
Typenraddrucker daisy wheel printer (hardware)
Typensatz type font
Typenwalzendrucker drum-type printer (hardware)

U

überarbeiten to retouch
Überarbeitung reconditioning, revision
Überblick survey
Übereinstimmung coincidence
Überfluß redundancy
überflüssig redundant, spare, waste
überflüssige Daten garbage (software)
Überfüllung glut
Übergangslösung makeshift
übergeben commit (data)
übergehen to skip
Übergewicht overbalance
überhitzen to overheat, to superheat
überholt exploded
überladen to overweight, to surcharge
Überladung overcharge, surcharge (electronics)
überlagern to overlay
Überlagerung overlay, heterodyne

Überlagerungsdatei overlay file (software)
Überlappung (Programm) overlay (software)
überlasten to overweight
Überlastung overloading
Überlastung eines Systems trashing
Überlastungsanzeige overload indicator
Überlauf overflow
Überlaufanzeige overflow indicator
Überlaufschalter overflow switch
Überlegenheit superiority
Überlegung reflection
überlesen to ignore
übermäßig redundant
Übernahme aceptance
Übernehmen accepting
Übersättigung glut
überschlägliche Summe hash total
überschreiben to superscribe, to overwrite
überschreiten to exceed
Überschreitung overflow
Überschrift heading, heading line, superscription
Überschuß surplus
überschüssig spare, surplus
übersetzen to translate, to compile
Übersetzer translator, compiler (software)
übersetztes Programm object program (software)
Übersetzung rendering, translation, compilation (software)
Übersetzungprogramm interpreter (software)
Übersetzungsprogramm translating routine (software)
Übersetzungsverhältnis transformation ratio
Übersicht digest
Übersichtsplan general chart
Überspanntheit eccentricity
Übersprechen cross talk (electronics)
übersteuert overdriven
Überstromrelais overload relay (electronics)

Übertrag (auf die andere Seite) carry over
Übertrag borrow, carry (mathematics)
Übertragen manual transcription
übertragen to relay, to transfer, to transmit
Übertragen, blockweise block transfer
Übertragung relay, transfer, transmission, transition, communications
Übertragung großer Datenmengen bulk transmission of data
Übertragungsart mode of transmission
Übertragungsdämpfung transmission loss (electronics)
Übertragungsdauer transmission time
Übertragungsfehler conveying error, transmission error, line transmission error
Übertragungsfunktion signaling function
Übertragungsfunktion transfer function (mathematics)
Übertragungsgeschwindigkeit data transfer rate, signaling speed
Übertragungskanal channel, transmission channel
Übertragungskennlinie gain characteristic (electronics)
Übertragungskennung transmission identification
Übertragungsleitung communication line, transmission line
Übertragungssicherheit transmission reliability
Übertragungssteuerung transmit
Übertragungssystem transmission system
Übertragungsweg transmission path
Übertragungszeit transfer time
übertreffen to excel
übertreiben to enhance
übertreibend hyperbolical
Übertreibung hyperbole

überwachen to supervise, to monitor
Überwachung supervision, control, monitoring
Überwachungsprogramm monitor, monitor checking routine, tracing program (software)
Überwachungsteil control section
Überweisung commitment
überzählig supernumerary
Überzug coating, suffusion
üblich normal
übrig bleiben remain
Übung exercise
Uhr clock
Uhrzeigersinn clock wise
umbilden to remodel
Umbruch (Text) pasteup
Umdrehung rev, rotation, turn
Umdrehungen pro Minute rotations per minute (RPM)
Umdrehungsgeschwindigkeit rotational speed
Umdrehungszähler revolution counter (electronics)
Umfang latitude, size, periphery (mathematics), perimeter (mathematics)
umformatieren to reformat (data)
umformen to transform, to convert
Umformer converter
Umgang intercourse
umgeben to encase
Umgebung environment
Umgebungsanforderungen environmental requirements
Umgebungsbedingungen environmental conditions
Umgebungstemperatur ambient temperature
umgehen to bypass
umgehen mit etwas to handle with something
Umgehung bypass
umgekehrt inverse, reverse, vice versa
umhüllen to muffle
Umhüllung wrapping
umkehrbar reversible
umkehren to invert

Umkehrfunktion inverse function (mathematics)
Umkehrnotation polish notation (mathematics)
Umkehrung reversal
umkippen to overbalance
umkreisen to circle
umlagern to shift
umlaufen to revolve
umlaufend current
Umlaufintegral circulatory integral (mathematics)
Umlaufzahl speed
Umlaut mutation
Umleiten (von Daten) alternate routing (network)
umleiten to redirect
umlenken to switch
Umorganisation reorganization
umorganisieren to reorganize
Umriß skyline
Umrißlinie outline
Umsatzstatistik sales analysis
Umschalter alternation switch
Umschaltkontakt make brake contact (electronics)
Umschaltung (groß-klein) case shift
Umschlag cover, wrapper
umschreiben to rewrite, to retype
Umschreiben transcription
Umschulung re-education
Umschwung reversal
Umsetzer, Übersetzungsprogramm translator (software)
Umsetzungseinheit conversion unit
Umsetzungsprogramm conversion program (software)
umspeichern to restore, to copy
umstellen to invert
umwandeln to convert, to transform
Umwandlung conversion
Umwandlungszeit conversion time
Umweg detour
unabhängig von free
unabhängige Arbeitsstation stand-alone workstation
unabhängige Variable independent variable (mathematics)

unabhängiger Betrieb autonomous operation
unabhängiges Gerät self contained equipment (hardware)
Unabhängigkeit independence
unachtsam inadvertent, heedless
Unachtsamkeit inadvertency, carelessness
unangemessen inadequate, unsuitable
Unangemessenheit inadequacy, incongruity
unanwendbar inapplicable
Unanwendbarkeit inapplicability
unaufgefordert uncalled, unsolicited
unauslöschlich inextinguishable
unaussprechlich unpronounceable
unbeabsichtigt inadvertent
unbeachtet uncared, unheeded, unregarded
unbeachtet lassen to disregard
unbearbeitet unwrough
unbedeutend insignificant
unbedingt unconditional
unbedingter Sprung unconditional jump (software)
unbeeinflußt uninfluenced
unbefestigt unfixed
unbefugt incompetent, unauthorized
unbegrenzt unlimited, illimitable, undefined
unbegründet ungrounded
unbekannt unbeknown, unfamiliar, unknown, unnoted
Unbekannte unknown (mathematics)
unbelichtet (z.B. Foto) unexposed
unbemannter Betrieb unmanned operation
unbemerkt unnoted, unnoticed, unmarked, unperceived
unbenutzt idle
unbequem incommodious
unberechenbar incalculable
unberechtigt unauthorized, unlicensed
unberücksichtigt unconsidered
unberührt intact
unbeschädigt uninjured, unscathed, undamaged
unbeschränkt unlimited, unreserved, indefinite, unstinted
unbeschrieben unwritten
unbesetzt unoccupied, vacant
unbeständig unstable
unbestätigt unsanctioned
unbesteuert untaxed
unbestimmbar indefinable, indeterminable
unbestimmt indefinite, undefined, vague, gray, unsettled
unbestimmte Gleichung indeterminate equation (mathematics)
unbestimmtes Ergebnis void result
unbestimmtes Integral indefinite integral, improper integral (mathematics)
unbeweglich immobile, immovable
unbewegt unmoved
unbewertet unweighted
unbezahlt unpaid
unbezeichnet unmarked
unbiegsam inflexible
unbrauchbar useless, waste, defective, unavailable, unserviceable
unbrauchbar machen to disable, to dismantle
Unbrauchbarkeit inutility
UND-Funktion AND-function, conjunction (mathematics)
UND-Schaltung AND-circuit, coincidence circuit (electronics)
undatiert undated
undurchdringlich impermeable
undurchführbar intractable
Unebenheit asperity
unechter Bruch improper fraction (mathematics)
uneingeschränkt unimpaired, unrestricted
unelektrisch anelectric (electronics)
unempfindlich impassible, impassive
Unempfindlichkeit impassiveness, insensitivity
unendlich infinite, interminable
unendliche Größe infinity
unendliche Reihe infinite series (mathematics)

unentzifferbar undecipherable
unerfahren inexpert
unergiebig unproductive
unerkannt unrecognized
unerklärbar inexplicable
unerklärlich unaccountable, inexplicable
unerläßlich unremitting
unerlaubt unsanctioned
unermüdlich unremitting
unfähig incompetent, unable, incapable
Unfähigkeit incapability, disability
unfertig unfinished
unformatiert unformatted (diskette)
unfrankiert unpaid
ungebraucht (neu) unused
ungebrochen unbroken
ungeeignet inapt, unfit, unapt, unmeet, unpropitious, unqualified
ungefähr approximate
ungefragt unasked
ungehindert unopposed, unchecked, unimpeded
ungekürzt unabridged
ungeleimt (Papier) unsized
ungelöst unsolved
ungenau inaccurate, inexact
Ungenauigkeit inaccuracy, inexactitude, inexactness, looseness
ungenutzte Kapazität idle capacity
ungenutzte Zeit dead time
ungenutzter Raum dead space
ungerade Funktion odd function (mathematics)
ungerade Parität odd parity (software)
ungerade Zahl odd number
Ungerade-gerade Kontrolle odd-even check (software)
ungerades Kontrollbit non parity bit (software)
ungeradzahlige Paritätskontrolle odd parity check (software)
ungeschrieben unwritten
ungeschützt unguarded, unprotected
ungesetzlich unlawful, lawless
ungestört protected

ungeübt inexpert
ungewöhnlich singular, abnormal, novel, unaccustomed
ungewohnt unaccustomed
ungezählt unnumbered
ungleich unlike, unequal
ungleichartig heterogeneous
Ungleichheit inequality
ungleichmäßig patchy
ungleichmäßige Konvergenz nonuniform convergence (mathematics)
Ungleichmäßigkeit inequality
ungültig void, invalid
ungültig machen to void
ungültiger Code invalid code
Ungültigkeit nullity
ungünstig unpropitious
unklar vague
unkontrollierbar uncontrollable
unkontrolliertes Schwingen ringing
unkorrekt incorrect
unkundig unacquainted
unlesbar unreadable
unleserlich unreadable
unliniert unruled
unlogisch illogical
unlösbar insoluble, unsolvable
Unlösbarkeit insolubility
unmißverständlich unmistakeable
unmittelbar direct
unmittelbare Adresse zero level address
unmöglich impossible
unnötig unnecessary
unnütz useless
unordentlich irregular
Unordnung derangement, disarrangement
unpassend unfit, unmeet, unsuitable, inapposite, inapt, incongruous
unproduktiv unproductive
unratsam inadvisable
unregelmäßig irregular
unregelmäßige Figur irregular figure (mathematics)
Unregelmäßigkeiten irregularities
unrichtig false, inaccurate

unsicher insecure, unsafe, unsure
Unsicherheit insecurity
unsichtbar invisible
unsinniges Ergebnis garbage
unsortiert unsized, unpicked
unspezialisierter Server (im Netzwerk) non dedicated server (hardware)
unstetige Funktion discontinuous function (mathematics)
Unstetigkeitsstelle discontinuity (mathematics)
unstrukturierter Programmcode spaghetti code (software)
untätig idle, inactive
untauglich inapt, incapable, incompetent, unapt, unfit
Untauglichkeit incapability
unter Strom setzen to energize
Unterbau substructure
unterbrechen to halt, to intermit, to interrupt
Unterbrechung (der Datenübertragung) communication interrupt
Unterbrechung discontinuance, intermission
Unterbrechungsanforderung interrupt request
untere Grenze low bottom limit
untergeordnetes Netzwerk subnet (hardware)
Untergrund underground
Unterhaltungskosten maintenance charges
Unterkanal subchannel (electronics)
Unterlage foundation, underlay
Unterlagscheibe washer (mechanics)
Unterlauf underflow
unterlegen underlay
Untermenge subset
Unternehmensforschung operations research
Unternehmer contractor, manager
Unterprogramm subroutine, subprogram (software)
Unterprogrammbibliothek library of subroutines (software)

unterrichten to instruct, to apprise
unterschätzen underestimate
unterscheidbar discernible
unterscheiden to differ, to distinguish
unterscheidend differential
Unterscheidung distinction
Unterschied difference, distinction
unterschreiben to subscribe
Unterschrift hand, sign, signature
Untersetzungsgetriebe reduction gearing
unterstreichen underline
Unterstreichungszeichen underscore character
unterstützen to support
Unterstützung support, subvention
Unterstützung der Landessprache native language support
untersuchen to investigate
Untersuchung investigation, probe, question
unterteilen to subdivide
Unterteilung partition, subdivision
Unterverzeichnis subdirectory
unterweisen to indoctrinate
unterzeichnen to sign
unterzeichnend signatory
Unterzeichner signatory
untrennbar indissoluble
unüberwachter Betrieb unattended operation
ununterbrochen unrelieved, sustained, unbroken
unveränderlich changeless, immutable, inalterable, incommutable, invariable, unalterable, unchangeable, unvarying
unveränderliche Daten permanent data
Unveränderlichkeit immutability
unverändert unvaried
unverbessert unimproved
unverbraucht unspent
unverbunden unconnected
unvereinbar incompatible
Unvereinbarkeit incompatibilty
unvergleichbar incommensurable

unverhältnismäßig disproportionate
unverkürzt unstinted, unsolicited
unverlangt uncalled
unverletzt unhurt, uninjured
unvermeidlich neccessary, unavoidable
unvermindert unimpaired
unveröffentlicht inedited, unpublished
unverriegelt unbolted
unverschlossen unlocked
unversehrt intact, safe, unscathed
unvertauschbar incommutable
unverträglich incompatible
Unverträglichkeit incompatibilty
unvollkommen imperfect, incomplete
unvollständig incomplete, imperfect, semifinished
unvorbereitet unprepared
unvorhersehbares Programmende dead end
unvorsichtig incautious, unguarded
Unvorsichtigkeit incautiousness
unwahr false
unwahrscheinlich unlikely
Unwahrscheinlichkeit unlikelihood
unwichtig unimportant
unwiderruflich irreversible
unwirksam inactive, inefficient, ineffective, inoperative
unzählbar innumerable, uncountable
unzählig innumerable
unzerbrechlich unbreakable
unzugänglich inaccessible, inapproachable, unamenable, unapproachable
Unzugänglichkeit inaccessibility, deficienty, inadequacy
unzulänglich inadequate
unzulässig inadmissible, non permissible
unzulässige Code-Kombination forbidden-code combination
unzulässiger Befehl illegal instruction (software)
unzulässiges Zeichen illegal character
Unzulässigkeit inadmissibility
unzureichend deficient
unzuverlässig unreliable

Uraufführung release
Urheber artificer, author, originator
Urheberrecht copyright
Urkunde document
urladen (das Betriebssystem) to boot (software)
Urlader (für das Betriebssystem) bootstrap, initial program loader (software)
ursächlich causal
Ursächlichkeit causality
Ursprung origin, principle, source
ursprünglich original
ursprüngliche Adresse original address
Utensil utensil

V

Vakuumröhre vacuum tube (electronics)
Variable variable (mathematics)
variable Satzlänge variable record length
variable Wortlänge variable word length
variables Format variable format (software)
Variante variant
Vektor vector
Vektorbildschirm vector screen (hardware)
Vektoren (in einer Ebene) coplanar vectors (mathematics)
Vektorgrafik vector graphics
Vektorrechnung vector analysis (mathematics)
Vektorschrift outline font
Velinpapier vellum paper
Ventil valve (mechanics)
Ventilator fan, fanner
verallgemeinern to generalize
Verallgemeinerung generalization
veraltet exploded, stale, antiquarian
veraltete Datei historical file

Veränderbarkeit changeability
veränderlich inconstant, variable
veränderlicher Widerstand variable resistor (electronics)
Veränderlichkeit mutability, variability
verändern to change
Veränderung mutation, shift, change
verankern to anchor
veranlassen induce
Veranlassung occasion
verantwortlich liable, responsible
Verantwortlichkeit liability, responsibility
verarbeitet inwrought
Verarbeitung großer Datenmengen bulk information processing
Verarbeitungsart computer operation
Verarbeitungseinheit processor
Verarbeitungspause hesitation
Verbergen hiding
verbergen to hide, to secrete
verbessern to rectify, to reform
Verbesserung rectification, reform, emendation
verbesserungsfähig reclaimable
verbindbar combinable
Verbinden routing
verbinden to intercouple, to join, to link, to connect, to interlink, to interconnect
Verbindung joint, junction, link, on line, union, combination, conjunction, connection
Verbindungsleitung link circuit
Verbindungsrechner gateway (hardware)
Verbindungsschicht (OSI-Schichtenmodell) link layer
Verbindungsstück link
verblassen to fade
verbleiben to remain
verbogen crank
verborgen latent
Verborgenheit latency
Verbot interdiction
Verbrauch consumption
verbraucht stale
verbreiten to broadcast, to diffuse
Verbreitung circulation, **(von Nachrichten)** broadcasting
Verbund network
Verbundterminal composite terminal (hardware)
verdampfen to vapourize, to evaporate
Verdampfung evaporation
Verdeck hood
Verdichten packing
verdichten to pack, to condense
Verdichter compressor
Verdoppeln duplicating
verdoppeln to double
Verdoppelung doubling, reduplication
verdrahten to wire
Verdrahtung wiring
verdrehen to distort, to twist
verdreht wrongheaded, crank, dotty
verdrillen (z.B. Drähte) to twist together
Verdünnung dilution
verdunsten to evaporate, to vapourize
Verdunstung evaporation
Verein society
Vereinbarung declaration
vereinfachen to simplify
Vereinfachung simplification
vereinheitlichen to unify
Vereinheitlichung unification
Vereinigung union
Vereisung icing
Verfahren method, process, procedure, technique
Verfahrenssteuerung process control
Verfahrenstechnik operational method
Verfälschung falsification
verfärben discolor
Verfärbung discoloration
Verfasser author, writer
verfolgen to trace
verfügbar disposable
vergeblich unavailing
verglasen to glaze

Vergleich comparison
vergleichbar comparable
Vergleichsprüfung verification
vergolden to gild
Vergoldung gilt
vergrößern to heighten
vergütete Kontakte upgraded contacts (electronics)
Verhältnis rate, ratio
verhängnisvoll fatal
verhundertfachen centuple
Verifizierung verification
Verkabelung cabling, wiring
Verkabelungssystem cable system
verkapseltes Bauteil encapsulated module (electronics)
Verkauf sale
verkaufen to vend
Verkäufer vendor, salesman
verkäuflich salable
Verkäuflichkeit negotiability
Verkaufsabrechnung sales accounting
Verkehr intercourse, traffic
Verkehr in einer Richtung simplex communication (data transmission)
verketten to link, to concatenate
verkettete Netzwerke interlaced networks (hardware)
verketteter Schlüssel concatenated key
Verkettung chainig, concetenation, daisy chain
verkitten to lute
verklammern to clamp, to cramp (mechanics)
Verkleidung facing, lining
verkleinern to minimize
verklemmen to jam (mechanics)
verklingen to fade
Verknüpfung linkage
Verknüpfungsbefehl join operation (software)
Verknüpfungselement logic element
Verknüpfungsschaltung gate (electronics)
verkrusten to encrust
verkürzen to shorten

Verlag publishing house
verlagern to dislocate, to require
Verlagerung dislocation
Verlangen demand
verlangen to demand, to yearn
verlängern to extend, to lengthen
Verlängerung elongation
Verlängerungskabel extension-cable
verlangsamen to slow-down
Verleger publisher
Verletzung hurt
Verlust loss
Verlustleistung power dissipation
Verlustwärme heat loss
Vermächtnis legacy
Vermarktung marketing
Vermehrung multiplication
vermessen to survey
Vermessung survey
Vermessungsdaten surveying data
vermindern to impair, to diminish
Verminderung decrement, diminution, reduction, shrinkage
vermischt miscallaneous
vermitteln to job
Vermittlung agency
Vermittlungseinrichtung relay facility (hardware)
Vermittlungsknoten hub (hardware)
Vermittlungsrechner area communications controller (hardware)
Vermittlungsschicht (OSI-Schichtenmodell) network layer
Vermittlungsstelle switching center
vermögend substantial
vernachlässigen to neglect
Vernachlässigung neglect
verneinen negate
verneinend negative
Verneinung negation, negative
vernichten to unmake
vernieten to clinch (mechanics)
Vernietung clinch (mechanics)
Veröffentlichung publication
Verordnung regulation
Verpackung wrapping
verpflichtet liable

verrechnen to miscalculate
Verrechnungsscheck not negotiable cheque
verriegeln to lock, to bolt (mechanics)
Verriegelung latching, locking (mathematics)
verringern to degrade, to reduce
verrücken to displace
Versagen failure, malfunction, outage
Versandhaus mail order house
verschachteln interleave
verschachtelte Aufzeichnung interlaced recording
Verschachtelung interlacing
Verschachtelungsfaktor (von Sektoren) interleave factor (harddisk)
verschicken to mail
verschiebbar relocatable
verschiebbares Programm relocatable program (software)
Verschiebebefehl shift operation, shifting instruction
verschieben to shift, to displace
Verschieberegister shift register
verschieden varied
verschieden machen to diversify
verschiedenartig various
Verschiedenheit disagreement
Verschleiß attrition
Verschleißausfall late failures
Verschluß closure
verschlüsseln to code, to encode
verschlüsselt coded
Verschlüsselung coding, encryption
Verschlüsselungsgerät cryptographic device (hardware)
verschmelzen to merge
Verschmelzung fusion
verschmiert smudged
verschoben wrongheaded
Verschwendung waste
verschwommen fuzzy
Versehen inadvertency
versehentlich inadvertent
Versendung forwarding
versenken (z.B. den Schraubenkopf) countersink (mechanics)
versetzt offset
versetzte Ablage offset stacker
Versicherung assurance, insurance
Version version
Version, berichtigte amended version (program)
Versionsnummer version number
versorgen to supply
Versorgung supply
Versorgungswesen logistic
Verspätung lateness
Verstand intellect
Verständigung intercommunication
verständlich intelligible, understandable
verständlich machen to explain
Verständlichkeit intelligibility
verstärken to reinforce
Verstärker amplifier (electronics)
Verstärkerabstand repeater spacing (electronics)
Verstärkerstufe amplifier stage
Verstärkung (mechanisch) reinforce
Verstärkung gain
Verstärkungsfaktor unity gain
Verstärkungsregelung gain control
verstecken to hide
Verstellung misplacement
verstümmeln to garble, to truncate
verstümmelte Information garbled information
verstümmeltes Zeichen mutilated character
Verstümmelung garbling, mutilation
Versuch experiment, try, tentative
versuchen to try
versuchend tentative
versuchsweise tentative
vertauschen to swap
Vertauschung swapping
verteilen to broadcast, to dispose, to distribute, to divide
Verteilerprogramm task dispatcher (software)
Verteilung (von Nachrichten) broadcasting
Verteilung disposal, division
Verteilungscode distribution code

Verteilungsplan dispersion plan
vertikale Ablenkung vertical deflection (electronics)
vertikale Fehlausrichtung vertical misalignment
vertikale Paritätskontrolle lateral parity check, vertical parity check
vertikales Rollen des Bildschirminhaltes vertical scroll (screen roll)
Vertrag contract, pact
verträglich compatible
Verträglichkeit compatibility
Vertrieb marketing, sale
Vertriebskosten marketing cost
verunreinigen to contaminate
Verunreinigung contamination
verursachend causative
vervielfältigen to manifold
Vervielfältigung multiplication
Vervielfältigungsrecht copyright
vervollständigen to complete
verwalten to manage
Verwalter manager, keeper
Verwaltung management, administration
Verwaltungsarbeit administrative work
Verwaltungsdaten overhead cost
verwandt kindred, akin
Verwandtschaft affinity, alliance, kin
verwechseln to mistake
Verweildauer residence time
verwendbar usable
verwenden to employ
verwirklichen to realize, to implement
Verwirklichung implementation
verzahnen to joggle
verzeichnen to list, to register
Verzeichnis index, register
Verzeichnis schedule
Verzeichnispfad directory path (software)
verzerren to distort
verzerrt wry
verziehen to distort
verzögern to delay, to slow-down

Verzögerung lag, deceleration, delay, time-lag
Verzögerungsschaltung delay circuit (electronics)
Verzögerungszeit deceleration time
verzweigen bifurcate
Verzweigung bifurcation, branching
Verzweigungsadresse branch address
Verzweigungsbefehl branching instruction, transfer instruction (software)
Vibration vibration
vibrieren to vibrate
vibrierend vibrant
Videoausgang (Schnittstelle) video connector (electronics)
Videobandbreite video-bandwidth (electronics)
Videokonferenz teleconferencing
Videosichtgerät video display (hardware)
Videosignal (enthält alle Bildinformationen) video signal (electronics)
Videospeicherplatte video disk
Videospiel arcade game
vielfach multiple, multiplex
Vielfache multiple (mathematics)
vielseitig miscallaneous
Vielseitigkeit flexibility, versatility
vielversprechend up-and-coming
Vieradreßbefehl four address instruction
Viereck quadrangle, square (geometry)
viereckig quadrilateral
vierfach fourfold, quadruple
vierfache (Umdrehungs-) Geschwindigkeit quadraspeed (CD-ROM)
Viertel quarter
vierteljährlich quarter
Viertelkreis quadrant
vierzehntägig fortnightly
Virensucher scanner (software)
virtual virtual
virtuelle Adresse virtual address
virtuelle Realität virtual reality

virtueller Speicher virtual memory
Virus virus
voll full
Volladdierer full adder
Vollausschlag (eines Anzeigeinstrumentes) end scale
vollautomatisch fully automatic
vollduplex full duplex (data transmission)
vollenden to finish
Vollendung completion
völlig full
völlig total, dead
vollkommene Verschlüsselung absolute coding
vollständig full, complete
Vollständigkeit integrity, totality
Vollstrom full current
volltransistorisiert solid-logic (electronics)
Volumen volume
vor Ort on site
Vorabdruck preprint
voraus ahead
vorausschauend look ahead
Voraussetzung supposition
Vorauswahl preselection
vorbeigehen to pass
Vorbelegung preallocation
Vorbereitung preparation
vorbeugend preventive, precautionary
vordatieren predate
Vorderflanke leading edge (electronics)
Vorderfront frontage
Vorderseite forefront, frontpage
Vordringlichkeit precedence
Voreinstellung default
Vorfahr forbear
Vorfall incident, event
Vorformatierung low-level formatting, preformatting (harddisk)
vorgedrucktes Formular preprinted form
vorgenannt aforesaid
vorgerückt advanced
Vorhalt lead

Vorhaltezeit lead time
vorhanden partial, present
vorhanden sein to exist
vorheriger Auftrag historical order
Vorhersage prediction
vorkommend incident
Vorläufer forerunner
vorläufig provisional, interim, preliminary
vorlegen to table
Vorlesung lecture
Vorlesungen halten lecture
Vormagnetisierung premagnetization
Vorprogramm interlude
Vorrang priority
Vorrat reserve, store, repertory
vorrätig reserve
Vorratsbehälter magazine
Vorrecherche screening
Vorrechner cluster controller (hardware)
Vorrichtung apparatus, appliance, contrivence, device
vorrücken to advance
Vorschaltwiderstand dropping resistor
Vorschau preview
Vorschaufunktion preview function
Vorschlag recommendation, suggestion
vorschreiben to dictate, to prescribe
Vorschrift regulation, rule, dictate, law, prescript
Vorschub feed (mechanics)
Vorschubsperre transporting lock (mechanics)
Vorsicht caution, attention
vorsichtig cautious
Vorsilbe prefix
vorsintflutlich antediluvian
vorsortierte Daten presequenced data
Vorspann leader
Vorspulen advance winding (cartridge, tape)
vorstellen to realize
Vorstellung presentation
Vortäuschung simulation

Vorteil advantage
vorübergehen to pass
vorübergehend passing, temporary
vorübergehende Änderungen transients
vorübergehender Fehler transient error
vorwärmen preheat
vorwärts ahead, foreward
Vorwort foreword
Vorzeichen sign
Vorzeichenregister sign register
Vorzeichenstelle sign position
Vorzeichensteuerung sign control
vorzeitige Ausfälle initial failures
vulkanisieren to sulphurize

W

Waage balance
waagerecht level
wachsen to increase
Wachstum increase
wackeln to wobble
Wagen (einer Schreibmaschine) carriage (mechanics)
Wagenrücklauf (Return) carriage return (software)
Wahl choice
wahlfreier Zugriff random access
Wahlfreiheit option
Wählimpuls (Telefon) dial pulse
wahlweise optional
wahlweise Zusatzeinrichtung optional feature
wahr true
wahre Ortszeit local apparent time
Wahrheitstabelle truth table (mathematics), Boolean operation table
wahrscheinlich likely
Wahrscheinlichkeit likelihood, presumption, probability
Wahrscheinlichkeitskurve probability curve (mathematics)

Walze roll, barrel, drum
walzen to roll
Wanderung migration (electronics)
Wandler transmitter, converter, transformer
Wandsteckdose wall socket
Wandtafel blackboard
Ware merchandise
Warenbezeichnung tradename
Warenrechnung invoice
Warenwirtschaftssystem merchandise processing system
Warenzeichen trademark
warm hot
Wärme warmth
Wärmeableitung heat sink
Wärmeübertragung heat transfer
Wärmeverlust heat dissipation, power dissipation
Warmstart warm boot (system)
Warnung warning
warten to wait
Warten wait
Warteschlange queue
Warteschlangenproblem queuing problem
Wartezeit latency
Wartezyklus waitstate
Wartung maintenance, service
Wartungsintervall maintenance rate
Wartungskosten maintenance charges
Wartungsmöglichkeit maintainability
Wartungsvertrag service contract
wasserdicht waterproof
Wasserstoff hydrogen
Watt watt (electronics)
Wechsel change
wechseln to change
Wechselplatte exchangeable disk
Wechselplattenspeicher disk change memory
Wechselrichter inverter (electronics)
wechselseitig mutual, reciprocal, interactive
Wechselstrom alternating current (AC)

wechselvoll various
Wechselwirkung interaction, interplay
Wecker alarum, prompter
Weg path
weich soft
Weichlot solder
Weise sort
weit weg afar
Weitbereichsnetz wide area network (WAN)
Weite extent, width, ampleness
Weiterverbindung onward routing
weitschweifend redundant
weitverbreitet broadcast, widespread
Welle shaft, wave, arbor
Wellenform waveform (electronics)
Weltnetz global area network
Weltsprache universal language
weltumspannend global
weltweite Verteilung global distribution
wenden to shift
Wendepunkt point of inflection (mathematics)
Wenige modicum
weniger less
Werbeschrift prospectus
Werk work
Werkzeug implement, tool, instrument
Werkzeugmaschine machine tool (hardware)
Werkzeugtasche kitbag
Wert value
wesentlich substantial
Wettbewerb competition
Wichtigkeit significance, gravity
wickeln to wrap, to wind
Wickelrolle reel
Wicklung winding (electronics)
Widerhall resonance
Widerruf recall
widerspiegeln to reflect
Widerspiegelung reflection
Widerstand resistor, resistance (electronics)
Widerstandsbrücke resistance bridge (electronics)
widerstandsfähig resistant
Widerstandskopplung resistance coupling (electronics)
widerstandslos unopposed
wie vor aforesaid
wieder auffindbar relocatable
wieder auffindbare Adresse relocatable address
wieder aufnehmen to retry
wieder beginnen to recommence
wieder eintreten to reenter
wieder hinstellen to replace
Wiederaufbau reconstruction
Wiederauffinden retrieval
Wiedererkennung recognition
wiedererzeugen to regenerate, to reproduce
Wiedergabe record, rendering, playback
wiedergeben to reproduce, to interpret
wiedergewinnen to regain
Wiedergewinnen von Informationen information retrieval
wiederherstellen to reconstitute, to readjust, to restore
Wiederherstellung readjustment, regeneration, reconstitution, recovery, restitution
Wiederholbarkeit repetitive accuracy
wiederholen to repeat, to return, to roll back, to iterate, to reiterate
wiederholte Anwendung reapplication
wiederholte Übertragung retransmission
Wiederholung iteration, reiteration, repeat, repetition
Wiederholungsstelle rerun point
Wiederholungszähler repetition counter
Wiederinbetriebnahme restoral
wiederkehrende Berechnung repetitive computation
Wiederverkäufer reseller
winden to wind
Windung sinuosity, twist, winding
Windung einer Spule turn (electronics)

Windungsverhältnis turn ratio (electronics)
Winkel angle, nook
Winkelfrequenz radian frequency (mathematics)
winkelig rectangular
Winkelstellungsgeber shaft position encoder (electronics)
winzig tiny
Wirbel spin, spiral, whirl
wirbeln to gyrate, to spin
wirken to affect
wirkend effective
Wirkleistung real power
wirklich real, substantial
wirksam efficient
Wirkung effect, consequence, incidence
Wirkungsgrad efficiency
wirkungslos inefficient
Wirkungslosigkeit inefficiency
wirtschaftlich economic
wischfest nonsmudge
Wischkontakt wiping contact (electronics)
Wissen knowledge
Wissensbasis (Expertensystem) knowledge base (software)
Wissenschaft science
Wissenschaft der betrieblichen Verwaltung management science
Wissenschaftler scientific man
wissenschaftlich scientific
wissenschaftliche Berechnung scientific analysis
Wissensschatz thesaurus
wöchentlich hebdomadal
Wölbung camber
Wort word
Wortaufbau word structure
Wortbedeutungslehre semantics
Wörterbuch glossary, dictionary, word-book
Wörterverzeichnis vocabulary
wortgetreu verbatim
Wortlänge (in Bits) word length
Wortlänge word size
wörtlich verbal, verbatim
Wortschatz vocabulary
Wortstruktur word format
Würfel cube (geometry)
würfelförmig cubic, cubical
Wurzel radix (mathematics), root
Wurzelverzeichnis root directory (software)
Wurzelzeichen radical sign (mathematics)

X

XOR-Gatter XOR-gate (electronics)

Z

zäh stringy
Zahl number, count, figure
Zahl mit doppelter Genauigkeit (doppelter Wortlänge) double precision number
zählen to number, to reckon, to count, to sum
Zahlendarstellung number representation
Zahleneingabe numerical entry
zahlenmäßig numerical
Zahlenschreibweise number notation
Zahlensymbol numeral
Zahlensystem number system
Zahlenverschlüsselung numerical coding
Zähler counter, meter
Zähler eines Bruches numerator (mathematics)
Zählernullstellung counter reset
Zählerstand count
Zählertabelle counter chart
Zählervoreinstellung counter preset
Zählkette counting chain
zahllos infinite
zahlreich numerous

Zählrichtung count direction
Zählung numeration, count
Zahlungsverkehr money transfer
Zählvorgang counting operation
Zahnrad gear (mechanics)
Zehnerblock (Tastatur) numeric keypad, ten-digit keyboard
Zeichen note, sign, character, token
Zeichen pro Sekunde characters per second (cps)
Zeichen pro Zoll characters per inch (cpi)
Zeichen vergrößern to enlarge characters
Zeichenabstand character spacing
Zeichenabtastung mark scanning
Zeichenausrichtung character alignment
Zeichenbildschirm character screen (hardware)
Zeichencode character code
Zeichendichte character density
Zeichendrucker character printer (hardware)
Zeichenerkennung pattern detection, pattern recognition, character recognition
Zeichenersatz wildcard
Zeichenfolge character string
Zeichengenerator character generator (software, hardware)
Zeichengerät plotter (hardware)
Zeichenkette string, character string
Zeichenneigung character skew
Zeichenparität character parity (software)
Zeichenpuffer character buffer
Zeichensatz character font
Zeichensatzkassette (z.B. für Drucker) font-cartridge (hardware)
Zeichenstift cray on
Zeichensystem notation
Zeichentablett graphics table (hardware)
Zeichentinte marking ink
Zeichentreiber (zur Generierung von Zeichen) character driver (software)

Zeichenübergabe token passing
Zeichenverarbeitung pattern processing
Zeichenvorrat character set
Zeichenzuordnung character assignment
Zeichenzwischenspeicher character buffer
zeichnen to design, to cray on, to delinerate, to pencil
Zeichner designer, drawer
Zeichnung drawing
Zeigefinger forefinger
zeigen to present, to show, to point
Zeiger index, pointer
Zeile line, row
Zeilen pro Minute lines per minute
Zeilen pro Zoll lines per inch (lpi)
Zeilenabstand line to line spacing, row pitch
Zeilenausrichtung line alignment
Zeilendichte line density
Zeilendrucker line at a time printer, lineprinter (hardware)
Zeileneditor (z.B. EDLIN) row oriented editor (software), line editor
Zeilenende end of line
Zeilennummer sequence number, line number
Zeilennummernkontrolle sequence number check
zeilenorientiert line oriented, row oriented
Zeilenregister line register
Zeilenschräglauf line skew
Zeilensprungverfahren (Monitor) interlaced mode (electronics)
Zeilentransport-Unterdrückung space suppression
Zeilenvorschub line feed
zeilenweise line by line
Zeilenzahl lineage
Zeit time
zeitabhängig time dependent
Zeitaufteilung time sharing
Zeitdauer length, period, timer
zeitlich überholt out-dated
zeitlich zusammenfallen synchronize

zeitliche Befristung time-limit
zeitliche Steuerung timing
Zeitlupe slow motion
Zeitmarke timing mark
Zeitmaß time
Zeitplan schedule, time shedule, timing diagram
Zeitraum period
Zeitscheibe time slice
Zeitscheibenverfahren preemption multitasking
Zeitschrift journal, magazine
Zeitung paper
zeitungleich asynchronous
Zeitunterschied zone description
Zeitverschiebung time displacement
zeitweilig temporary
Zeitzähler elapsed time meter
Zeitzuteilung budget
Zenit (Höhepunkt) zenith
Zentraleinheit central processing unit (CPU)
Zentralrechner host, mainframe (hardware)
Zentralwert median (mathematics)
zerbrechlich brittle, fragile, frangible
zerfetzen to shred, to frazzle
zergliedern to dismember
zerhacken to hack
zerlegen to dissect
Zerlegung dissection
zerreißen to disrupt
zersetzen disintegrate
Zerstäuber sprayer
zerstören to destroy
zerstörend destructive
zerstörendes Auslesen (Speicher) destructive readout
Zerstörung demolition
zerstörungsfreies Lesen nondestructive readout
zerstreuen to difuse
Zertifikat certificate
Zertifikation certification
Zettel ticket, label
Zeugnis certificate
Zickzack zigzag
Ziehen traction

Ziel object, aim, destination, target
Zieldaten target data (software)
Zielprogramm target program (software)
Zielsprache object language, target language (software)
Ziffer cipher, digit, figure
Ziffernstelle digit position
Zifferntaste digit key
Zifferntastenfeld digital keyboard
Zink spelter
Zinn tin
zittern to vibrate
zitternd vibrant
zögern to lag
Zoll (=2,54 cm) inch
Zoll toll
zollpflichtig liable to duty
Zollstock rule, foot-rule
Zone zone
Zubehör accessory, furniture
Zufall hazard, incident, fortuitousness, fortuity
zufällig fortuitous, haphazard, random, stochastic
zufälliger Fehler accidental error
Zufälligkeit fortuitousness, fortuity
Zufallsfehler random error
Zufallszahl random number
Zufluß afflux
Zufuhr supply
zuführen to feed
Zuführung feed (printer)
Zuführungsvorrichtung feeder (mechanics)
Zuführungszyklus feeding cycle
Zugang inlet
zugänglich come-at-able
Zugangsberechtigung password (network)
Zugangseinheit access unit
zugehören to appertain
zugeordnet dedicated
Zugfestigkeit tensile strength
zugreifen to access
Zugriff verweigert access denied (mass storage)
Zugriff, indizierter selective access

(memory, mass storage)
Zugriff, manueller manual access (memory, mass storage)
Zugriff, sequentieller sequential access (memory, mass storage)
Zugriff, serieller serial access (memory, mass storage)
Zugriff, wahlfreier random access (memory, mass storage)
Zugriffsarm (eines Laufwerkes) access arm (mechanics)
Zugriffsberechtigung access authorization
Zugriffsebene access level (network)
Zugriffsgeschwindigkeit access speed (mass storage)
Zugriffsverfahren access method (random, selective, sequential, manual)
Zugriffsverhältnis activity ratio
Zugriffszeit access time
zukleben to gum
zukunftsorientiert future oriented
zulassen to admit
zulässig legal, permissible
Zulassung admission
Zunahme increase
Zuname surname
Zündung ignition (electronics)
zunehmen to increase
Zunge reed (electronics)
zuordnen to translate
Zuordnung allocation
zurechtstutzen to garble
zurückbiegen to recurve
zurückbringen to reclaim
zurückdatieren antedate
Zurückforderung reclamation
zurückführen to reduce, to refer
Zurückführung reduction
zurückgehen to retrograde
zurückhalten to withhold
zurückkehren to return
zurücknehmen to withdraw
zurücksetzen to reset (system)
zurückspulen to rewind (tape)
zurückstellen to restore
Zurückstellung counter resetting

zurückstrahlen to reflect
Zurückstrahlung reflection
zurückübersetzen to retranslate
Zurückweisung rejection
zurückwerfen to reflect
zurückziehen to withdraw
Zusammenarbeit teamwork
Zusammenbruch crash
zusammendrängen to cluster
zusammendrehen to twist (mechanics)
zusammendrücken compress
zusammenfassen to summarize
Zusammenfassung summary
zusammenfügen to frame, to compose, to joint
zusammengefügt, zusammengesetzt composite
Zusammenhang coherency, context
zusammenhängen to cohere
zusammenhängend coherent
zusammenlaufen converge
zusammenschalten to interconnect, to intercouple
zusammensetzen to compose, to frame
Zusammenstellung compilation (hardware, software)
Zusammenstoß collision, smash-up
zusammentreffend concurrent
zusammenwirkend cooperative
zusammenzählen to totalize
zusammenziehen to contract
Zusatz adjunct, extension
Zusatzgerät adjunct unit (hardware)
zusätzlicher Datensatz addition record (software)
Zusatzregister extension register
Zusatzspeicher backing storage (hardware)
Zuschauer lookeron, spectator
zuschnappen to click (mechanics)
zuschreiben to refer
Zustand status
zuständig competent
Zuständigkeit competence
Zustandsbyte status byte (software)
Zustandscode condition code (software)

Zustandswort status word (software)
zuteilen to schedule, to allocate
Zuteilung scheduling, apportion
Zuteilungsvorrang dispatching priority
zuverlässig safe, certain, dependable, reliable
Zuverlässigkeit certainty, dependability, reliability
Zuwachsrate increment (mathematics)
zuweisen to allocate, to assign, to refer
Zuweisung assignment
Zweck aim, intention
Zweiadressencode two-address code (software)
Zweig branch
zweimal twice
Zweipunktregelsystem open-shut control system
zweiseitig double sided (DS), bilateral
zweisprachig bilingual
zweite Ableitung second derivative (mathematics)
zweite Potenz square (mathematics)
zweiwertig bivalent (mathematics)
Zwillingskontrolle twin check
Zwinge ferrule (mechanics)
zwischen den Zeilen schreiben interline
Zwischenraum interstice, interval, space, interspace
Zwischenspeicher buffer (memory), intermediate store, spooler, temporary storage
Zwischenspeichern buffering, spooling
Zwischensumme intermediate total (mathematics), batch total
Zwischenverstärker repeater, booster amplifier (electronics)
Zwischenwert (Mathematik) intermediate quantity
Zwischenzeit interim
Zwischenzyklus intercycle
Zyklenzahl cycle index

zyklisch cyclical
zyklische Blockprüfung (Fehlererkennungsverfahren) cyclic redundancy check (CRC)
zyklischer Vorgang cyclic process
Zykloide cycloide (mathematics)
Zyklus cycle
Zykluszeit cycle time
Zylinder cylinder (harddisk)
zylindrisch cylindric
zylindrische Funktion cylindrical function (mathematics)
zylindrischen Koordinaten cylindrical coordinates (mathematics)

Englisch/Deutsch

A

abbreviate abkürzen (eine Prozedur)
abbreviation die Abkürzung
abcissa die Abszisse (Mathematik)
abecedarian alphabetisch geordnet
abend der anormale Programmabbruch (abnormal end of task)
aberration die Abweichung
abiding dauernd, andauernd
ability die Fähigkeit (eines Systems)
ability to clientele processing die Mandantenfähigkeit (eines Programmes)
ability to graphic representation die Grafikfähigkeit (Hardware, Software)
able fähig, fähig sein
abnormal ungewöhnlich, nicht normal
abort der Abbruch (eines Programmes)
abrasion die Abnutzung (Mechanik)
abridgement die Kurzfassung
absolute address die absolute (Speicher-)Adresse (im Gegensatz zur relativen)
absolute branch der unbedingte Sprung (Programm)
absolute coding die vollkommene Verschlüsselung (von Daten)
absolute convergence die vollkommene Konvergenz (Elektronik)
absolute instruction der unabhängige Befehl (Software)
absolute maximum rating der Höchstwert
absolute value der Absolutbetrag (Mathematik)
abutment der Anschlag (Taste)
AC dump der Ausfall der Netzspannung (Wechselspannung)
accelerate beschleunigen (Verarbeitung)
accelerated aging das beschleunigte Altern (eines Bauteils, z.B. durch Hitze)
accelerator der Beschleuniger
accelerator-card die Beschleunigerkarte (z.B. Grafikkarte)
acceptance die Akzeptanz, die Abnahme, die Übernahme
acceptance test die Abnahmeprüfung
accepting das Akzeptieren, das Übernehmen
access der Zugriff, der Zugang
access arm der Zugriffsarm (eines Laufwerkes)
access authorization die Zugriffsberechtigung (z.B. auf bestimmte Daten)
access denied Zugriff verweigert (auf einen Datenträger)
access level die Zugriffsebene (Netzwerk)
access method das Zugriffsverfahren (auf gespeicherte Daten)
access speed die Zugriffsgeschwindigkeit (auf einen Speicher)
access time die Zugriffszeit (eines Massenspeichers)
access unit die Zugangseinheit (zu einem System)
accessory das Zubehörteil, das Zubehör
accidential error der unbeabsichtigte, zufällige Fehler
accomodation die Anpassung
account berechnen, rechnen
account die Berechnung, die Rechnung
accumulate aufsummieren, ansammeln
accumulator der Akkumulator, der Addierer (in einem Prozessor)
accumulator shift die Stellenverschiebung im Addierer
accuracy die Genauigkeit (einer Berechnung)
accuracy control die Genauigkeitsprüfung

accuracy of recording
die Aufzeichnungsgenauigkeit
(Elektronik)

Acer Name eines Hardwareherstellers

acknowledge die Quittierung, die
Anerkennung, die Bestätigung
(Software, Elektronik)

acknowledge character
das Bestätigungszeichen

Acorn Name eines Hardwareherstellers

acoustic coupler der Akustikkoppler
(Hardware)

acoustic output die Sprachausgabe

acronym das Akronym (aus
Anfangsbuchstaben gebildetes
Wort), die Abkürzung

activation die Aktivierung, die
Ansteuerung (Elektronik)

activity ratio das Zugriffsverhältnis

actual address die effektive Adresse
(Ergebnis der Berechnung aus der
relativen Adresse)

actual value der aktuelle Wert, der
Istwert

actuate betätigen

acute angle der spitze Winkel
(Mathematik)

Ada Name einer Programmiersprache
(Software)

adapt anpassen (Hardware, Software)

Adaptec Name eines
Hardwareherstellers

adapter das Zwischenstück
(Mechanik)

adapter der Adapter,
das Anpassungsstück (Hardware,
Elektronik)

adaption die Anpassung (Hardware,
Software)

add hinzufügen, addieren

add carry der Additionsübertrag

add instruction der Addierbefehl
(Programmierung)

add-on kit der Nachrüstsatz
(Hardware)

addended register das
Summandenregister (eines Prozessors)

adder der Addierer

adding machine die Addiermaschine

adding mechanism das Addierwerk
(im Mikroprozessor)

addition die Addition, die
Aufsummierung, der Zusatz

addition formula das
Additionstheorem (Mathematik)

addition record der zusätzliche
(zusätzlich eingebrachte) Datensatz

address die Adresse

address appendix der
Adressenanhang (erweiterte Adresse)

address array das Adressenfeld
(Software)

address assignment die
Adressenzuweisung (Software)

address blank die Adressenleerstelle

address bus der Adreßbus
(Hardware)

address code der Adressencode (in
einem Befehl)

address computation die
Berechnung der Adresse (im
Speicher)

address constant die
Adressenkonstante (Software)

address mode das
Adressierungsverfahren (Software)

address modification die
Adressenänderung (Software)

address part der Adreßteil (eines
Befehls)

address register das Adressenregister

address selection die Adressenwahl

address space der Adreßraum
(Software)

address translation die
Adressenübersetzung

addressable memory der
adressierbare Speicher (Hardware)

addressed memory der adressierte
Speicher

addressing das Adressieren

addressing mode die
Adressierungsart (z.B. absolut oder
relativ)

addressless instruction der Befehl
ohne Adresse (Software)

adhesive anklebend, haftend
adjacency das Angrenzen (von Daten)
adjoining angrenzend, anstoßend
adjunct der Zusatz
adjunct unit das Zusatzgerät (Hardware)
adjust in Ordnung bringen, berichtigen
adjustable einstellbar
adlib improvisieren
admeasurement die Ausmessung (Mechanik, Elektronik)
administration die Handhabung, die Verwaltung
administrative work die Verwaltungsarbeit
admission die Zulassung
admit zulassen
admixture die Beimischung
Adobe Name eines Softwareherstellers (z.B. PostScript)
adopt annehmen
adressable point der adressierbare Punkt (z.B. einer Bildschirmmatrix)
adult erwachsen, ausgewachsen
adumbrate skizzieren
advance vorrücken
advance winding das Vorspulen (einer Cartridge)
advanced vorgerückt, fortgeschritten, fortschrittlich
advanced technology die "fortschrittliche" Technologie (AT)
advantage der Vorteil
adventure game das Abenteuerspiel (Software)
advert hinweisen
advertise ankündigen
advice der Ratschlag, der Rat
advisable ratsam
afar fern von, weit weg
affect wirken
affiliate anschließen, eingliedern
affinity die Verwandtschaft (z.B. von Prozessorsystemen)
affirm bestätigen (z.B. eine Eingabe)
affix der Anhang (z.B. Namenszusatz)
affluent reichlich
afflux der Zufluß
aforesaid vorgenannt, wie vor
afresh von neuem
afterglow das Nachleuchten (Phosphorschicht des Bildschirms)
agency die Tätigkeit, die Vermittlung
agenda die Tagesordnung
ahead voraus, vorwärts
aim der Zweck, das Ziel, bezwecken
akin verwandt
alarum der Wecker
Aldus Name eines Softwarehauses (z.B. PageMaker)
alert der Alarm
algebraic adder der algebraische Addierer
algebraic fraction der Bruch (Mathematik)
algebraic function die algebraische Funktion (Mathematik)
Algol Name einer Programmiersprache (Software)
algorithm der Algorithmus (Mathematik)
algorithmic addressing die algorithmische Adressierung
algorithmic language die Programmiersprache Algol (Software)
align ausrichten (z.B. am Seitenrand)
alignement die Ausrichtung, die Zeilenausrichtung (z.B. Druckzeilen)
aliquot ohne Rest aufgehend (Mathematik)
All Media Floppy Name eines Laufwerkes für verschiedene Formate (AMF)
all-metal ganzmetallig
allegoric sinnbildlich dargestellt
alliance die Verwandtschaft
allignment der Abgleich (Elektronik)
allocatable space der freie Speicherplatz
allocate zuweisen, zuteilen
allocation die Zuordnung
allow gewähren, erlauben
alloy die Legierung

alphabet das Alphabet
alphabetic character das alphabetische Zeichen
alphabetic code der alphabetische Code (Software)
alphabetic file die alphabetisch geordnete Kartei
alphabetic information die alphabetisch geordneten Daten
alphabetic letter der Buchstabe
alphabetic register das alphabetische Register
alphameric alphamerisch, aus Alphazeichen (Buchstaben) bestehend
alphanumeric character das alphanumerische Zeichen (Buchstabe oder Zahl)
alphanumeric expression der alphanumerische Ausdruck (Buchstaben und Zahlen gemischt)
alphanumeric representation die alphanumerische Darstellung (Buchstaben und Zahlen)
alt key ALT-Taste zum Erreichen weiterer Tastenbelegungen („alt" ist die Abk. für alternate = abwechseln)
alternate instruction der Verzweigungsbefehl (in einem Programm)
alternate routing das Umleiten (von Daten im Netzwerk)
alternate track die Alternativspur (Festplatte)
alternating current der Wechselstrom (AC)
alternation switch der Umschalter
amber der Bernstein, bernsteinfarben (z.B. monochromer Bildschirm)
ambient temperature die Umgebungstemperatur
ambiguity die Mehrdeutigkeit
ambiguity error der Mehrdeutigkeitsfehler
amended version die berichtigte Version (z.B. eines Programmes)
amendment die Änderung, die Berichtigung

Ami Name eines Textverarbeitungsprogrammes (Software)
Amiga Name eines Homecomputers der Fa. Commodore (Hardware)
ammeter das Amperemeter (Elektronik)
amortization die Amortisation, die Tilgung
amount der Betrag, sich belaufen auf
ampersand das Pluszeichen (Mathematik)
ampleness die Weite, die Geräumigkeit
amplifier der Verstärker (Elektronik)
amplifier stage die Verstärkerstufe (Elektronik)
amplitude scale factor der Amplitudenmaßstab (Elektronik)
Amstrad Name eines englischen Hardwareherstellers
analog analog (im Gegensatz zu digital)
analog computer der analog arbeitende Computer (Hardware)
analog data die analogen Daten (im Gegensatz zu digitalen)
analog process computer der analoge Prozeßrechner (Hardware)
analog quantity der Analogwert (Elektronik)
analog representation die analoge Darstellung (Elektronik)
analog-digital conversion die Analog-digital Umsetzung (Elektronik)
analog-digital converter der Analog-digital Umsetzer (Elektronik)
analogic, analogical, analogous analog, ähnlich
analogy die Ähnlichkeit
analyses die Analysen
analysis die Berechnung, die Analyse (Mathematik)
anchor der Anker, verankern (z.B. eine Grafik in einem Text)
ancillary equipment das periphere Gerät (Hardware)

AND-circuit die logische UND-Schaltung (Elektronik)
AND-function die logische UND-Funktion (Mathematik)
anelectric unelektrisch, leitend (Elektronik)
angle der Winkel, die Ecke
angle of incidence der Einfallswinkel (Optik)
angular eckig
animate beleben (eine Grafik)
animation die Belebung
annotate mit Anmerkungen versehen, kommentieren
announce ankündigen (z.B. eine neue Programmversion)
annul für ungültig erklären, aufheben, anullieren
anode die Anode (Elektronik)
ANSI (American National Standards Institute) amerikanischer Normenausschuß (die ANSI- Zeichen wurden beispielsweise hier normiert)
answer tone der Antwortton (Telefon)
antecedent der Dividend (Mathematik)
antedate zurückdatieren, voraussehen
antediluvian vorsintflutlich, völlig veraltet
anthropoid menschenähnlich, dem Menschen nachempfunden
antifriction der Reibungsschutz (Mechanik)
antipodal genau entgegengesetzt
antiquarian altertümlich, veraltet
anvil der Amboß (Mechanik)
apeak senkrecht
aperture die Öffnung
apex der Scheitelpunkt (Mathematik)
APL Name einer Programmiersprache (A Programming Language)
apogee die Erdferne, Name eines Softwarehauses
apparatus der Apparat, das Gerät, die Vorrichtung
apparent storage der Scheinspeicher

appertain zugehören, gehören, angehören
Apple Name eines Hardwareherstellers
AppleLink Name eines Netzwerkes der Fa. Apple
appliance die Vorrichtung, das Gerät, das Mittel
applicability die Anwendbarkeit
application die Anwendung, das Anwendungsprogramm (Software)
application layer die Anwendungsschicht (OSI-Schichtenmodell)
application package das Anwendungspaket (Software)
application program das Anwenderprogramm (Software)
application service element das Anwendungsdienstelement (OSI-Schichtenmodell)
application software die Anwendersoftware
application system das Anwendungssystem (Hardware, Software)
appoint bestimmen, festsetzen
apportion die gleichmäßige Zuteilung
apposite angemessen, treffend
appreciable abschätzbar
appreciation die Schätzung, die Aufwertung
apprise in Kenntnis setzen, unterrichten
approach sich nähern (einem Berechnungswert)
approximate ungefähr, sich annähernd
approximate computation die Näherungsrechnung (Mathematik)
approximated value der Näherungswert (Mathematik)
approximation die Näherung (Mathematik)
arbitrary parameter der freie Parameter (Software)
arbor die Welle, die Spindel (Mechanik)

arc der Bogen (Mathematik)
arcade game das Videospiel (Software)
Archimedes Name eines Homecomputers in RISC-Technologie (Hardware)
architect der Architekt (z.B. eines Computersystems)
architectonic architektonisch
architecture die Architektur (z.B. eines Netzwerkes)
Arcnet Name einer Netzwerktopologie (Hardware)
area die Fläche (Geometrie)
area communications controller der Vermittlungsrechner (im Netzwerk)
argent silberfarbig
argument das Argument (Mathematik), der Beweis
arithmetic die Rechenkunst, die Arithmetik (Mathematik)
arithmetic element das Rechenwerk (eines Prozessors)
arithmetic logic unit die arithmetische und logische Einheit (eines Prozessors), ALU
arithmetic mean das arithmetische Mittel (Mathematik)
arithmetic operation die arithmetische Rechenoperation (Mathematik)
arithmetic progression die arithmetische Reihe (Mathematik)
arithmetic series die arithmetische Reihe (Mathematik)
arithmetic technique die Berechnungsmethode (Mathematik)
arithmetic unit das Rechenwerk (eines Prozessors)
Arpanet Name eines Netzwerkverbundes des ARPA
arrangement die Einrichtung, die Anordnung (Hardware)
array das Feld, der Bereich
array processor der Feldrechner (Hardware)
array variable die Feldvariable (z.B. in einer Matrix)
arrearage die Restsumme

arrow der Pfeil
arrow head die Pfeilspitze
arrow key die Cursorsteuertaste
articulated deutlich
artificer der Urheber
artificial intelligence die künstliche Intelligenz
artificial neural network das künstliche neuronale Netzwerk (Software)
asbestos der Asbest
ascending sequence die aufsteigende Reihenfolge
ascertainment die Ermittlung, die Feststellung
ASCII (American Standard Code for Information Interchange) Name des Standardzeichencodes
ashlar der Quaderstein
Ashton Tate Name eines Softwareherstellers (dBASE)
askance schief, von der Seite
aslant schief, schräg
aspect ratio das Seitenverhältnis (von Höhe zu Breite)
asperity die Unebenheit (z.B. einer Oberfläche)
assemblage die Montage (Mechanik)
assemble assemblieren, montieren (z.B. Programmteile oder elektronische Baugruppen)
assembler der Assembler, die Assemblersprache (Software)
assembler instruction der Assemblerbefehl (Software)
assembler statement die Assembleranweisung (Software)
assembly die Baugruppe (Hardware)
assembly language die Assemblersprache (Software)
assembly routine das Assemblerprogramm (Software)
assembly system das Assemblersystem, das Baugruppensystem (Hardware)
assent die Genehmigung
assign zuweisen (z.B. einen Wert einer Variablen zuweisen)

assignment die Zuweisung (z.B. eines Wertes)
assimilate angleichen, gleich machen
associative memory der Assoziativspeicher
associative storage der Assoziativspeicher
assurance die Versicherung
asterisk das Sternchen (Sonderzeichen)
astragal der Rundstab
asymmetry die Asymmetrie, das Mißverhältnis
asynchronous asynchron, nicht zeitgleich
asynchronous operation der Asynchronbetrieb
asynchronous transmission die asynchrone Übertragung
AT Name für einen PC mit 80286 Prozessor (Advanced Technology)
at-law gesetzlich
Atari Name eines Hardwareherstellers (Homecomputer)
attach anbauen
attract anziehen (z.B. magnetisch)
attractive magnetic force die magnetische Anziehungskraft
attribute das Attribut, die Eigenschaft, das Merkmal
attrition die Abnutzung, der Verschleiß (Mechanik)
audible hörbar, akustisch
audible output die akustische Ausgabe
audible signal das akustische Signal
audio frequency die hörbare Niederfrequenz (Elektronik)
audio output der Audio-Ausgang (Elektronik)
audio tape das Tonband
Audio Video Interleaf Name einer Technik zum gemeinsamen Abspeichern von Video- und Audiodaten
audit prüfen
audit program das Prüfprogramm (Software)
auriferous goldhaltig (z.B. Material von Steckverbindungen)
author der Autor, der Urheber, der Verfasser
author language die Autorensprache (Software)
auto-parking das automatische Parken (der Schreib-/Leseköpfe)
Autocad Name eines CAD-Programmes (Software)
Autocode Name einer Programmiersprache (Software)
Autodesk Name eines Softwarehauses (Autocad)
autodialer der Selbstwähler (Telefon)
automated automatisiert
automatic automatisch
automatic carriage die automatische Vorschubeinrichtung (z.B. beim Drucker)
automatic character generation die automatische Zeichengenerierung
automatic check die automatische Kontrolle
automatic control system das Regelsystem
automatic controller die Regeleinrichtung (z.B. für die Umdrehungsgeschwindigkeit)
automatic data processing die elektronische Datenverarbeitung (EDV)
automatic feedback control system das Regelsystem
automatic reading das maschinelle Einlesen (von Daten)
automatic reset die automatische Zurückstellung (in den Ausgangszustand)
automatic sequence-controlled computer die programmgesteuerte Rechneranlage
automatic test equipment das automatische Prüfgerät (Hardware)
automatic timer die Schaltuhr (Hardware)
automation die Automatisierung
autonomous operation der autonome (unabhängige) Betrieb

autotracing das Umwandeln eines Rasterbildes in ein Vektorbild (Software)
auxiliary device die Hilfseinrichtung (Hardware)
auxiliary routine das Hilfsprogramm (Software)
auxiliary storage der Hilfsspeicher (Zwischenspeicher)
average calculation speed die mittlere Rechengeschwindigkeit
average data transfer rate die mittlere Datenübertragungsrate (Übertragungsgeschwindigkeit)
average seektime die durchschnittliche Suchzeit (z.B. auf einem Massenspeicher)
average value der Durchschnittswert, der Mittelwert (Mathematik)
axiom das Axiom, der Grundsatz (Mathematik)
axis die Achse (Geometrie)

B

back coupling die Rückkopplung (Elektronik)
back-end Bezeichnung für den Server in einer Netzwerkdatenbank (Hardware)
backbone die Wirbelsäule, Element zur Koppelung mehrerer Teilnetze (Hardware)
background der Hintergrund
background memory der Hintergrundspeicher (Hardware)
background processing die Hintergrundverarbeitung
background program das Hintergrundprogramm (Software)
backing storage der Zusatzspeicher (Hardware)
backslash der Rückstrich, das Zeichen "\"
backspace der Rückschritt, schrittweise zurückgehen
backup die Datensicherung
backup copy die Sicherungskopie (Software)
backup file die Sicherungsdatei (Software)
bad clusters "schlechte" Bereiche einer Festplatte (Fehler in der Oberflächenbeschichtung)
bad joint die schlechte Verbindung (z.B. defekter Stecker)
bad parity der Paritätsfehler (weist auf fehlerhafte Daten hin)
badge das Kennzeichen
balance die Waage, das Gleichgewicht, das Gegengewicht
balanced output der symmetrische Ausgang (Elektronik)
ball point pen der Kugelschreiber
ball-and-socket joint das Kugelgelenk (z.B. am Joystick)
band das Band, der Treibriemen (Mechanik)
bandwidth die Bandbreite (z.B. einer Trägerfrequenz)
bank die Bank, die Speicherbank (Anordnung von Speicherchips)
bank switching die Bankumschaltung (Speicherbank)
bar diagram das Balkendiagramm (zur Veranschaulichung statistischer Werte)
barcode der Strichcode, der Balkencode (maschinenlesbarer Code)
barrel die Trommel, die Walze (Mechanik)
base die Basis (Mathematik), die Trägerschicht, die Grundfläche
base address die Basisadresse
base current der Basisstrom (Elektronik)
base memory der Basisspeicher, (unter MS-DOS: 0 bis 640 KB)
base register das Basisregister
baseband das Basisband (Frequenz)
baseplate die Grundplatte (Mechanik)
BASIC Name einer Programmiersprache (Software)

basic calculation operation
die Grundrechenart (Mathematik)
basic format das Grundformat, das Ausgangsformat
Basic Input Output System
die unterste Schicht des Betriebssystems (BIOS)
basis die Basis, die Grundlage
batch der Stapel
batch file die Stapeldatei (Software)
batch mode die Stapelverarbeitung (Betriebsart)
batch processing
die Stapelverarbeitung (Bearbeitung beispielsweise einer Batch-Datei)
batch total die Zwischensumme
baud Maß der Übertragungsgeschwindigkeit (1 Bit pro Sekunde)
beginning mark die Anfangskennung (z.B. beim Magnetband)
benchmark problem
das Bewertungsproblem
benchmark test
die Leistungsbewertung, der Test (Software)
Bernoulli box Name eines Wechselplattensystems (Hardware)
bevel schräg, schief, abschrägen, die Schräge
bias schräg, schief
bidirectional in zwei Richtungen (z.B. Datenübertragung)
bifurcate sich gabeln, sich verzweigen
bifurcation die Gabelung, die Verzweigung (z.B. des Programmablaufs)
bilateral zweiseitig
bilingual zweisprachig (z.B. Software)
billboard die Anschlagtafel (z.B. in einer Mailbox)
billing die Fakturierung
bin der Kasten, der Behälter
binary binär, aus zwei Einheiten bestehend
binary adder der Binäraddierer

binary arithmetic
die Binärarithmetik (Mathematik)
binary cell die Binärzelle, das binäre Speicherelement
binary code der Binärcode, der Dualcode (Software)
binary coded decimal digit die binär dargestellte Dezimalzahl (Software)
binary coded decimal notation die binär dargestellte Dezimalschreibweise (Software)
binary counter der Binärzähler
binary data die Binärdaten (Software)
binary digit die Binärziffer, die Dualzahl (Software)
binary information die binäre Information (Software)
binary notation die Binärschreibweise, die duale Schreibweise
binary number die binäre (duale) Zahl
binary point das Komma in einer Binärzahl
binary position die binäre Stelle
binary scale der binäre Zahlenbereich
binary search die Binärsuche (ohne Rücksicht auf Zeichencodes)
binary shift register das binäre Schieberegister (im Gegensatz zum Zeichenregister)
binary system das Binärsystem, das Dualsystem
binary to decimal conversion die Binär-zu-dezimal-Umwandlung
binary to decimal converter der Binär-Dezimalumsetzer (Software)
binary tree der Binärbaum (Entscheidungsbaum)
binomial theorem das Binominaltheorem (Mathematik)
BIOS (Basic Input Output System)
die unterste Schicht des Betriebssystems
biquadratic equation die Gleichung vierten Grades (Mathematik)
bisect halbieren (Mathematik)

bisection die Halbierung
bistable circuit die bistabile Schaltung (Elektronik)
bit (binary digit) die Binärziffer, das Stückchen, das "Bißchen"
bit configuration das Bitmuster, die Bitkonfiguration
bit density die Bitdichte (z.B. Schreibdichte)
bit frequency die Bitfrequenz (Geschwindigkeit der Bit-Übertragung)
bit mask die Bitmaske (Software)
bit organized memory der Bit-orientierte Speicher
bit parallel bitparallel (z.B. die Übertragung mit mehreren Leitungen)
bit pattern das Bitmuster
bit rate die binäre Ziffernfolge, die Bitrate
bit serial bitseriell (z.B. Übertragung mit nur einem Kanal)
bit string die Bitkette (Software)
bit vector der Bitvektor (z.B. Zeiger auf eine Speicherstelle)
bit-blitting das punktweise Kopieren (eines Bildschirmausschnittes)
bitmap das Bitmuster, Name eines Grafikformates
bitmap font Bitmusterschriften (im Gegensatz zu den skalierbaren Vektorschriften)
bits per inch die Bits pro Zoll (Aufzeichnungsdichte)
bits per second die Bits pro Sekunde (bps), Übertragungsgeschwindigkeit
Bitstream Name eines Softwarehauses (Schriften-Software)
bivalent zweiwertig (Mathematik)
black schwarz, schwärzen, dunkel, das Schwarze
blackboard die Wandtafel, das schwarze Brett (z.B. in einer Mailbox)
blank leer, die Leere, die Lücke (zwischen zwei Zeichen)
blank character das Leerzeichen

blank column die Leerspalte (in einer Tabelle)
blankness die Leere (z.B. unbedruckte Bereiche)
blast das Gebläse (Hardware)
blind blind, nicht erkennbar
blind carbon copy die "Blindkopie", die verdeckte Adressatenliste einer E-Mail
block der Block, der Datenblock (Software)
block address die Blockadresse (Software)
block check die Blockprüfung (auf Fehler)
block device das blockorientierte Gerät (Hardware)
block diagram das Blockschaltbild (Elektronik)
block length die Blocklänge (Software)
block movement die Blockverschiebung
block of informations der Datenblock (Software)
block register das Blockregister
block selection die Blockauswahl
block size die Blocklänge (Software)
block sort das blockweise Sortieren (Software)
block statement die Anweisung für einen Block (Software)
block transfer das blockweise Übertragen (von Daten im Netz oder zum Massenspeicher)
blueprint die Blaupause, der Entwurf
board die Platine, die Tafel (Elektronik)
body der Körper, die Karosserie, der Rumpf, der Hauptteil
boil kochen, kondensieren
bold character Zeichen mit "fetter" Schriftauszeichnung
bolt der Bolzen, der Riegel, verriegeln (Mechanik)
bomb-proof bombenfest, bombensicher (z.B. eine Verschlüsselung)

book das Buch, buchen
booklet die Broschüre
Boolean algebra die Schaltalgebra (Elektronik), die Boolesche Algebra (Mathematik)
Boolean operation table die Wahrheitstabelle (Mathematik)
Boolean primary der logische Elementarausdruck (Mathematik)
booster amplifier der Zwischenverstärker (Elektronik)
boot booten, urladen, hochfahren (eines Betriebssystems)
bootstrap das Ladeprogramm, der Urlader (Software)
border der Rand, die Grenze
bore das Bohrloch, die Bohrung, bohren (Mechanik)
borer der Bohrer (Mechanik)
Borland Name eines Softwarehauses
borrow der Übertrag (Mathematik)
botch der Flicken, das Flickwerk, flicken
bottleneck der Engpaß, die Enge, die Schwierigkeit
bottom der Grund, die Sohle, die Grundfläche
bottom up Bezeichnung für die Programmierung vom Detail zur Gesamtlösung
bounce der Sprung, der Rückprall
bound die Grenze, die Schranke, der Sprung, springen
boundary die Grenze, der Rand
boundary condition die Randbedingung (Software)
boundary value der Grenzwert (Mathematik)
boundless grenzenlos
bps (bits per second) die Bits pro Sekunde, Übertragungsgeschwindigkeit
brace die geschweifte Klammer, die Strebe, die Klammer, die Abstützung
bracket die eckige Klammer
bracketed term der eingeklammerte Ausdruck (Mathematik)
brad der Drahtstift (Mechanik)

braille die Blindenschrift
Brain Name eines Computervirus (Software)
brainwork die Kopfarbeit
brake die Bremse (z.B. Bandlaufwerk)
branch der Zweig, die Programmverzweigung (Software)
branch address die Verzweigungsadresse
branch on condition der bedingte Sprungbefehl (Software)
branching die Verzweigung (Software)
branching instruction der Verzweigungsbefehl (Software)
brass das Messing
braze hartlöten
break unterbrechen (z.B. ein Programm), die Pause
break character das Leerzeichen, das Pausenzeichen
break down ausfallen, die Betriebsstörung
break point der Haltepunkt (z.B. in einem Programm)
break-code der beim Loslassen einer Taste erzeugte Code
bridge die Brücke, Gerät für die Verbindung von Teilnetzen (Hardware)
Briggsian logarithm der dekadische Logarithmus (Mathematik)
brittle die Anfälligkeit, zerbrechlich, spröde
broadcast verteilen, verbreiten, weitverbreitet (Nachrichten, Daten)
broadcasting die Verbreitung, die Verteilung (von Nachrichten)
brochure die Broschüre
brouter Name eines Gerätes (bridge + router) zur Netzwerkorganisation (Hardware)
browse überfliegen (einen Text)
bruce force die rohe Gewalt
bubble memory der Magnetblasenspeicher (besondere Bauart von Speicherchips)

bubble sort das Bubblesort-
Sortierverfahren (Software)
bubble-jet printer
der Tintenstrahldrucker (Hardware)
budget die Zeitzuteilung, das Budget
buffer der Zwischenspeicher, der
Pufferspeicher
buffer stage die Trennstufe
(Elektronik)
buffering das Puffern, das
Zwischenspeichern
bug die Störung, der Fehler
built-in check die eingebaute
Kontrolle (Hardware, Software)
bulk information die große
Informationsmenge
bulk information processing
die Verarbeitung großer Datenmengen
bulk memory der Großraumspeicher
(Hardware)
bulk of data die große Datenmenge,
die Datenmassen
bulk transmission of data
die Übertragung großer Datenmengen
bulletin der Tagesbericht, die
Meldung
bulletin board das schwarze Brett
(auch Software)
bulletin board system Name eines
Computersystems, das Dienste wie
E-Mail und Dateiarchive zu einem
bestimmten Thema bereitstellt
bundle das Bündel, der Bund,
bündeln (z.B. Hardware und
Software beim Kauf)
burn-in eingebrannt, einbrennen
(z.B. Zeichen auf dem Bildschirm)
burnish polieren, glätten
burst mode der Stoßbetrieb
(Hochgeschwindigkeitsübertragung)
burst transmission die
Hochgeschwindigkeitsübertragung
bus die Sammelleitung, der Bus
(Datenbus, Adreßbus)
bus driver der Bustreiber (Software)
bush die Buchse (Hardware)
business data die kommerziellen
Daten (Software)

business graphics die Geschäftsgrafik
button der Druckknopf, der Knopf,
der Schaltknopf (Mechanik)
buzzer der Summer (Hardware)
by the job stückweise
bypass das Umgehen, die Umgehung
bypath der Seitenpfad
byte das Byte, die Achtergruppe von
Bits
byte boundary die Bytegrenze
Byte Magazin Name einer
Computerzeitschrift

C

C Name einer Programmiersprache
(Software)
C64 Name eines Homecomputers der
Fa. Commodore (Hardware)
cabinet das Gestell (Mechanik)
cabinet rack der Gestellrahmen
cable das Kabel
cable connect der Kabelanschluß,
anschließen
cable harness der Kabelbaum, das
Kabelbündel
cable runway der Kabelkanal
cable system das
Verkabelungssystem
cabling die Verkabelung
cache der schnelle Zwischenspeicher
(Hardware)
cache memory der Cache-
Speicherbereich
cache-miss der Cachespeicher-
Fehlgriff
CAD (computer aided design) das
computerunterstützte Konstruieren
CAE (computer aided engineering)
das computerunterstützte
Ingenieurwesen
CAI (computer aided instruction)
der computerunterstützte Unterricht
CAL (computer aided learning) das
computerunterstützte Lernen

calculate berechnen, kalkulieren
calculating speed
die Rechengeschwindigkeit
calculation die Berechnung, die Kalkulation
calculation machine
die Rechenmaschine
calculus die Rechenart (Mathematik)
calendar der Kalender
calibrate eichen, kalibrieren (Elektronik, Mechanik)
calibration die Eichung, die Kalibrierung (Elektronik, Mechanik)
calibration chart die Eichtabelle
call der Aufruf (z.B. ein Unterprogramm), der Anruf, der Telefonanruf, anrufen, aufrufen
call for votes der Aufruf zur Stimmenabgabe (im Internet)
call word das Kennwort
calling instruction der Aufrufbefehl (für ein Unterprogramm)
CAM (computer aided manufacturing)
die computerunterstützte Fertigung
camber die Wölbung, die Krümmung
camera die Kamera, der Fotoapparat
camera-read copy die Reprovorlage
camouflage die Tarnung, tarnen (z.B. bei Viren)
cancel aufheben, streichen, die Streichung (z.B. einer Datenübertragung)
cancel character das Löschzeichen
cancel information löschen von Informationen
Canon Name eines Hardwareherstellers
cant die Schrägung, die schräge Lage
CAP (computer aided planing) die computerunterstützte Arbeitsplanung (Software)
cap-off time die Zeit, die ein Zeichenstift ohne Abdeckung nicht eintrocknet (Stiftplotter)
capability die Fähigkeit
capacity die Kapazität, die Leistungsfähigkeit

capital letter der Großbuchstabe, die Majuskel
caps lock (capital letters lock)
Bezeichnung einer Taste, die nur noch Großbuchstaben zuläßt (Feststelltaste)
carbon der Kohlenstoff, der Kohlestift
carbon copy Auflistung der Adressaten einer Kopie von einer E-Mail
card die Karte, die Platine (Hardware)
card coupling device Gerät zum Datenaustausch mit Magnetkarten (Hardware)
card reader der Kartenleser, der Kartenabtaster (Hardware)
card slot Erweiterungssteckplatz (Hardware)
cardanjoint das Kardangelenk (Mechanik)
cardanshaft die Kardanwelle (Mechanik)
carefull sorgfältig
carefullness die Sorgfalt
careless nachlässig, leichtsinnig
carelessness die Sorglosigkeit, die Unachtsamkeit, die Nachlässigkeit
cargo die Ladung
carriage der Wagen (einer Schreibmaschine)
carriage return der Wagenrücklauf, der Übergang zur nächsten Zeile, die Returntaste
carrier der Träger (z.B. das Kunststoffmaterial der Diskette)
carrier frequency die Trägerfrequenz (Elektronik)
carry der Übertrag (Mathematik)
carry forward der positive Übertrag (Mathematik)
carry over der Übertrag (auf die andere Seite)
cartesian coordinates die rechtwinkligen Koordinaten, die karthesischen Koordinaten (Mathematik)
cartoon der Karton, die Karikatur, die Musterzeichnung

cartridge das Steckmodul, die Kassette, die Patrone (Hardware)
cartridge tape device das Kassettenlaufwerk (Hardware)
case das Gehäuse
case shift die (Groß/Klein-) Umschaltung
cassette die Kassette (Massenspeicher)
cassette recorder der Kassettenrecorder (Hardware)
cast-steel aus Gußstahl
caster die Laufrolle (Mechanik)
CAT (computer aided translation) das computerunterstützte Übersetzen (Software)
catalogue der Katalog
catalogued file die katalogisierte Datei (Software)
catch der Haken, der Halter, der Griff (Mechanik), greifen, halten
catchword das Schlagwort
catenary die Kettenlinie (Mathematik)
cathode ray tube die Kathodenstrahlröhre, die Bildröhre (Elektronik)
causal ursächlich
causality die Ursächlichkeit
causative verursachend
caution die Vorsicht
cautious vorsichtig, behutsam
CD-ROM (Compact Disk Read Only Memory) die Compaktdisk, ein nicht beschreibbarer Massenspeicher
celerity die Geschwindigkeit
cell die Speicherzelle, das Element
cellar der Kellerspeicher, der Stapelspeicher
central processing unit die Zentraleinheit (CPU), der Prozessor
Centronics Name eines Hardwareherstellers (Drucker)
Centronics port die Centronics Schnittstelle (Parallelschnittstelle)
centuple hundertfach, verhundertfachen
certain zuverlässig, sicher

certainty die Zuverlässigkeit
certificate das Zertifikat, das Zeugnis, die Bescheinigung, bescheinigen
certification die Prüfung, die Zertifikation
chain die Kette (z.B. von Befehlen)
chaining die Verkettung (z.B. von Befehlen)
change der Wechsel, die Veränderung, der Tausch, wechseln, verändern, tauschen
changeability die Veränderbarkeit
changeless unveränderlich
channel der Kanal, der Übertragungskanal, der Datenkanal
channel capacity die Kanalkapazität (Übertragungskanal)
channel loading die Kanalbelegung (Übertragungskanal)
channel selector der Kanalwähler (Übertragungskanal)
character das Zeichen
character alignment die Zeichenausrichtung (z.B. linksbündig, zentriert usw.)
character assignment die Zeichenzuordnung
character buffer der Zeichenpuffer, der Zeichenzwischenspeicher
character code der Zeichencode (Software)
character density die Zeichendichte (Abstand)
character driver der Zeichentreiber (zur Generierung von Zeichen)
character font der Zeichensatz
character generator der Zeichengenerator
character parity die Zeichenparität
character printer der Zeichendrucker (Hardware), im Gegensatz zum Ganzseitendrucker
character reader der Klarschriftleser (Hardware)
character recognition die Zeichenerkennung (Hardware und Software)

character screen
 der Zeichenbildschirm (Hardware)
character set der Zeichenvorrat
character skew die Zeichenneigung
 (z.B. "kursiv")
character spacing
 der Zeichenabstand
character string die Zeichenfolge,
 die Zeichenkette
character subset die Untermenge
 eines Zeichenvorrates
characteristic das Kennzeichen,
 bezeichnend
characteristic curve die Kennlinie
characteristics die Kenndaten, die
 Eigenschaft
characters per inch die Anzahl der
 Zeichen pro Zoll (cpi)
characters per second die Anzahl
 der Zeichen pro Sekunde (cps)
charge das Laden (einer Batterie), die
 Ladung, die Belastung
Charisma Name eines Grafik-
 Präsentationsprogrammes (Software)
chart die Tabelle, das Diagramm
Cheapernet cable Name für ein
 preiswertes (dünneres) Ethernet-
 Netzwerkkabel
check prüfen, die Kontrolle, der Test
check bit das Prüfbit, das Kontrollbit
check character das Prüfzeichen
check digit die Prüfziffer
check problem die Prüfungsaufgabe
check program das Prüfprogramm
 (Software)
check read die Schreibprüfung
 (bei der Aufzeichnung auf einen
 Massenspeicher)
check routine das Prüfprogramm
 (Software)
check sum, check total
 die Prüfsumme
checking die Prüfung, die Kontrolle
checking device das Prüfgerät
 (Hardware)
checking routine das Prüfprogramm
 (Software)
checkout das Austesten

checkout test der Gesamttest
checkpoint der Prüfpunkt, der
 Fixpunkt
checksum die Prüfsumme
cheek das Seitenteil
Cherry Name eines
 Hardwareherstellers (Tastaturen)
chip der Chip, der integrierte
 Schaltkreis (Elektronik)
chip enable die Chip-Freigabe
 (Steuersignal)
chip select die Chip-Auswahl (z.B.
 einer Speicherbank)
chock der Keil (Mechanik)
choice die Auswahl, auswählen
choose auswählen
chrome das Chrom
cinepack Name eines
 Kompressionsverfahrens (für digitale
 Videosequenzen)
cipher die Ziffer, die Null, die
 Chiffre, chiffrieren, ausrechnen
circle der Kreis, umkreisen, der
 Kreislauf
circuit der Kreis (Mathematik), der
 Schaltkreis, der Stromkreis
 (Elektronik)
circuit arrangement die
 Schaltungsanordnung (Elektronik)
circuit card die Schaltungsplatine
 (Elektronik)
circuit logic die Schaltkreislogik
 (Elektronik)
circuit module das Schaltungsmodul
 (Elektronik)
circuit parameter
 der Schaltungsparameter
circuit plate die Schaltungsplatine
 (Elektronik)
circuit technique
 die Schaltkreistechnik (Elektronik)
circuit testing die Schaltkreisprüfung
 (Elektronik)
circuitry die Schaltungsanordnung
 (Elektronik)
circular kreisförmig, das
 Rundschreiben
circulation die Verbreitung

circulatory integral
das Umlaufintegral (Mathematik)
circumference der Kreisumfang (Mathematik)
Citizen Name eines Hardwareherstellers (Drucker)
clamp die Klammer (Mechanik), verklammern
classify klassifizieren, einordnen
clean rein, sauber, fehlerfrei
clear klar, rein, klären, löschen
clear text der Klartext (ohne Formatierungen)
clear to send die Sendebereitschaft
clearing of fraction die Brüche auflösen (Mathematik)
click das Klicken, das Knacken, der Sperrhaken (Mechanik), zuschnappen
client der Kunde
clientele die Kundschaft
clima das Klima
climatic klimatisch
climax die Steigerung, der höchste Punkt
clinch die Vernietung, vernieten, festmachen (Mechanik)
clip die Klammer, die Spange (Mechanik)
clip contact connector der Federleistenstecker (Mechanik)
Clipboard Name der Zwischenablage von Windows (Software)
Clipper Name einer Datenbankprogrammiersprache (Software)
clock der Takt, der Impuls, die Uhr
clock cycle der Taktzyklus (Elektronik)
clock error der Gleichlauffehler (z.B. einer Diskette)
clock frequency die Taktfrequenz (Elektronik)
clock generator der Taktgenerator, der Taktgeber (Elektronik)
clock pulse der Taktimpuls (Elektronik)
clock rate die Taktfolge (Elektronik)

clock wise im Uhrzeigersinn
close der Schluß, schließen, geschlossen
closed counting chain die geschlossene Zählkette (Software)
closed loop die geschlossene Schleife (Software)
closed loop circuit die Rückführungsschaltung (Elektronik)
closed subroutine das geschlossene Unterprogramm (Software)
closure der Verschluß (Mechanik)
cluster die Gerätegruppe (Hardware), die Sektorengruppe (Software), der Haufen, sich zusammendrängen
cluster controller der Vorrechner (Hardware)
CMOS (Complementary Metal Oxide Semiconductor) Name einer Halbleitertechnologie (zur Herstellung integrierter Schaltkreise)
CMYK Name eines Farbmodells (Cyan, Magenta, Yellow, Black)
coal die Kohle
coaldust der Kohlenstaub
coated paper das beschichtete Papier
coating die Beschichtung, der Überzug
coaxial connector der Koaxialstecker (Mechanik)
Cobol Name einer Programmiersprache (Software)
code der Code, codieren, verschlüsseln
code conversion die Codeumsetzung
code converter der Codeumwandler
code generation die Codegenerierung
code pattern das Codemuster (Software)
code structure die Befehlsstruktur (Software)
code translator der Codeumsetzer
code word das Code-Wort, das codierte Wort (Software)
coded verschlüsselt, codiert
coded decimal digit die codierte Dezimalzahl

coded decimal notation die codierte Dezimalschreibweise
coded instruction der codierte Befehl (Software)
coded output die codierte Signalausgabe
codepage die Codeseite (vorbereiteter Zeichensatz)
coding die Codierung, die Verschlüsselung
cognition die Erkenntnis
cognizable erkennbar
cohere zusammenhängen
coherency der Zusammenhang
coherent zusammenhängend
Coherent Unix Name einer Version des Betriebssystems Unix (Software)
coinage die Prägung
coincidence die Übereinstimmung
coincidence circuit die UND-Schaltung (Elektronik)
cold boot der Kaltstart (Hochfahren des Systems)
collar das Lager, die Pfanne (Mechanik)
collating of data das Sortieren von Daten
collating order, collating sequence die Sortierfolge
collector der Kollektor (Elektronik)
collision die Kollision, der Zusammenstoß (z.B. eines übertragenen Datenblocks im Netzwerk)
collocation die Anordnung
colon der Doppelpunkt
color die Farbe (amerikanisch), färben
color formular guide die Farbmischungstafel
color graphics die Farbgrafik
Color Graphics Adapter Name eines Grafikstandards (CGA)
color monitor der Farbbildschirm (Hardware)
color printer der Farbdrucker (Hardware)
colour die Farbe (engl.), färben
column die Spalte (in einer Tabelle)
column by column spaltenweise

column spacing der Spaltenabstand (in einer Tabelle)
COM-file virus Name eines Virus (befällt ausführbare Dateien)
Comal Name einer Programmiersprache (Software)
combinable verbindbar
combination die Verbindung, die Kombination
come-at-able erreichbar, zugänglich
come-off das Resultat (z.B. einer Berechnung)
comma das Komma
command der Befehl, das Kommando (Software)
command chaining die Befehlsverkettung (Software)
command menu das Befehlsmenü (Software)
command structure die Befehlsstruktur (Software)
commencement location address die Anfangsadresse
commend empfehlen
commendable empfehlenswert
commendation die Empfehlung
comment der Kommentar, die Erläuterung, erläutern
commerce der Handel, der Verkehr
commercial kaufmännisch, gewerblich
commercial a Name für das Zeichen "@"
commercialize in den Handel bringen
commission der Auftrag, beauftragen
commit anvertrauen, übergeben
commitment die Überweisung
Commodore Name eines Hardwareherstellers
common gemeinsam, allgemein
common area der gemeinsame Bereich (z.B. von Programmen genutzter Speicher)
Common Lisp Name einer Programmiersprache (Software)
common logarithm der einfache, dekadische Logarithmus (Mathematik)

communicate übertragen, kommunizieren
communication die Übertragung (z.B. von Daten)
communication control die Datenübertragungssteuerung
communication interrupt die Unterbrechung der Datenübertragung
communication line die Übertragungsleitung, die Telefonleitung
compact dicht, fest, komprimiert
compact disk die CD, die CD-ROM (Datenträger)
compaction die Komprimierung
compactness die Dichtigkeit, die Festigkeit
Compaq Name eines Hardwareherstellers
comparable vergleichbar
comparison der Vergleich
compatibility die Kompatibilität, die Verträglichkeit, die Vereinbarkeit, die Anpassungsfähigkeit
compatible kompatibel, verträglich
compendium das Kompendium, der Abriß
compensate kompensieren, ausgleichen
compensation der Ersatz, der Ausgleich
compensator der Entzerrer (Elektronik)
competence die Kompetenz, die Zuständigkeit
competent fachkundig, hinreichend, zuständig
competition die Mitbewerbung, die Konkurrenz, der Wettbewerb
competitor der Konkurrent
compilation die Kompilierung, die Übersetzung, die Zusammenstellung
compile kompilieren, übersetzen
compile time die Kompilierungszeit
compiler der Kompiler, der Übersetzer (Software)
compiler language die Kompilersprache
complement das Komplement (Mathematik)
complement representation die Komplementdarstellung (Mathematik)
complete vollständig, vervollständigen, abschließen
complete carry der komplette Übertrag
completion die Vollendung
complex kompliziert, komplex, die Gesamtheit
complex conjugate number die konjugiert komplexe Zahl (Mathematik)
complex instruction set computer Rechner mit komplexem Befehlsvorrat (CISC)
complex number die komplexe Zahl (Mathematik)
compliance die Einwilligung
complication die Komplikation
complicity die Mitschuld
component die Komponente, das Bauelement (Hardware)
component density die Packungsdichte (z.B. von Transistoren auf einem Chip)
component part das Einzelteil (Hardware)
compose zusammensetzen, zusammenfügen
composite zusammengesetzt, zusammengefügt
composite signal das Bildinhalt-Austast-Synchron-Signal (BAS)
composite terminal das Verbundterminal (Hardware)
compound statement die Mehrfachanweisung (Software)
compress komprimieren, zusammendrücken
Compressed Volume File die komprimierte Datei (CVF)
compression die Datenkompression (Software), der Druck (Mechanik)
compressor der Verdichter
CompuServe Name eines Netzwerkanbieters
computable berechenbar

computation die Berechnung
computer der elektronische Rechner (Hardware)
computer aided design das computerunterstützte Konstruieren (CAD)
computer aided engineering das computerunterstützte Ingenieurwesen (CAE)
computer aided instruction der computerunterstützte Unterricht (CAI)
computer aided learning das computerunterstützte Lernen (CAL)
computer aided manufacturing die computerunterstützte Fertigung (CAM)
computer aided planning die computerunterstützte Arbeitsplanung (CAL)
computer aided testing das computerunterstützte Testen (von Schaltungen) (CAT)
computer aided translation das computerunterstützte Übersetzen (CAT)
computer code der Computercode
computer controlled computergesteuert
computer family die Rechnerfamilie (Hardware)
computer generation die Computergeneration (Hardware)
computer graphics die Computergrafik
computer independent language die computerunabhängige Programmiersprache (Software)
computer input microfilm die Eingabe von Daten auf einem Mikrofilm (CIM)
computer network das Rechnernetz, das Netzwerk (Hardware)
computer operation die Verarbeitungsart
computer oriented language die maschinenorientierte Programmiersprache (Software)
computer professional der Computerfachmann
computer run der Computerlauf, der Systemdurchlauf
computer science die Informatik
computer simulation die Computersimulation (z.B. Flugsimulator)
computer system das Computersystem, das Rechnersystem (Hardware)
computer virus der Computervirus (Software, die Schaden anrichten soll)
computer word das Maschinenwort (Software)
computerized auf einen Computer übertragen, von einem Computer gesteuert, computergestützt
computing center das Rechenzentrum
computing speed die Rechengeschwindigkeit
concatenate verketten (z.B. Befehle)
concatenated key der verkettete Schlüssel
concave konkav, hohl gewölbt
concentrate konzentrieren
concentration die Konzentration, die Sättigung
concentricity tolerance die Rundlauftoleranz
concept das Konzept, der Begriff
concetenation die Verkettung
conclusion der Schluß
concurrency der Parallellauf (z.B. mehrerer Computer)
concurrent zusammentreffend, gleichzeitig
concurrent access der gleichzeitige Zugriff (z.B. auf ein Gerät)
concurrent operation der Parallelbetrieb
condense verdichten, kondensieren
condition code der Zustandscode
conditional breakpoint die bedingte Programmunterbrechung
conditional instruction der bedingte Befehl (Software)

conditional jump der bedingte Sprung (z.B. Programmverzweigung nach Erfüllen einer Bedingung)
conducting stromführend, leitend (Elektronik)
conductor der (elektrische) Leiter
cone der Kegel (Mathematik)
conference call die Konferenzschaltung
confidence level die statistische Sicherheit
configuration die Konfiguration, die Ausstattung, die Gestaltung
confine begrenzen (z.B. zeitlich)
confirm bestätigen (z.B. eine Eingabe)
conformal mapping die konforme Abbildung (Mathematik)
conic, conical konisch, kegelförmig
conjunction die Konjunktion, die UND-Funktion, die Verbindung
connect verbinden, schalten
connect in parallel parallelschalten, parallel verbinden
connect in series in Reihe schalten (Elektronik)
connecting cable das Anschlußkabel
connecting terminal die Anschlußklemme (Mechanik)
connection der Anschluß, die Verbindung (Mechanik, Elektronik)
connector der Steckverbinder, der Stecker (Mechanik, Elektronik)
Conner Name eines Hardwareherstellers (Festplatten)
connexion die Verbindung, die Schaltung (Mechanik, Elektronik)
consequence die Wirkung, die Konsequenz
consequent der Divisor (Mathematik), die Folgerung
conservatively rated ausreichend bemessen (Mechanik, Elektronik)
consistency die Festigkeit, die Konsistenz
consistency check die Logikkontrolle
console die Konsole, das Pult, das Terminal
console request die Anfrage über ein Terminal
constancy die Beständigkeit, der Bestand, die Dauer
constant die Konstante (Mathematik)
constant coefficient der konstante Koeffizient (Mathematik)
construct konstruieren, errichten
construction die Konstruktion
consumption der Verbrauch
contact der Kontakt (Elektronik)
contact contamination die Kontaktverunreinigung
container der Behälter
contaminate verunreinigen
contamination die Verunreinigung
content der Inhalt
context der Zusammenhang
continuation address die Folgeadresse
continuation line die Folgezeile
continuity die Kontinuität, die Stetigkeit (Mathematik)
continuity checker der Leitungsprüfer (Hardware)
continuous edge graphics Name eines Verfahrens zur Verbesserung der Bildschirmdarstellung
continuous form das Endlosformular
continuous function die stetige Funktion (Mathematik)
continuous input die kontinuierliche Eingabe
continuous operation der Endlosbetrieb
continuous paper form das Endlosformular
continuous rollpaper das Rollenpapier (z.B. im Telefaxgerät)
continuous-duty operation der Dauerbetrieb
contour analysis die Konturauswertung (Zeichenerkennung)
contour following die Konturverfolgung, die Konturabtastung (Zeichenerkennung)
contract der Vertrag, zusammenziehen

contractor der Unternehmer
contrivence die Erfindung, der Plan, die Vorrichtung
control die Kontrolle, die Überwachung, die Steuerung, kontrollieren, steuern,
control action das Regelverhalten
control bit pattern das Kontrollbitmuster
control block der Steuerblock (Elektronik, Software)
control bus der Steuerbus (Elektronik), der Kontrollbus
control character das Steuerzeichen, das Funktionszeichen
control check die Steuerungskontrolle
control circuit die Steuerungsschaltung (Elektronik)
control code das Steuerungszeichen (Software)
control console die Steuerungskonsole, das Bedienungspult (Hardware)
control counter der Befehlszähler (Bestandteil des Mikroprozessors)
control cycle der Steuerzyklus
control digit test die Kontrollziffernprüfung (z.B. Paritätsprüfung)
control engineering die Regelungstechnik, die Steuerungstechnik
control field das Kontrollfeld (Software)
control hierarchy die Gruppenanordnung
control instruction die Steueranweisung (Software)
control key die Funktionstaste
control memory der Steuerspeicher
control organ das Stellglied
control panel das Bedienungsfeld, die Schalttafel (Hardware)
control position das Steuerpult (Hardware)
control program das Steuerprogramm (Software)
control quantity die Führungsgröße (Elektronik)
control register das Befehlsregister
control section der Überwachungsteil
control sequence der Befehlsablauf
control station die Leitstation
control system das Regelsystem
control total die Abstimmungssumme
control unit das Steuerwerk, die Steuereinheit (Hardware)
control value der Kontrollwert
control variable die Steuervariable
control word das Leitwort
controlled system die Regelstrecke
controlled variable die Regelgröße
controller der Controller (Hardware), die Kontrolleinheit, der Aufseher
controlling element das Stellglied
convenience outlet die Netzsteckdose
conventional equipment das handelsübliche Gerät (Hardware)
converge konvergieren, zusammenlaufen
convergence die Konvergenz (Mathematik, Elektronik)
convergency die Konvergenz
convergent series die konvergierende Reihe (Mathematik)
conversational dialogorientiert
conversational language die Dialogsprache
conversational mode der Dialogbetrieb
conversion die Umwandlung, die Konvertierung
conversion program das Umsetzungsprogramm (Software)
conversion time die Umwandlungszeit
conversion unit die Umsetzungseinheit
conversional mode der Dialogbetrieb
convert umwandeln, konvertieren, umformen
converter der Wandler, der Umformer (Elektronik)
convex konvex

convey information Informationen übertragen
conveying error der Übertragungsfehler
conveyor belt das Förderband (Mechanik)
cooling die Kühlung
cooling plant das Kühlaggregat
cooper Kupfer, kupfern
cooperative zusammenwirkend
Cooperative Computing Überbegriff für das gruppenbezogene Arbeiten am Computer
coordinate die Koordinate, koordinieren
coordinate setting die Punktsteuerung
coplanar vectors die Vektoren in einer Ebene (Mathematik)
coprocessor der (mathematische) Koprozessor (Hardware)
copy die Kopie, kopieren, umspeichern
copy protect der Kopierschutz (gegen unerlaubtes Vervielfältigen von Software)
copyright das Urheberrecht, das Vervielfältigungsrecht
cordless schnurlos (z.B. Infrarotmaus)
core der Kern (z.B. des Betriebssystems)
core primitives die Grundfunktionen
CorelDraw Name eines Grafikprogrammes (Software)
corememory der Kernspeicher (Hardware), veraltete Bezeichnung für Hauptspeicher
correct korrekt, richtig, korrigieren
correct for deviations die Abweichungen korrigieren
correcting signal das Korrektursignal
correction data die Berichtigungsdaten
correctness die Richtigkeit
correlation function die Korrelationsfunktion (Mathematik)
corrode die Korrosion, das Ätzen
corruption die Korruption (Spieltheorie)
cosine der Kosinus (Mathematik)

cosine law der Kosinussatz (Mathematik)
cosine wave die Kosinuswelle, die Kosinusspannung (Elektronik)
cost der Preis, die Kosten, kosten
cost-price der Einkaufspreis, der Selbstkostenpreis
costing die Kostenberechnung
cotter der Splint, der Querkeil (Mechanik)
counsel der Ratschlag
count die Rechnung, die Zahl, die Zählung, der Zählerstand, zählen
count direction die Zählrichtung
counter der Zähler, der Schalter
counter chart die Zählertabelle
counter preset die Zählervoreinstellung
counter reset die Zählernullstellung, die Rückstellung
counter resetting die Zählernullstellung, die Zurückstellung
counter storage der Speicherzähler
counterbalance das Gegengewicht, ausgleichen
counterclockwise im Gegenuhrzeigersinn
countermove die Gegenmaßnahme
counterpart das Gegenstück
counterpoise das Gegengewicht, das Gleichgewicht halten
countersink ausfräsen, versenken (z.B. den Schraubenkopf)
counterweight das Gegengewicht
counterwork entgegenarbeiten
counting chain die Zählkette
counting operation der Zählvorgang
couple kuppeln, ankoppeln (Mechanik)
coupled circuit der gekoppelte Schaltkreis (Elektronik)
coupling die Ankopplung, die Kupplung (Mechanik)
cover der Deckel, der Umschlag, abdecken
cover plate die Abdeckplatte
CP/M (Control Program for Microcomputer) Name eines

Betriebssystems für 8-Bit-Prozessoren (Software)
cpi (characters per inch) die Anzahl der Zeichen pro Zoll (Schreibdichte)
cps (characters per second) die Anzahl der Zeichen pro Sekunde (Übertragungsgeschwindigkeit)
CPU (Central Processing Unit) die Zentraleinheit, der Prozessor (Hardware)
CR (Carriage Return) der Wagenrücklauf, der Übergang zur nächsten Zeile, die Returntaste
cramp die Klammer, die Krampe (Mechanik), verklammern, hemmen
crank verdreht, verbogen, die Kurbel
crank shaft die Kurbelwelle (Mechanik)
crash der Absturz, der Zusammenbruch (eines Systems)
cray on der Zeichenstift, zeichnen
create erschaffen, erzeugen
creel das Gestell (Mechanik)
crest amplitude die Spitzenamplitude (Elektronik)
cripple stillegen (ein Gerät)
crippleware Name für stark eingeschränkte Programme (Software)
criterion das Kriterium (Mathematik)
cross das Kreuz, sich kreuzen
cross hairs das Fadenkreuz
cross reference der Querverweis
cross talk das Übersprechen (Elektronik)
cross-compiler ein Compiler (zur Codeerzeugung eines anderen Systems)
cross-section der Querschnitt
crossfooting das Querrechnen
crosslinked file die querverbundene Datei (nicht mehr eindeutig zuzuordnen)
cryogenic store der supraleitende Speicher (Hardware)
cryptographic device das Verschlüsselungsgerät (Hardware)

crystal diode die Kristalldiode (Elektronik)
cubage der Rauminhalt (Mathematik)
cube der Würfel, der Kubus, in die dritte Potenz erheben (Mathematik)
cubic equation die Gleichung dritten Grades, die kubische Gleichung (Mathematik)
cubic parabola die Parabel dritten Grades, die kubische Parabel (Mathematik)
cubic root die Kubikwurzel, die dritte Wurzel (Mathematik)
cubic, cubical würfelförmig, kubisch
cue der Hinweis, der Aufruf
cumulative sich anhäufend, sich aufhäufen
cumulative frequency die Summenhäufigkeit (Statistik)
cumulative frequency curve die Summenkurve (Statistik)
cuneiform keilförmig
current der elektrische Strom, umlaufend, laufend
current density die Stromdichte (Elektronik)
current drain der Stromverbrauch (Elektronik)
current generator die Stromquelle (Elektronik)
current impulse der Stromstoß (Elektronik)
current junction der elektrische Anschluß
current publication die Neuerscheinung
current pulse der Stromimpuls (Elektronik)
cursive kursiv, die Schrägstift
cursor der Cursor, die Schreibmarke
curvature die Krümmung einer Kurve (Mathematik)
curve die Kurve, die Krümmung, sich krümmen, biegen
curve plotter der Kurvenschreiber (Hardware)
curve tracing die Kurvendiskussion (Mathematik)

cushion das Kissen, abfedern
cusp die Spitze (Mathematik)
custom made die Sonderanfertigung
custom tailored auf den Kunden zugeschnitten, die Sonderanfertigung
customize anpassen
cut-off frequence die Grenzfrequenz (Elektronik)
cut-out die Sicherung, der Ausschalter (Elektronik)
Cutter Location Data Name einer Programmiersprache zur Werkzeugmaschinensteuerung (Elektronik)
cutting plane die Schnittebene (Mathematik)
cybernetics die Kybernetik
cyberspace die künstliche Computerwelt
cycle der Zyklus, die Periode, die Folge, der Arbeitsgang
cycle counter der Schleifenzähler (Programmschleife)
cycle delay die Gangverzögerung (zur Drehzahlregulierung)
cycle index die Zyklenzahl
cycle index counter der Schleifenzähler
cycle off schrittweise abschalten
cycle time die Zykluszeit
cyclic process der zyklische Vorgang
cyclic redundancy check die zyklische Blockprüfung (CRC-Fehlererkennungsverfahren)
cyclical zyklisch
cycloide die Zykloide (Mathematik)
cylinder der Zylinder (z.B. Festplattenzylinder)
cylindric zylindrisch
cylindrical coordinates die zylindrischen Koordinaten (Mathematik)
cylindrical function die zylindrische Funktion (Mathematik)
cyrillic character das kyrillische Zeichen
Cyrix Name eines Hardwareherstellers (Mikroprozessor)

D

dactylogram der Fingerabdruck
daisy chain die Verkettung
daisy wheel printer der Typenraddrucker (Hardware)
damage der Schaden, schädigen
damageable leicht zu beschädigen
damp feucht, dunstig, die Feuchtigkeit
damp-proof feuchtigkeitsbeständig
danger die Gefahr
danger-signal das Notsignal
dangerous gefährlich
dank feucht
dark dunkel, verdunkeln, die Dunkelheit
dash der Schlag, schlagen
data die Daten, die Angaben, die Tatsachen, die Unterlagen
data acquisition die Datenerfassung
data address die Operandenadresse, die Datenadresse
data administration die Datenerfassung
data bank die Datenbank (Software)
data base die Daten einer Datenbank (Software)
data base access der Datenbankzugriff, die Abfrage
data base key der Datenbankschlüssel (Software)
data base management die Datenbankverwaltung (Software)
data base system das Datenbanksystem (Software)
data block der Datenblock (Software)
data boundary die Datengrenze
data buffer der Datenpuffer (Zwischenspeicher)
data bus der Datenbus (Hardware)
data capture die Datenerfassung
data carrier der Datenträger (z.B. Diskette)
data cartridge die Datenkassette (Massenspeicher)
data category die Datenkategorie
data center das Rechenzentrum

data chain die Datenkette (Software)
data chaining die Datenverkettung (Software)
data channel der Datenkanal
data circuit equipment die Datenübertragungseinrichtung (Hardware)
data collection die Datenerfassung
data communication die Datenübertragung
data communication network das Datenübertragungsnetz (Hardware)
data compaction die Datenverdichtung
data compatibility die Datenkompatibilität
data compression die Datenkompression
data control word das Datenkontrollwort
data description die Datenbeschreibung
data dictionary das Datenverzeichnis (Software)
data directory das Datenadreßverzeichnis
data display unit die Datensichtstation, das Terminal (Hardware)
data element das Datenelement
data encryption die Wissenschaft der Datenverschlüsselung
data exchange der Datenaustausch
data exchange format das Datenaustauschformat (DXF)
data field das Datenfeld
data file die Datei (Software)
data flow chart der Datenflußplan
data format das Datenformat, die Datenstruktur
data gathering die Datenerfassung
data handling die Datenverarbeitung
data hierarchy die Datenhierarchie
data highway die Datenleitung
data input die Dateneingabe
data integrity die Datenintegrität (ständige Aktualisierung veränderter Datenbestände)
data library die Datenbibliothek (Software)
data line die Datenleitung (Elektronik)
data link die Datenverbindung (Software)
data logging die Datenaufzeichnung
data loss der Datenverlust
data management die Datenverwaltung
data manipulation die Datenmanipulation
data medium der Datenträger (z.B. die Diskette)
data module das Datenmodul
data module drive das Datenmodullaufwerk
data network das Datennetzwerk
data organization die Datenorganisation
data output die Datenausgabe
data path der Datenpfad
data pen der Lesestift (Hardware)
data preparation die Datenaufbereitung
data presentation die Datendarstellung
data processing die Datenverarbeitung
data processing equipment das datenverarbeitende Gerät (Hardware)
data processing expert der Datenverarbeitungsexperte
data processing machine die Datenverarbeitungsanlage (Hardware)
data processing system das Datenverarbeitungssystem (Hardware und Software)
data protection der Datenschutz
data rate der Datenfluß
data recording die Datenerfassung, die Datenaufzeichnung
data recording medium das Datenaufzeichnungsmedium
data reduction die Datenreduktion (Verminderung des Volumens)
data security die Datensicherung, die Datensicherheit

data security officer
der Datenschutzbeauftragte
data sheet das Datenblatt
data sink die Datensenke (Ziel einer Datenübertragung, Empfänger)
data source die Datenquelle (Sender)
data station die Datenstation (Hardware)
data storage position der Datenspeicherplatz
data structure die Datenstruktur
data terminal das Terminal, die Datenendstation (Hardware)
data terminal equipment die Datenendeinrichtung (z.B. das Terminal)
data transducer der Datenwandler
data transfer die Datenübertragung
data transfer rate die Transfergeschwindigkeit, die Übertragungsgeschwindigkeit
data translator der Code-Umsetzer
data transmission die Datenübertragung
data type der Datentyp
data unit die Dateneinheit
data word das Datenwort
DataEase Name eines Datenbankprogrammes (Software)
DataMaker Name eines Datenbankprogrammes (Software)
date das Datum, datieren
datum die Einzelheit, die Angabe
day der Tag, der Termin
daylight das Tageslicht
daylight saving time die Sommerzeit
daytime die Tageszeit
daytimes tagsüber
dBASE Name eines Datenbankprogrammes (Software)
deactivate deaktivieren
dead tot, matt, blind, glanzlos, gänzlich, völlig, total
dead beat oscillation die aperiodische Schwingung (Elektronik)
dead end die Sackgasse, unvorhersehbares Programmende

dead space der ungenutzte Raum (z.B. auf einer Diskette)
dead time die ungenutzte Zeit
deadlock die gegenseitige Blockierung (von Programmen), der Stillstand
deal der Teil, die Menge, das Geschäft, handeln, austeilen
deallocate freigeben
debounce entprellen (Tasten)
debug program, debugger das Fehlersuchprogramm (Software)
debugging die Fehlerbeseitigung
debugging aids die Fehlersuchhilfen (Software)
decade die Dekade (Mathematik), das Jahrzehnt
deceleration die Verzögerung
deceleration time die Verzögerungszeit
decimal dezimal, die Dezimalziffer
decimal digit die Dezimalziffer
decimal floating point der dezimale Gleitpunkt (Komma)
decimal fraction der dezimale Bruch (Mathematik)
decimal notation die dezimale Schreibweise
decimal number die dezimale Zahl
decimal point der Dezimalpunkt (Komma)
decimal system das Dezimalsystem
decimal to binary conversion die Dezimal-binär Umwandlung
decipher entziffern, dechiffrieren
decision die Entscheidung, der Entschluß, der Beschluß
decision box die Entscheidungsbox (Programm), das Entscheidungsfeld
decision feedback die Rückmeldung
decision instruction der Entscheidungsbefehl (Software)
decision making ability die Entscheidungsfähigkeit
decision making game das Entscheidungsspiel
decision table die Entscheidungstabelle (Mathematik)

declaration die Erklärung, die Vereinbarung
declutch auskuppeln (Mechanik)
decode dekodieren
decoder der Dekodierer
decoder matrix die Dekodiermatrix
decoding die Dekodierung
decompress dekomprimieren (von Datenbeständen)
decompression die Dekomprimierung (von Datenbeständen)
decontaminate entgiften
decoupling circuit die Trennstufe (Elektronik)
decrease die Abnahme, abnehmen
decrement die Verminderung, das Dekrement (Mathematik), die Abnahme
dedicated fest zugeordnet
dedicated server zugeordnete Server (z.B. Druckerserver, DFÜ-Server usw.)
dedicated system das Anwendersystem, das individuell zugeschnittene System
default die Voreinstellung
default value der Ausgangswert, die Voreinstellung
defect der Mangel, der Fehler
defective unbrauchbar, fehlerhaft, schadhaft,
deficient mangelhaft, unzureichend
deficiency die Unzulänglichkeit, der Mangel
deficit der Fehlbetrag
definable erklärbar, bestimmbar
definite genau, bestimmt, deutlich
definite integral das bestimmte Integral (Mathematik)
definition die Definition, die Begriffsbestimmung
definitive bestimmt, entscheidend, endgültig
deflect abweichen, ablenken
deflection die Ablenkung, die Abweichung
deflection coil die Ablenkspule (an der Kathodenstrahlröhre)

deflection plate die Ablenkplatte (an der Kathodenstrahlröhre)
deflection voltage die Ablenkspannung (an der Kathodenstrahlröhre)
degaussing das Entmagnetisieren des Bildschirms (Elektronik)
degenerative feedback die Gegenkopplung (Elektronik)
degrade herabsetzen, verringern
degree der Grad
dehydrated trocken
deinstall entfernen von zuvor installierter Software (z.B. auf der Festplatte)
delay die Verzögerung, verzögern
delay circuit die Verzögerungsschaltung (Elektronik)
delay distortion die Laufzeitverzerrung
dele das Tilgungszeichen, tilgen
delete streichen, tilgen, löschen
delete sentry die Löschverfolgung (Methode von MS-DOS)
deletion record das Löschregister
delimit abgrenzen
delimitation die Abgrenzung
delimiter das Trennsymbol
delinerate entwerfen, zeichnen
delineration der Entwurf, die Schilderung
Deluxe Paint Name eines Grafikprogrammes (Software)
demagnetization die Entmagnetisierung (Elektronik)
demagnetize demagnetisieren (Elektronik)
demand das Verlangen, die Forderung, der Bedarf, verlangen
demolition die Zerstörung
demonstrative anschaulich
demountable auswechselbar
denotation die Bezeichnung, die Bedeutung
density die Dichte, die Schreibdichte, der Kontrastwert
department die Abteilung
depend abhängen

dependability die Zuverlässigkeit
dependable zuverlässig, betriebssicher
deposit ablegen
deposition die Ablagerung, das Lager
depot das Depot
depress niederdrücken, herabdrücken
depression die Schwäche
derangement die Unordnung
derivable ableitbar, herleitbar
derivation die Ableitung, die Herkunft
derivative die Ableitung, der Differentialquotient (Mathematik)
derive herleiten (Mathematik)
derogation die Beeinträchtigung
descending sequence die absteigende Folge
describe beschreiben
descriptive literature beschreibende Literatur
descriptor der Deskriptor (Mathematik)
desicate trocknen
design konstruieren, bemessen, zeichnen, entwerfen, der Plan, der Entwurf, die Konstruktion
designation die Bezeichnung, die Benennung
designer der Zeichner, der Konstrukteur
DesignJet Name eines Plottermodells der Fa. HP (Hardware)
desired value der Sollwert
desk der Schreibtisch
DeskJet Name eines Tintenstrahldruckers der Fa. HP (Hardware)
desktop publishing der „Schreibtisch-Verlag", das Layouten am Bildschirm (DTP)
desktop terminal das Schreibtisch-Terminal (Hardware)
desktop-manager der Desktop-Manager (Windows)
despatch die Abfertigung
destination der Bestimmungsort, das Ziel

destroy zerstören, löschen (Daten)
destructive zerstörend
destructive read das zerstörende Lesen (von Daten)
destructive readout das zerstörende Auslesen (Speicher)
detach freigeben, loslösen, trennen, absondern
detachable abnehmbar, abtrennbar, ablösbar
detail die Einzelheit, das Detail, genau darstellen
detect entdecken, finden
detection die Entdeckung, die Gleichrichtung (Elektronik)
detergent das Reinigungsmittel, reinigend
determinable bestimmbar
determinant bestimmend, das Bestimmende
determinate bestimmt, entschieden, festgesetzt
determination die Bestimmung
determinative bestimmend, einschränkend
detour der Umweg (z.B. im Netzwerk)
devaluation die Abwertung
devalue abwerten
develop entwickeln, entfalten
developer der Entwickler
development die Entwicklung, die Erweiterung, der Ausbau
development system das Entwicklungssystem (Hardware, Software)
development time die Entwicklungszeit
deviate abweichen
deviation die Abweichung, die Ablenkung
device das Gerät, die Vorrichtung, der Plan, der Einfall
device driver der Gerätetreiber (Software)
diagnose diagnostizieren
diagnostic routine die Diagnose-Routine (Software)

diagonal diagonal, die Diagonale
diagram das Diagramm, die grafische Darstellung
diagrammatic schematisch
dial pulse der Wählimpuls (Telefon)
dial-tone der Amtston, das Amtszeichen (Telefon)
dialect der Dialekt
dialogue der Dialog, das Gespräch
dialtone der Wählton (Telefon)
diameter der Durchmesser
dictate die Vorschrift, das Diktat, vorschreiben
diction der Stil, die Ausdrucksweise
dictionary das Wörterbuch
dielectric nicht elektrisch
differ sich unterscheiden
difference der Unterschied
differentia das charakteristische Merkmal
differential unterscheidend, das Differential (Mathematik)
differential analyser der Differentialrechner
differential backup Methode zur Datensicherung ausgewählter Dateien
differential calculus die Differentialrechnung (Mathematik)
differential equation die Differentialgleichung (Mathematik)
difficult schwierig
difficulty die Schwierigkeit
diffractrion die Strahlenbrechung (Optik)
diffuse sich verbreiten, zerstreuen
digest ordnen, die Übersicht
digester der Ordner
digit die Ziffer, die Fingerbreite
digit emitter der Impulsgeber (Elektronik)
digit key die Zifferntaste (Mechanik)
digit position die Ziffernstelle
digital digital (im Gegensatz zu analog)
digital analogue converter der Digital-analog-Umsetzer (Elektronik)
digital cassette die Digitalkassette (zur digitalen Aufzeichnung)
digital computer der Digitalcomputer (Hardware)
digital display die Digitalanzeige
digital image data die Rasterdaten
digital keyboard das Zifferntastenfeld
digital process computer der digital arbeitende Prozeßrechner
digital recorder das Aufzeichnungsgerät für digitale Daten
digital representation die digitale Darstellung
Digital Research Name eines Soft- und Hardwareherstellers
digital test equipment das digitale Testgerät
digital to analog converter der Digital-analog-Umsetzer (Elektronik)
digital transducer der Digitalwertwandler (Elektronik)
digitalize, digitize digitalisieren, in digitale Werte umwandeln
digitization die Digitalisierung
digitized image das Rasterbild
digitizer der Analog-digital-Wandler, das Digitalisiertablett (Hardware)
dilatation die Ausdehnung
dilution die Verdünnung
dimension das Ausmaß, die Dimension, die Abmessung
dimensionless quantity die dimensionslose Größe (Mathematik)
diminish vermindern
diminution die Verminderung
diode die Diode (Elektronik)
dioptric die Dioptrie, die Lichtbrechungseinheit (Optik)
DIP switch (dual inline package switch) DIP-Schalter, Name einer Miniaturschalterbauart (mit zwei Pin-Reihen)
diploma das Diplom
dipole modulation die nichtpolarisierte Aufzeichnung (Elektronik)

direct direkt, gerade, unmittelbar, richten, lenken, steuern
direct access der unmittelbare Zugriff (Speicher)
direct access memory der Direktzugriffsspeicher (Hardware)
direct access method die Direktzugriffsmethode
direct addressing die unmittelbare Adressierung
direct call der Direktruf
direct current der Gleichstrom (Elektronik)
direct drive der Direktantrieb (Mechanik)
direct memory access der unmittelbare Speicherzugriff
direction die Richtung
direction code die Richtungsinformation
directive die Anweisung, die Direktive, die Richtlinie, richtungsweisend
directory das Inhaltsverzeichnis (z.B. einer Diskette)
directory path der Verzeichnispfad (Software)
disability die Unfähigkeit
disable sperren, unbrauchbar machen
disabled gesperrt
disaccord, disagree nicht übereinstimmen
disagreement die Verschiedenheit
disallow ablehnen
disarrange in Unordnung bringen
disarrangement die Unordnung
disassembler der Disassembler (Software)
disassembly das Auseinandernehmen (einer Baugruppe)
disburden entlasten
disc die Scheibe, die Diskette, die Festplatte (Kurzform)
discard löschen
discernible unterscheidbar
discharge entladen, löschen, die Entladung, das Löschen (Elektronik)

discolor sich verfärben, verfärben
discoloration die Verfärbung
disconnect trennen, abstellen, auskuppeln (Mechanik)
disconnection die Trennung, die Auskuppelung (Mechanik)
discontinuance die Unterbrechung
discontinuity die Leitungsunterbrechung, die Unstetigkeitsstelle (Mathematik)
discontinuous function die unstetige Funktion (Mathematik)
discount der Abzug, der Rabatt
discourse die Abhandlung
discover entdecken
discovery die Entdeckung
discrete getrennt
discrete message die Einzelnachricht
discrete number die diskrete Zahl, die ganze Zahl**discrimination instruction** der Entscheidungsbefehl (Software)
disencumber entlasten
disengage loskuppeln, losmachen, sich lösen (Mechanik)
disengaged frei, gelöst
disintegrate sich in seine Bestandteile auflösen, zersetzen
disjunction die Disjunktion, die ODER-Funktion
disk die Platte, die Diskette (Kurzform)
disk change memory der Wechselplattenspeicher (Hardware)
disk directory das Diskettenverzeichnis, das Festplattenverzeichnis (Software)
disk drive das Diskettenlaufwerk, das Festplattenlaufwerk (Hardware)
disk duplexing die Plattenverdoppelung, doppelte Auslegung der Festplatte zur Datensicherheit
disk format das Diskettenformat (Größe und Kapazität der Diskette sowie die Art der Datenspeicherung)
disk mirroring die Festplattenspiegelung (zwei Festplatten mit identischem Inhalt)

disk operating system das Diskorientierte Betriebssystem (Software)
disk pack der Plattenstapel (Festplatten)
disk patch der Plattenstapel (Festplatten)
disk storage der Plattenspeicher (Festplatten)
diskette die Diskette (Massenspeicher)
diskless station die laufwerklose Station (Hardware)
dislocate verlagern
dislocation die Verlagerung
dismantle unbrauchbar machen
dismember zergliedern
dismount abmontieren, auseinandernehmen
disorder in Unordnung bringen
dispart kalibrieren, eichen
dispatch die Abfertigung, abfertigen, erledigen
dispatching priority der Zuteilungsvorrang
dispersion plan der Verteilungsplan
displace verrücken, verschieben
displacement der Ersatz (eines Bauteils)
displacement address die Distanzadresse
display die Anzeige, anzeigen, entfalten
display device das Anzeigegerät, die Anzeigeeinrichtung (Hardware)
display driver der Bildschirmtreiber (Software)
display register das Anzeigeregister
display unit die Anzeigeeinheit, das Terminal (Hardware)
disposable verfügbar
disposal die Anordnung, die Verteilung
dispose verteilen, ordnen, veranlassen
disposition die Anordnung, die Disposition
disproportion das Mißverhältnis
disproportionate unverhältnismäßig
disregard unbeachtet lassen, mißachten

disrupt zerreißen
dissect aufgliedern, zerlegen
dissection die Aufgliederung, die Zerlegung
dissertation die Abhandlung
disservement die Trennung
disservice der schlechte Dienst, der Nachteil
dissipation der Leistungsverlust (Elektronik)
dissolvable lösbar
dissolve lösen, schmelzen
dissolvent das Lösungsmittel
distance der Abstand, die Entfernung
distance controlled ferngesteuert
distend ausdehnen
distention die Ausdehnung
distinction die Unterscheidung, der Unterschied
distinguish unterscheiden
distort verdrehen, verzerren, verziehen
distribute verteilen
distribution code der Verteilungscode
disturb signal das Störsignal (Elektronik)
disturbance die Störgröße, die Störung (Elektronik)
disuse der Nichtgebrauch, nicht mehr gebrauchen
dithering die Rasterung (z.B. eines Bildes)
divaricate sich gabeln, abzweigen
diverge abweichen
divergence die Divergenz (Mathematik), die Abweichung
divergent abweichend
divergent series die divergierende Reihe (Mathematik)
diversify verschieden machen
divide teilen, trennen, verteilen
division die Teilung, die Division (Mathematik), die Verteilung
division register das Divisor- Register
divisor der Teiler, der Divisor (Mathematik)
do nothing instruction der Leerbefehl (Software)

docket

docket der Inhaltsvermerk
docking station der stationäre Teil eines PC-Systems zur Aufnahme eines Laptops (Hardware)
doctrinal die Lehre betreffend
document das Dokument, das Schriftstück, die Urkunde
document reader der Formularleser, der Belegleser (Hardware)
documentation die Dokumentation
domain der Bereich, die Domäne, das Gebiet
dome der Deckel (Mechanik)
dominate beherrschen
dongle der Kopierschutzstecker (Hardware)
dope die Schmiere, der Lack, lackieren
DOS (disk operating system) das disk-orientierte Betriebssystem (Software)
dose die Dosis
dossier die Akte
dot der Punkt
dot command der Punktbefehl (Software)
dot matrix printer der Punktmatrixdrucker, der Nadeldrucker (Hardware)
dot pitch der Punktabstand
dots per inch die Punkte pro Zoll (dpi), Maß der Zeichendichte
dotty verdreht
double doppelt, gepaart, verdoppeln
double bit das Doppelbit
double density die doppelte (Schreib-)Dichte (DD)
double eXtension die doppelte Auslegung (DX), z.B. von Datenleitungen
double integral das Doppelintegral (Mathematik)
double precision die doppelte Genauigkeit
double precision number die Zahl mit doppelter Genauigkeit (doppelter Wortlänge)
double sampling die doppelte Prüfung
double sided zweiseitig, doppelseitig (DS)
double-entry bookkeeping die doppelte Buchführung
DoubleSpace Name einer Komprimierungssoftware (MS-DOS)
doublespeed die doppelte (Umdrehungs-)Geschwindigkeit
doubling die Verdoppelung
dowel der Dübel (Mechanik)
down time die Ausfallzeit
down-state der Zustand "Null"
downgrade herunterstufen
download das Empfangen von Daten (z.B. von einer Mailbox)
downloading das Herunterladen (von Daten eines anderen Rechners)
downsizing das Verlagern von Anwendungen eines Großrechners auf den PC
draft die Schnellschrift (eines Druckers)
drag & drop ziehen und fallenlassen (von Text- oder Bildelementen unter Windows)
drain trockenlegen, der Abfluß
drawer der Zeichner
drawing die Zeichnung
drift die kontinuierliche Abweichung vom Sollwert, die Drift, abtreiben
drive das Laufwerk, der Antrieb, das Getriebe, antreiben, fahren, lenken (Mechanik)
drive capstan die Antriebsrolle (Mechanik)
drive capstan flywheel die Schwungmasse der Antriebsrolle (Mechanik)
drive current der Ansteuerungsstrom (Elektronik)
drive pulse der Ansteuerungsimpuls (Elektronik)
drivecard Name für die Bauart eines Festplattenlaufwerkes auf einer Steckkarte (Hardware)
driver der Treiber, das Treibrad, der Mitnehmer (Mechanik)
drop der Spannungsabfall (Elektronik)

drop out stromlos werden, der Signalausfall (Elektronik)
drop out voltage die Abfallspannung (Elektronik)
drop-down menu das herunterfallende Menü (vom Bildschirmrand)
drop-in signal das Störsignal (Elektronik)
dropout der Ausfall eines Bits (auf einem magnetischen Speicher)
dropping resistor der Vorschaltwiderstand (Elektronik)
drum die Trommel, die Walze (Mechanik)
drum memory der Trommelspeicher (Hardware)
drum-type printer der Typenwalzendrucker (Hardware)
dry trocken
dry copier der Trockenkopierer (Hardware)
dry copy die Trockenkopie
DTP (desktop publishing) der „Schreibtisch-Verlag", das Layouten am Bildschirm.
dual inline package Name einer Chipbauart (mit zwei Pin- Reihen)
dualportet Bauart von Speicherchips mit getrenntem Ein- und Ausgang
ductile dehnbar
ductility die Dehnbarkeit
dummy die Attrappe, die Kulisse, der Schein
dummy fuse die Blindsicherung (Elektronik)
dummy instruction der Blindbefehl (Software)
dummy plug der Blindstecker (Hardware)
dummy statement die Leeranweisung (Software)
dump der Auszug, der Speicherauszug, abschalten
dump terminal das nicht intelligente Terminal (Hardware)
duplex communication der Duplexverkehr, die Datenübertragung im Gegenverkehr
duplex operation der Duplexbetrieb
duplex transmission der Gegenbetrieb
duplexing Name eines Verfahrens zur Datensicherung (mit doppelter Vorhaltung von Daten)
duplicate duplizieren, doppelt, das Duplikat
duplicating das Verdoppeln, das Duplizieren
dust core der Magnetkern (Hardware)
dust tight staubdicht
dusty staubig
dwell time die Ruhezeit
dwindle schwinden, abnehmen
dwindling der Schwund, die Abnahme
dyadic operation die Operation mit zwei Operanden
dynamic dynamisch, kraftgeladen, die Triebkraft
dynamic data exchange der dynamische Datenaustausch (DDE), Verfahren unter Windows
dynamic memory der dynamische Speicher
dynamic storage die dynamische Speicherung (im Gegensatz zur statischen)
dynamic subroutine das dynamische Unterprogramm (im Gegensatz zum statischen)

E

early failure der frühzeitige Ausfall (eines Bauteils)
earphones der Kopfhörer
easyness die Bequemlichkeit
ebonite das Hartgummi
eccentricity die Exzentrizität (z.B. einer Scheibe), die Überspanntheit
economic ökonomisch, wirtschaftlich, sparsam
edge der Rand, die Schneide, die Schärfe

edge connector die Seitensteckverbindung (Hardware)
edgeless stumpf
edgetool das Schneidewerkzeug (Mechanik)
edit editieren, bearbeiten
edit routine die Aufbereitungsroutine (Software)
editing das Aufbereiten (von Daten)
edition die Ausgabe, die Auflage
editor der Editor (Software)
EDLIN Name eines Zeileneditors unter MS-DOS (Software)
educational software die Bildungssoftware, die Lernsoftware
eduction das Ausströmen
effect die Wirkung, die Folge, der Effekt, bewirken, ausführen
effective wirkend, nutzbar
effective address die effektive Adresse (Speicher)
effective capacity die Nutzleistung (Elektronik)
effective value der Effektivwert
effector das Steuerzeichen (Software)
efficiency die Effektivität, der Wirkungsgrad
efficient wirksam
eject auswerfen (z.B. Diskette)
ejection mechanism der Auswurfmechanismus (eines Laufwerkes)
elaborate sorgfältig ausgearbeitet
ELAN Name einer prozeduralen Programmiersprache für die Ausbildung (Educational Language)
elapsed time meter der Zeitzähler
elastic elastisch
electric elektrisch
electric delay line die elektrische Verzögerungsleitung (Elektronik)
electric resistivity die elektrische Leitfähigkeit
electric schematic diagram der Schaltplan (Elektronik)
electric typewriter die elektrische Schreibmaschine (Hardware)
electrographic inc die leitfähige Tinte
electrographic pen der Graphitstift
electrolytic capacitor der Elektrolytkondensator (Elektronik)
electromechanics die Elektromechanik
electron beam der Elektronenstrahl (Elektronik)
electron gun die Elektronenkanone (z.B. in einer Bildröhre)
electronic character sensing die elektronische Zeichenabtastung
electronic component das elektronische Bauteil
electronic counter der elektronische Zähler
electronic data interchange der elektronische Datenaustausch
electronic data processing machine die elektronische Datenverarbeitungsanlage
electronic device das elektronische Bauteil
electronic engineer der Elektronikingenieur
electronic funds transfer der elektronische Zahlungsverkehr
electronic mail die elektronische Post, die elektronische Nachricht
electronic mailbox der elektronische Briefkasten
electronic organizer der elektronische Organisator (der Computer für die Jackentasche)
electronic switch der elektronische Schalter
electrostatic memory der elektrostatische Speicher
electrostatic printer der elektrostatische Drucker
element das Element, der Bestandteil
elementary function die Elementarfunktion
ellipse die Ellipse (Mathematik)
elliptic function die elliptische Funktion (Mathematik)
elongation die Verlängerung, der Abstand

elusive one der Rückübertrag (einer Nachricht im Netz)
embed einbetten, lagern
embeded eingebettet, eingelagert
emendation die Verbesserung
emergency power supply die Notstromversorgung (Hardware)
emitter der Emitter, der Impulsgeber (Elektronik)
emitter current der Emitterstrom (am Transistor)
emoticons aus ASCII-Zeichen zusammengesetzte Smileys
empirical erfahrungsgemäß
employ das Geschäft, anwenden, verwenden
emulation die Emulation
emulator der Emulator
enable freigeben, befähigen, ermöglichen
enable pulse der Freigabeimpuls (Elektronik)
enamel das Emaille
encapsulated module das verkapselte Bauteil (Hardware)
encase einschließen, umgeben
encasement das Gehäuse
encipher entschlüsseln
encode kodieren, verschlüsseln
encoder das Kodiergerät (Hardware)
encrust verkrusten, inkrustieren
encryption die Verschlüsselung
encumber beschweren, belasten
end around carry der Rückübertrag (Mathematik)
End Of File das Dateiende (EOF)
end of file mark die Dateiendemarke (Kontrollzeichen)
end of form das Formularende
end of heading signal das Kopfende-Signal
end of line das Zeilenende (Kontrollzeichen)
end of message signal das Nachrichtenende-Signal
end of record gap die Satzlücke
end of tape das Bandende (EOT)
end play das Spiel, der Spielraum (Mechanik)
end scale der Vollausschlag (eines Anzeigeinstrumentes)
endless ohne Ende, endlos
endurance die Dauer
endwise feed die Zuführung in Längsrichtung (Mechanik)
energize einschalten, unter Strom setzen
engaged besetzt (Telefonleitung)
engine die Maschine, der Motor
engineer der Ingenieur, der Techniker
engineering die Technik, die Konstruktion
engineering constraints die technischen Grenzen
engineering deficiency der technische Mangel
engineering departement die technische Abteilung
engineering development die technische Entwicklung
engineering drawing die technische Zeichnung
engineering manhour die Ingenieurstunde
engineering solution die technische Lösung
enhance erhöhen, übertreiben
Enhanced Graphics Adapter Name eines Grafikstandards (EGA)
enkindle entzünden, entflammen
enlarge erweitern, vergrößern
ensure sichern
enter eingeben, buchen, aufnehmen
enter key die Eingabetaste, die Bestätigungstaste
entropy der mittlere Informationsgehalt
entry die Eintragung (z.B. in eine Datenbank)
enumerate aufzählen
enumeration die Aufzählung
envelope die Hüllkurve (Mathematik), der Briefumschlag
environment die Umgebung
environmental conditions die Umgebungsbedingungen

environmental requirements
die Umgebungsanforderungen
environmental testing die Prüfung
unter Umgebungsbedingungen
EPD (Electronic Data Processing)
die elektronische Datenverarbeitung
epoxy resin das Epoxidharz
EPROM (Erasable Programmable Read Only Memory)
der löschbare, programmierbare Speicherbaustein (Hardware)
Epson Name eines Hardwareherstellers
equality sign das Gleichheitszeichen (Mathematik)
equalize entzerren (Elektronik)
equate to zero gleich Null setzen (Mathematik)
equation die Gleichung (Mathematik)
equation of the locus
die Ortsgleichung (Mathematik)
equation with unknowns
die Gleichung mit Unbekannten (Mathematik)
equilateral hyperbola die gleichseitige Hyperbel (Mathematik)
equipment die Ausrüstung
equipment cabinet der Geräteschrank
equipment compatibility
die Hardwarekompatibilität
equipment dependability
die Betriebssicherheit von Geräten
equipment failure
die Betriebsstörung, der Ausfall eines Gerätes
equipment trouble die Gerätestörung
equivalence die Äquivalenz (Mathematik)
erasable memory der löschbare Speicher (Hardware)
erasable storage der löschbare Speicher (Hardware)
erase löschen, auskratzen, ausradieren
erase head der Löschkopf (eines Bandlaufwerkes)
erase signal das Löschsignal (Elektronik)
erasure die Löschung (von Daten)
erecting die Montage (Mechanik)

erroneous data die fehlerhaften Daten
error der Fehler, der Irrtum
error burst die Fehlerhäufung
error checking character das Fehlerkontrollzeichen
error code der Fehlercode (Fehlermeldung in Codeform)
error control die Fehlerkontrolle, die Fehlerkorrektur
error correcting character
das Fehlerkorrekturzeichen
error correcting code
der (selbstüberprüfende) Fehlerkorrekturcode
error correcting feature
die Fehlerkorrektureinrichtung
error correcting program
das Fehlerkorrekturprogramm
error correction die Fehlerkorrektur
error deletion by iterative transmission die Fehlerbeseitigung durch wiederholte Übertragung
error detecting die Fehlersuche, die Fehlererkennung
error estimation die Fehlerabschätzung
error indicator die Fehleranzeige
error list die Fehlerliste
error message die Fehlermeldung
error of approximation der Näherungsfehler (Mathematik)
error probability die Fehlerwahrscheinlichkeit
error protection der Schutz gegen Übertragungsfehler
error rate das Fehlerverhältnis
error recovery die Fehlerkorrektur
error signal das Störsignal (Elektronik)
error-free operation der fehlerfreie Betrieb
errorlevel der Fehlerstatus, Name einer Variablen unter MS-DOS
escape entgehen, fliehen, das Entrinnen, die Flucht
escape sequence die Escape-Sequenz (Steuerzeichen)

escape symbol das Fluchtsymbol, das Escape-Zeichen
escapement wheel das Transportrad (Mechanik)
estimation die Abschätzung (Mathematik)
Ethernet Name eines LAN-Netzwerkes
Euro-scart Name einer genormten Schnittstelle für Audio- und Videodaten (Hardware)
evaluate erproben, auswerten
evaluation die Auswertung, die Berechnung
evaluation module das Entwicklungsmodul (Software, Hardware)
evaporate verdunsten, verdampfen
evaporation die Verdunstung, die Verdampfung
even function die gerade Funktion (Mathematik)
even number die gerade Zahl
even parity die gerade Parität
even parity check die gerade Paritätskontrolle
event das Ereignis, der Vorfall
event bit das Ereignisbit
eventuality die Möglichkeit
evidence der Beweis, der Befund
evident augenscheinlich, offenbar, klar
evolution die Entwicklung
exactitude die Genauigkeit
exactly genau
exactness die Genauigkeit
example das Beispiel, das Exemplar
EXAPT Name einer Programmiersprache (Software)
exceed überschreiten
EXCEL Name eines Tabellenkalkulationsprogrammes (Software)
excel übertreffen, sich auszeichnen
exception die Ausnahme
exchange der Austausch, austauschen
exchangeable disk die Wechselplatte
exclude ausschließen
exclusive ausschließlich

exclusive address code der ausschließlich für Adressen geltende Code (Software)
exclusive OR das exklusive ODER
executable ausführbar, die Ausführbarkeit
executable program das ausführbare Programm
execute ausführen
execution die Ausführung, die Ausfertigung
execution cycle der Ausführungszyklus
execution time die Ausführungszeit
executive routine das ausführende Programm (Software)
exemplar das Muster, das Exemplar
exemplify durch Beispiele belegen
exercise die Übung, die Ausübung
exfoliate abblättern (z.B. Beschichtung)
exhalation die Ausdünstung
exhale ausdünsten
exist vorhanden sein, bestehen
exit der Ausgang (aus einem Programm)
exit hub die Ausgangsbuchse (Hardware)
expand ausbreiten, ausdehnen
expandability die Erweiterungsfähigkeit (Hardware, Software)
expanded memory der Expansionsspeicher (bestimmter Bereich des PC-Speichers)
expansion die Ausdehnung, die Ausweitung
expect erwarten
expensive teuer, kostspielig
experiment der Versuch, das Experiment
expert erfahren, geschickt, der Experte, der Fachmann
expert system das Expertensystem (Software)
expertness die Erfahrenheit
explain erklären, verständlich machen
explainable erklärbar

explanation die Erklärung
explanatory, explicative erklärend
explicit ausdrücklich, deutlich
explicit address die ausdrückliche Adresse
explicit function die explizite Funktion (Mathematik)
explode explodieren, ausbreiten, platzen
exploded veraltet, überholt
exploded view die Explosionszeichnung
exploration die Erforschung
explore erforschen
explorer der Forscher
explosion die Explosion
exponent der Exponent (Mathematik), der Erklärer
exponential distribution die exponentielle Verteilung (Mathematik)
exponential function die exponentielle Funktion (Mathematik)
expose aussetzen, belichten (Foto)
expound erklären
express ausdrücklich, deutlich
expression der Ausdruck (Mathematik)
expressly ausdrücklich
expunge tilgen, streichen
extend verlängern, ausdehnen, ausbauen
extended memory der erweiterte Speicherbereich, der Erweiterungsspeicher (spezieller Speicherbereich des PC)
extension der Namenszusatz, die Dateinamenserweiterung, der Zusatz
extension register das Zusatzregister
extension-cable das Verlängerungskabel
extent die Ausdehnung, die Weite, die Größe
external äußerlich, außerhalb befindlich, „Außen-"
external storage der externe Speicher (Hardware)

extinguish löschen
extract der Auszug
extract instruction der Substitutionsbefehl (Software)
extraction counter der Indexmarkenzähler (Software)
extraordinary außerordentlich
extreme äußerst, höchst, größt, sehr groß
extremity die äußerste Maßnahme
exudation die Ausschwitzung
exude ausschwitzen, von sich geben
eyeshot die Sehweite

F

fabricate fabrizieren
fabrication die Fabrikation
facet die Facette
facing die Verkleidung (Mechanik)
facsimile das Faksimile, das Telefax, die genaue Nachbildung
facsimile equipment das Telefaxgerät
fact die Tatsache, der Tatbestand
factitious nachgemacht, künstlich
factor der Faktor, der Einfluß
factorial n die n-Fakultät (Mathematik)
factorial notation die Fakultätsdarstellung (Mathematik)
factoring das Ausmultiplizieren (Mathematik)
factory accounting die Betriebsabrechnung
factory accounting department die Betriebsbuchhaltung
faculty die Fähigkeit
fade verblassen, verklingen, schwinden
fade down abblenden
fade margin der Regelbereich (Elektronik)
fade up aufblenden
fail fehlen, mangeln, fehlschlagen

fail safe system das ausfallsichere (störungssichere) System
failing der Fehler (in der Hardware)
failure der Ausfall, das Fehlen, das Versagen
failure curve die Ausfallkurve
failure free operation der störungsfreie Betrieb
failure histogram das Ausfallhistogramm
failure rate die Ausfallrate
fallback der Rückfall (zu einer geringeren Übertragungsgeschwindigkeit)
false falsch, unwahr, unrichtig
false drop die Fehlantwort
false position die Fehleinstellung
falsification die Verfälschung, die Fälschung
family of curves die Kurvenschar (Mathematik)
fan der Ventilator, der Fächer
fan-fold paper das (zickzackgefaltete) Endlospapier
fanner der Ventilator
fast access memory der Schnellzugriffsspeicher (Hardware)
fast mode der Schnellauf
fast to light lichtecht
fasten befestigen, anheften
fastness die Festigkeit
fatal verhängnisvoll
fatal error der schlimme Fehler, der schwerwiegende Fehler
fault der Defekt, die Störung, der Fehler
fault finding das Auffinden von Fehlern
fault interrupt routine das Fehlerbehandlungsprogramm (Software)
fault isolation die Eingrenzung eines Fehlers
fault liability die Störanfälligkeit
fault-tolerance die Fehlertoleranz
faulted line die gestörte Leitung
faultiness die Fehlerhaftigkeit
faultless fehlerfrei
faulty fehlerhaft, mangelhaft
fax das Faksimile, das Telefax, die genaue Nachbildung
fax board die Faxkarte, Hardwareerweiterung für den PC
feasibility die Durchführbarkeit
featheredge die scharfe Kante (Mechanik)
feature die besondere Eigenschaft, das Merkmal, die Besonderheit
feature connector Name eines Interfaces (zur Mischung zweier Videosignale)
feature flexibility die Anwendungsflexibilität
feature recognition die Merkmalerkennung
feed die Zuführung, der Vorschub (Mechanik), zuführen
feed holes die Führungslöcher (z.B. beim Endlospapier)
feedback die Rückkopplung (Elektronik)
feedback control system das Regelsystem
feedback loop die Rückführungsschleife
feeder die Zuführungsvorrichtung (Mechanik)
feeding cycle der Zuführungszyklus
female screw die Schraubenmutter (Mechanik)
fender die Schutzvorrichtung, das Schutzblech
ferrit core der Ferritkern (Elektronik)
ferrit rod der Ferritstab (Elektronik)
ferruginous eisenhaltig
ferrule die Zwinge (Mechanik)
fetch der Abruf
fetch cycle der Abrufzyklus
fiber optic light pipe der Glasfaser-, Lichtwellenleiter
fiber optics die Glasfaser, das Glasfaserkabel (zur Datenübertragung)
FidoNet Name eines Rechnernetzes
field das Feld, das Datenfeld

field definition die Feldbegrenzung (Datenfeld)
field installation die Installation vor Ort
field line die Kraftlinie (Elektronik)
field of application das Anwendungsgebiet
field selection die Feldauswahl
field specification die Feldspezifikation
field strength die Feldstärke (Magnetfeld)
field test der Feldtest, die Einsatzerprobung
field use der praktische Einsatz
figure die Ziffer, die Abbildung, die Zahl, das Bild
filament der Heizfaden (Elektronik)
filament voltage die Heizspannung (Elektronik)
file die Datei, die Kartei, einordnen, zu den Akten nehmen
file allocation table die Dateizuordnungstabelle (Software)
file cabinet der Aktenschrank
file control blocks die Dateisteuerblöcke (FCB)
file folder die Akte
file locking die Blockierung einer Datei (im Netzwerk)
file maintenance die Bestandsführung
file management die Dateiverwaltung (Software)
file management system das Dateiverwaltungssystem (Software)
file mark die Abschnittsmarke
file name der Dateiname
file organisation die Dateiorganisation (Software)
file protection der Dateischutz
file protection ring der Schreibschutzring (an einer Magnetbandspule)
file searching das Durchsuchen einer Datei
file server der Datei-Server (Hardware)
file transfer die Dateiübertragung

file updating das Aktualisieren einer Datei
file wrapper die Akte
file-server der Datei-Server (Rechner im Netzwerk)
filing cabinet die Kartei
fill character das Füllzeichen
filmy hauchdünn, trüb
filter der Filter, filtern (Software, Mechanik)
filter program das Filterprogramm (Software)
final assembly die Endmontage (Mechanik)
final inspection die Endkontrolle
final result das Endergebnis
final stage die Endstufe (Elektronik)
final test die Abschlußtest
final total die Endsumme
financial statement die Gewinn- und Verlustrechnung
finder das Peilgerät (Elektronik)
finger print der Fingerabdruck
finish die bearbeitete Oberfläche, beenden, vollenden
finished product das fertige Produkt
finite progression die endliche Reihe (Mathematik)
finite series die endliche Reihe (Mathematik)
fireproof feuerfest
firmness die Festigkeit (Mechanik)
firmware die Software in einem ROM, die Firmware
first order approximation die Näherung erster Ordnung (Mathematik)
fissure der Riß, der Spalt (Mechanik), spalten
fit geeignet, passend
fitter der Monteur
fitting die Montage, passend
five impulse die Aufrundungs-Fünf (Mathematik)
fix fest, befestigen, die Klemme (Mechanik)
fixed assets das Inventar
fixed count code der

gleichgewichtige Code
fixed disk die Festplatte (Hardware)
fixed format das Festformat
fixed point das Festkomma
fixed point addition die Festkomma-Addition
fixed point calculation die Festkommarechnung
fixed point division die Festkomma-Division
fixed point multiplication die Festkomma-Multiplikation
fixed point number die Festpunktzahl (Mathematik)
fixed point operation die Festkomma-Operation
fixed point representation die Festkommadarstellung
fixed point subtraction die Festkomma-Subtraktion
fixed point system das Festkommasystem
fixed radix notation die Radixschreibweise mit fester Basis (Mathematik)
fixed record length die feste Satzlänge (bei der Datenaufzeichnung)
flag das Flag, das Kennzeichen
flagbit das Kennzeichenbit
flange der Flansch (Mechanik)
flanking channel der Nachbarkanal
flash blitzen, der Blitz, das Aufblitzen
flat bed plotter der Flachbettplotter (Hardware)
flaw der Riß, der Sprung, der Fabrikationsfehler
flexibility die Vielseitigkeit, die Biegsamkeit
flexible biegsam
flexible cable das flexible Kabel
flicker das Flimmern, das Flackern, flimmern, flackern
flickering das Flimmern
flight simulator der Flugsimulator (Software, Hardware)
flimsy das Durchschlagpapier, dünn
flipflop das Flipflop, der Flipflopspeicher, die bistabile Kippschaltung (Elektronik)
floating address die symbolische Adresse
floating point das Gleitkomma, die Fließkommazahl
floating point addition die Gleitkomma-Addition
floating point calculation die Gleitkommarechnung
floating point division die Gleitkomma-Division
floating point multiplication die Gleitkomma-Multiplikation
floating point number die Gleitpunktzahl (Mathematik)
floating point operation die Gleitkomma-Operation
floating point representation die Gleitkommadarstellung
floating point subtraction die Gleitkomma-Subtraktion
floating point system das Gleitkommasystem
floating point unit die Fließkommaeinheit, der Koprozessor
floor plan der Grundriß
floor space die Grundfläche
floppy schlapp, die Floppy-Disk
floppy disk die Floppy-Disk, die Diskette
floppy disk drive das Diskettenlaufwerk (Hardware)
floptical disk die optische Floppy
flow chart der Programmablaufplan
flow control die FlußKontrolle
flow diagram das Ablaufdiagramm
flow line die Ablauflinie
flow of information der Informationsfluß, der Datenfluß
flowchart der Ablaufplan
fluctuate schwanken
fluctuation die Schwankung
fluid flüssig, die Flüssigkeit
fluidity die Flüssigkeit
flush in gleicher Ebene, durchfluten, strömen
flux der Strom (Elektronik)

flux density die Flußdichte (Elektronik)
flux line die Flußlinie (Elektronik)
flying spot der Lichtpunkt
flywheel das Schwungrad (Mechanik)
foam der Schaum, schäumend
fold der Falz, die Falte, falzen, falten
folder der Schnellhefter, die Broschüre, die Mappe
foliated mit Folie beschichtet
folium die Blattkurve (Mathematik)
follow up file die Anschlußdatei (Software)
font die Schrift
font-cartridge die Zeichensatzkassette (z.B. für Drucker)
fool-proof betriebssicher, narrensicher, kinderleicht
foot-note die Fußnote
foot-rule der Zollstock
footage indicator der Papierlängenanzeiger (Mechanik)
forbear der Vorfahr (z.B. älteres Rechnermodell)
forbidden combination check die Prüfung auf unzulässige Code-Kombinationen
forbidden-code combination die unzulässige Code-Kombination (Software)
force die Kraft, die Stärke, die Gewalt
forced cooling die künstliche Belüftung (Mechanik)
forceful kräftig, stark
forcer der Kolben (Mechanik)
forefinger der Zeigefinger
forefront die Vorderseite
foreign ausländisch, fremd
forerunner der Vorläufer
foreword das Vorwort
fork die Gabel, die Gabelung
form das Formular, die Gestalt, die Form
form feed der Blattvorschub beim Drucker (Mechanik)
form feeding die Blattzuführung (Mechanik)

form feeding device das Blattzuführungsgerät (Hardware)
formal error der formale Fehler
formalize in die richtige Form bringen
format das Format, formatieren
formatter das Formatierungsprogramm (Software)
formatting das Formatieren
formfeed der Seitenvorschub
formless formlos
formula die Formel (Mathematik)
formula evaluation die Formelberechnung (Mathematik)
formulate formulieren
Forth Name einer Programmiersprache (Software)
fortnightly vierzehntägig
Fortran Name einer Programmiersprache (Software)
fortuitous zufällig
fortuitousness die Zufälligkeit, der Zufall
fortuity die Zufälligkeit, der Zufall
forward vorwärts, nach vorn, fortschrittlich
forwarder der Spediteur
forwarding die Versendung, die Spedition
found finden, begründen, schmelzen
foundation die Unterlage, die Grundlage, die Gründung (Mechanik)
four address instruction der Vieradreßbefehl
fourfold vierfach
fractal das Fraktal (Mathematik)
fraction der Bruch (Mathematik), das Bruchstück
fraction line der Bruchstrich (Mathematik)
fractional horsepower motor der Kleinmotor
fractional part die Stellen hinter dem Komma (Mathematik)
fractional representation die Darstellung in Bruchform (Mathematik)

fracture der Bruch, brechen
fragile zerbrechlich
fragment das Bruchstück, das Fragment
frame der Rahmen, das Einzelbild, zusammenfügen, bilden, zusammensetzen
frame buffer der Bildwiederholspeicher (Hardware)
frame connector die Steckerleiste (Hardware)
frame switching der Bildwechsel, die schnelle Aufeinanderfolge von Standbildern
frame-grabber der Echtzeit-Videodigitalisierer
framework das Gerippe, das Fachwerk, der Rahmen, das System, Name eines Softwarepaketes
frangible zerbrechlich
fraught voll, beladen
fray sich abnutzen, sich ausfransen, sich durchscheuern
frazzle zerfetzen
free freimachen, frei, unabhängig von, frei lassen
free format database die Freitext-Datenbank (Software)
free of ground erdfrei (Elektronik)
freeware die freie Software (Public Domain)
freeze gefrieren, frieren
freight die Fracht
frequency die Frequenz, die Häufigkeit
frequency band das Frequenzband (Elektronik)
frequency characteristics der Frequenzverlauf (Elektronik)
frequency conversion die Frequenzumsetzung (Elektronik)
frequency converter der Frequenzumsetzer (Elektronik)
frequency coverage der Frequenzbereich (Elektronik)
frequency departure die Frequenzabweichung (Elektronik)
frequency distortion die Frequenzverzerrung (Elektronik)
frequency divider der Frequenzteiler (Elektronik)
frequency instability der Frequenzfehler
frequency meter der Frequenzmesser (Elektronik)
frequency modulation die Frequenzmodulation (Elektronik)
frequency response der Frequenzgang (Elektronik)
frequency scanning die Frequenzabtastung (Elektronik)
frequency selective filter der Frequenzfilter (Elektronik)
frequency shift keying die Frequenzumtastung (Elektronik)
frequency spacing der Frequenzabstand (Elektronik)
frequency spectrum das Frequenzspektrum (Elektronik)
frequency swing der Frequenzhub (Elektronik)
frequency translation die Frequenzumsetzung (Elektronik)
friction drive der Reibungsantrieb (Mechanik)
friction feed der Reibungsvorschub (beim Drucker)
frictional resistance der Reibungswiderstand (Mechanik)
Friday 13th Freitag der 13., Name eines Computervirus
front panel die Frontplatte
front-end Name für die Anwendung auf dem PC in einer Netzwerkdatenbank
frontage die Vorderfront
frontpage die Vorderseite
frustum of a cone der Kegelstumpf (Mathematik)
full voll, vollständig, völlig
full adder der Volladdierer
full current der Vollstrom (Elektronik)
full duplex vollduplex (Datenübertragung in beide Richtungen)

full streaming die komplette Speicherung einer Festplatte auf ein Streamerlaufwerk
full time circuit die Dauerverbindung (einer Übertragungsleitung)
fully automatic vollautomatisch
function die Funktion, arbeiten, in Betrieb sein
function character das Funktionszeichen
function key die Funktionstaste
function module die Funktionsbaugruppe (Elektronik)
fundamental die Grundwelle (Elektronik)
fundamental theorem der Fundamentalsatz (Mathematik)
fundamentals die Grundlagen
furcation die Gabelung
furniture das Zubehör (Hardware)
fuse die (elektrische) Sicherung, schmelzen, durchbrennen
fusible schmelzbar
fusion die Verschmelzung, das Schmelzen
future oriented zukunftsorientiert
fuzz der Fussel, fusseln
fuzzy fusselig, verschwommen, trüb

G

gain die Verstärkung
gain characteristic die Übertragungskennlinie (Elektronik)
gain control die Verstärkungsregelung
gally-proof die Korrekturfahne
galvanic galvanisch
galvanically isolated galvanisch getrennt (Elektronik)
game das Spiel
game software das Spielprogramm (Software)
gamecard Name der Erweiterungskarte zum Anschluß eines Joysticks (Hardware)
gap der Spalt, die Lücke
gap width die Spaltbreite
garbage die überflüssigen Daten, das unsinnige Ergebnis, der Müll
garbage collection die Speicherbereinigung (von nicht mehr benötigten Daten)
garble verstümmeln, zurechtstutzen
garbled information die verstümmelte Information (Software)
garbling die Verstümmelung
gas das Gas
gas tube die gasgefüllte Röhre
gaseous gasförmig
gasket der Dichtungsring, die Dichtung (Mechanik)
gate das Gatter, die Verknüpfungsschaltung (Elektronik)
gate array Name für Steuerbausteine (Chips)
gateway das Gateway, der Verbindungsrechner (von Netzwerken)
gating pulse der Taktimpuls (Elektronik)
gating pulse generator der Taktimpulsgeber (Elektronik)
gauge der Maßstab, die Spurweite, die Lehre
Gaussian distribution die Gaußsche Verteilung (Mathematik)
Gaussian failure distribution die Gaußsche Fehlerverteilung (Mathematik)
gear das Zahnrad, das Gerät, das Triebwerk, das Getriebe (Mechanik)
gear train das Getriebe (Mechanik)
Gee Whiz Basic "pfiffiges" Basic (GW-BASIC), Name einer Programmiersprache (Software)
gem der Edelstein, schmücken, Name einer grafischen Bedienungsoberfläche (Software)
general chart der Übersichtsplan
general machine program das allgemeine Maschinenprogramm (Software)
general monitor checking routine

das allgemeine Überwachungsprogramm (Software)
general register das Mehrzweckregister
general solution die allgemeine Lösung
general storage der Hauptspeicher (Hardware)
generalization die Verallgemeinerung
generalize verallgemeinern
generate generieren, erzeugen
generate function die erzeugende Funktion (Mathematik)
generation die Generation (z.B. von Mikroprozessoren)
generator der Generator, das Code-erzeugende Programm (Software)
geneva drive der Malteserantrieb (Mechanik)
genlock Technik zur Mischung von Video- und Computerbildern
geodesy die Geodäsie
geometric geometrisch (Mathematik)
geometric mean das geometrische Mittel (Mathematik)
geometric series die geometrische Reihe (Mathematik)
geometry die Geometrie (Mathematik)
german steel der Rohstahl
german text die Frakturschrift
get-up die Aufmachung
gild vergolden
gilt die Vergoldung
girt der Umfang
glaze die Glasur, verglasen
glide das Gleiten, gleiten
global weltumspannend, global
global area network das Weltnetz
global distribution die weltweite Verteilung, die weltweite Auslieferung
global variable die globale Variable
globose kugelförmig
globosity die Kugelform
globular kugelförmig
globule das Kügelchen
glossary das Wörterbuch, das Glossar

glue der Leim, leimen, andrücken, anheften
glut die Überfüllung, die Übersättigung
gluten der Kleber
go-no-go test der Ja/Nein-Test (Software)
Gopher Name eines Recherche-Systems im Internet
grab der Greifer, greifen (Mechanik)
gradation die Abstufung
gradient die Steigung, die Neigung
gradual stufenweise, allmählich
gradual detorioration of performance die allmähliche Leistungsabnahme
graduated level die Abstufung
graduation die Abstufung, die Gradeinteilung
grammalogue das Kürzel, die Kurzschrift
grammatical grammatikalisch
grant die Bestätigung
granular körnig
granulation die Körnung, das Granulat
granulous körnig
graph der Graf, aufzeichnen, die grafische Darstellung
graph plotter der Kurvenschreiber (Hardware)
graphic grafisch
graphic board die Grafikkarte (Hardware)
graphic display die Grafikanzeige, der Grafikbildschirm (Hardware)
graphic plotter der Kurvenschreiber (Hardware)
graphic resolution die Grafikauflösung
graphic user interface die grafische Benutzeroberfläche (Software)
graphical grafisch
graphical representation die grafische Darstellung
graphical user interface die grafische Benutzeroberfläche (Software)

graphics die Grafik, die Kurve
graphics accelerator der Grafik-Beschleuniger (Grafikkarte)
graphics board die Grafikkarte (Hardware)
graphics display unit der Kurvenschreiber, die Grafikeinheit (Hardware)
graphics instruction der Grafikbefehl (Software)
graphics interchange format Name eines Bitmapformates (GIF)
graphics package das Grafikpaket (Programm)
graphics printer der Grafikdrucker (Hardware)
graphics screen der Grafikbildschirm (Hardware)
graphics symbol das grafische Symbol
graphics table das Grafiktablett, das Zeichentablett (Hardware)
graphite der Graphit
grapple der Greifer (Mechanik)
grasp der Griff, ergreifen
graticule das Raster
gravitate sich hinneigen
gravitation die Schwerkraft
gravitational pull die Anziehungskraft
gravity die Schwere, die Wichtigkeit
gray grau, in der Mitte liegend, unbestimmt
grease das Fett, die Schmiere, schmieren
greasy fettig, schmierig
green grün, fabrikneu, das Grün
grey grau, das Grau
grid das Gitter, die Matrix, das Netz
gripping devoce die Greifvorrichtung (Mechanik)
groceteria der Selbstbedienungsladen
groin der Grad, die Rippe
groove die Rinne, die Nut, die Furche, nuten, falzen
gross error der Gesamtfehler
gross pay calculation die Bruttolohnabrechnung

ground die Masse, die Erde (Elektronik), erden, grundieren, der Grund, der Boden
ground connexion die Erdung (Elektronik)
ground wire die Erdleitung (Elektronik)
ground work die Grundlage, das Fundament
ground-floor das Erdgeschoß
ground-plan der Grundriß
group control change der Gruppenwechsel (Elektronik)
group indication die Gruppenanzeige (Elektronik)
grouped records die Satzgruppe
Groupware Software für das gruppenbezogene Arbeiten
guarantee garantieren, gewährleisten
guaranty die Garantie, die Gewährleistung
guard bars die Hilfszeichen im Barcode
gudgeon der Bolzen (Mechanik)
guidance die Richtlinie
guidance command der Leitbefehl (Software)
guide die Führung (Mechanik), leiten führen, steuern
guide pin der Führungsstift (Mechanik)
guiding edge die Führungskante (Mechanik)
gum das Gummi, gummieren, zukleben
gypsum der Gips
gyrate kreisen, wirbeln
gyration die Kreisbewegung

H

hack die Kerbe, hacken, zerhacken
hairpin die Haarnadel
half adder der Halbaddierer
half adjust aufrunden, abrunden (Mathematik)

half cycle die Halbperiode (Mathematik)
half duplex halbduplex (im Gegensatz zu vollduplex)
half duplex communication der Halbduplex-Verkehr (Datenübertragung)
half plane die Halbebene (Mathematik)
half wave rectifier der Einweggleichrichter (Elektronik)
half word das Halbwort
half-tone process das Rasterverfahren (Software)
halt unterbrechen, anhalten, stoppen
halt instruction der Stoppbefehl (Software)
hammer der Hammer (Mechanik), hämmern
hamming-code der Hamming Code (zur Fehlerkorrektur)
hand die Hand, die Handschrift, die Unterschrift, die Handbreite (=4 Zoll), die Seite
hand compute mit der Hand rechnen
handheld computer der tragbare Computer (Hardware)
handheld scanner der Handscanner (Hardware)
handicaper der Ausgleicher (Mechanik)
handicraft das Handwerk, die Handfertigkeit
handiness die Handlichkeit
handle der Griff, die Handhabe, handhaben, anfassen, behandeln
handle handhaben, umgehen mit etwas
handler der Hantierer
handling die Handhabung
handmade handgefertigt
hands off Hände weg!
handshaking der Handshake-Betrieb, der Quittungsbetrieb
handwork die Handarbeit (keine Maschinenarbeit)
handwriting die Handschrift
handwritten information die handgeschriebene Information
handy geschickt
hang up das Aufhängen (eines Programmes)
hap der Zufall
haphazard der Zufall, zufällig
hard hart, schwer, drückend
hard disk die Festplatte (Hardware)
hard disk drive das Festplattenlaufwerk (Hardware)
hard errors die Fehlstellen auf einer Festplatte
hard-sectored hartsektoriert
hardcopy der Ausdruck, die Kopie (auf Papier)
hardness die Härte, die Schwierigkeit
hardware die Hardware, die Gerätschaften
hardware address die Hardwareadresse (z.B. Adresse eines Gerätes)
hardware check die Geräteprüfung
hardwired festverdrahtet
harness der Kabelbaum
hash total die überschlägige Summe
hashing das Hash-Verfahren
Hayes Name eines Hardwareherstellers (Modems)
hazard der Zufall, die Gefahr
hazardous gefährlich, gewagt
head der Kopf, der Schreib-/Lesekopf (Hardware)
head crash der Aufprall des Schreib-/Lesekopfes (auf der Festplattenoberfläche)
head gap der Schreib-/Lesespalt
header die Kopfdaten (einer Datei)
header record die Aufzeichnung der Kopfdaten (z.B. eines Datenblocks)
heading der Titel, die Überschrift, die Rubrik
heading line die Kopfzeile, die Überschrift
heap die Menge, die Haufenstruktur, die Anhäufung (von Daten)
heapsort Name eines Sortierverfahrens
heat die Hitze, erhitzen

heat dissipation der Wärmeverlust (Elektronik)
heat loss die Verlustwärme
heat sink die Wärmeableitung
heat transfer die Wärmeübertragung
heating die Heizung
heavy current der Starkstrom (Elektronik)
hebdomadary wöchentlich
heedful achtsam
heedless unachtsam
height die Höhe, der Höhepunkt, der höchste Grad
heighten erhöhen, vergrößern
helical gear das Schneckenzahnrad (Mechanik)
helical scan Name des Aufzeichnungsverfahrens von Streamern
heliographic calking das Lichtpausverfahren
Helios Name eines Betriebssystems für Transputersysteme (Software)
helix die Schnecke (Mechanik), die Schneckenlinie
help die Hilfe, das Hilfsmittel, helfen
help function die Hilfefunktion (Software)
helpful nützlich, hilfreich
hemisphere die Halbkugel
Hercules Name eines Hardwareherstellers (Grafikkarten)
hesitation die Verarbeitungspause
heterodyne die Überlagerung
heterogeneous heterogen, ungleichartig
heuristic method die heuristische Methode, das methodische Probieren
Hewlett Packard Name eines Hardwareherstellers
hexadecimal hexadezimal (Zahl zur Basis 16)
hexadecimal system das Hexadezimalsystem (Basis 16)
hexagon das Sechseck (Geometrie)
hidden file die „versteckte" Datei (Software)
hide verbergen, verstecken,

hiding das Verbergen
hierarchical database die hierarchisch aufgebaute Datenbank
hierarchy die Hierarchie, die Rangordnung
high coloured von lebhafter Farbe
high definition television das hochauflösende Fernsehen (HDTV)
high density die hohe Schreibdichte (Diskette)
high frequence die Hochfrequenz (Elektronik)
high gloss painting der Schleiflack
high grade component das hochwertige Bauteil (Hardware)
high level language die Hochsprache (Programmiersprache), die höhere Programmiersprache
high speed memory der Schnellspeicher (Hardware)
high speed modem das Hochgeschwindigkeitsmodem (Hardware)
high speed printer der Schnelldrucker (Hardware)
high speed rewind der Schnellrücklauf (Bandlaufwerk)
high-order höherwertig
higher-order differential equation die Differentialgleichung höherer Ordnung (Mathematik)
higher-order equation die Gleichung höherer Ordnung (Mathematik)
highlight hervorheben
highlighting die Hervorhebung
hightech die Spitzentechnologie
highway circuit die Hauptverbindung
hinge das Scharnier, der Angelpunkt (Mechanik)
hinge upon sich drehen um
hire die Miete, mieten (z.B. eine Verbindungsleitung)
hire-purchase der Ratenkauf, der Teilzahlungskauf
histogram das Histogramm (die Darstellung einer Häufigkeitsverteilung)

historical file die abgeschlossene Datei, die veraltete Datei
historical order der vorherige Auftrag
hit der Schlag, der Stoß, schlagen, stoßen
hold der Griff, der Halt, greifen, halten
holddown die Befestigung (Mechanik)
holding time die Belegungszeit
hole das Loch, durchlöchern
holography die Holografie
home address die Ausgangsadresse
home brew software das hausgemachte Programm (Hobby-Software)
home computer der Spielecomputer (Hardware)
home key Taste für das Rücksetzen des Cursors (an die erste Position)
home position die Ausgangsposition
home record der Stammdatensatz (Software)
home-grown selbstgebaut
homogeneity die Gleichartigkeit
homogeneous gleichartig, homogen
homogeneous differential equation die homogene Differentialgleichung (Mathematik)
Honeywell & Bull Name eines Hardwareherstellers
hood die Haube, die Kappe, das Verdeck
hook der Haken, haken, fangen
hooter die Hupe, die Sirene
horizontal deflection die Horizontalablenkung (Monitor)
horizontal scroll horizontales Rollen des Bildschirminhaltes
host der Host, der Zentralrechner, der Wirt, der Gastgeber
hot heiß, warm, scharf, heftig
hotkey die Tastenkombination (zur Aktivierung z.B. eines Hintergrundprogrammes)
hotline der "heiße Draht", die telefonische Herstellerunterstützung
hotness die Hitze, die Schärfe
hour die Stunde, die Zeit, die Uhr
hourly stündlich
housekeeping instruction der organisatorische Befehl (Software)
housing das Gehäuse
hub die Buchse (Elektronik), der Mittelpunkt, der Drehpunkt (Mechanik), der Vermittlungsknoten (Netzwerk)
hue die Farbe, die Färbung
human menschlich, der Mensch
human engineering die Ergonomie
human error das menschliche Versagen,
human friendly benutzerfreundlich
humanly nach menschlichem Ermessen
humidity die Feuchtigkeit
hummer der Summer (Elektronik)
hunting das Schwingen (Mechanik)
hunting oscillations die Pendelschwingungen (Elektronik)
hurt die Verletzung, der Schaden
hurtful schädlich
hustle drängen, treiben, der Hochbetrieb
hybrid die Mischung, der Zwitter, die Kreuzung
hybrid computer der Hybridrechner (analog und digital)
hybrid digital-analog circuit gemischte Digital-analog-Schaltung (Elektronik)
hydrocarbon der Kohlenwasserstoff (Chemie)
hydrochloric die Salzsäure (Chemie)
hydrogen der Wasserstoff (Chemie)
hygrometer der Feuchtigkeitsmesser
hyper protocoll Name eines Protokolles für die Datenfernübertragung
hyperbola die Hyperbel (Mathematik)
hyperbole die Übertreibung, die Hyperbel
hyperbolic hyperbolisch (Mathematik)

hyperbolic logarithm der natürliche Logarithmus (Mathematik)
hyperbolical übertreibend, hyperbolisch
hyperbolical function die hyperbolische Funktion (Mathematik)
hyperbolical interpolation die hyperbolische Interpolation (Mathematik)
hypercritical hyperkritisch, allzu scharf
hypertext Name einer assoziativen Speichertechnik (Software)
hyphen der Bindestrich, mit Bindestrich schreiben
hyphenation die Silbentrennung
hypotenuse die Hypotenuse (Mathematik)

I

I/O unit die Eingabe-/Ausgabeeinheit (Hardware)
I/O-channel der Eingabe-/Ausgabekanal (Hardware)
IC (integrated circuit) der integrierte Schaltkreis (Elektronik)
icing die Vereisung
iCOMP-index Vergleichsindex für Intel-Prozessoren
icon das Icon, das Symbol
identical identisch, gleich, gleichbedeutend
identification die Identifizierung, der Ausweis
identify identifizieren, feststellen, ausweisen
identity die Identität, die Eigenart, die Persönlichkeit
identifying information die Kennung
identifying label der Kennsatz (Software)
idle untätig, unbenutzt, leerlaufend
idle capacity die ungenutzte Kapazität (z.B. eines Speichers)
idling cycle der Leerlaufzyklus
IEEE (Institute of Electronic and Electrical Engineers) Normungsfachverband in den USA
if and only if genau dann, wenn
IGES Name eines Austauschformates für technische Zeichnungen (Initial Graphics Exchange Specification)
igniable entzündbar
ignite sich entzünden, sich erhitzen
ignition die Entzündung, die Erhitzung, die Zündung
ignore ignorieren, überlesen, nicht beachten
illegal character das unzulässige Zeichen
illegal instruction der unzulässige Befehl
illimitable unbegrenzt
illogical unlogisch
illuminate erleuchten
illustrate erläutern, bebildern
illustration die Erläuterung, die Bebilderung
image das Bild, das Standbild, das Abbild, abbilden
image capture die Bilderfassung
image decompression die Bilddekompression (Software)
image enhancement die Kontrastverstärkung (eines Bildes)
image processing die Bildverarbeitung
image sensor der Bildsensor (Hardware)
image unit die Druckereinheit eines Laserdruckers (Hardware)
imaginary number die Imaginärzahl (Mathematik)
imaginary part der Imaginärteil (Mathematik)
imaginary root die imaginäre Wurzel (Mathematik)
imitation die Nachahmung, die Nachbildung, nachahmen, imitieren
immediate access der direkte Speicherzugriff

immediate access store der Speicher mit einer kurzen Zugriffszeit
immediate addressing die direkte Adressierung
immobile, immovable unbeweglich
immutability die Unveränderlichkeit
immutable unveränderlich
impact der Anprall, der Anschlag (Mechanik)
impact printer der Drucker mit mechanischem Anschlag, z.B. Nadel- oder Typenraddrucker (Hardware)
impair vermindern, schwächen, beeinträchtigen
impassible, impassive unempfindlich
impassiveness die Unempfindlichkeit
impedance die Impedanz (Elektronik)
imperfect unvollkommen, unvollständig
impermeable undurchdringlich
implement das Gerät, das Werkzeug, ausführen, verwirklichen
implementation die Implementation, die praktische Anwendung, die Verwirklichung, die Ausführung
implication die Implikation (wenn ... dann)
implicit function die implizite Funktion (Mathematik)
import importieren (z.B. von Fremdformaten in ein Programm)
impossible unmöglich
impregnate imprägnieren, sättigen, tränken
impress der Druck, der Stempel, eindrücken, prägen
imprint der Eindruck, der Stempel, aufdrücken
improper fraction der unechte Bruch (Mathematik)
improper integral das unbestimmte Integral (Mathematik)
impulse der Impuls, der Anstoß, der Antrieb (Elektronik, Mechanik)
in line of in Übereinstimmung mit
in plant innerbetrieblich
in step synchron
inaccessibility die Unzugänglichkeit

inaccessible unzugänglich
inaccuracy die Ungenauigkeit
inaccurate ungenau, unrichtig
inactive untätig, unwirksam, inaktiv
inadequacy die Unangemessenheit, die Unzulänglichkeit
inadequate unangemessen, unzulänglich
inadmissibility die Unzulässigkeit
inadmissible unzulässig
inadvertency die Unachtsamkeit, das Versehen
inadvertent unachtsam, unbeabsichtigt, versehentlich
inadvisible unratsam
inalterable unveränderlich
inapplicability die Unanwendbarkeit
inapplicable unanwendbar
inapposite unpassend
inapproachable unzugänglich
inapt ungeeignet, untauglich, unpassend
inboard Name einer Steckkarte mit eigenem Mikroprozessor (Hardware)
incalculable unberechenbar
incandescent lamp die Glühlampe
incapability die Unfähigkeit, die Untauglichkeit
incapable untauglich, unfähig
incautious unvorsichtig
incautiousness die Unvorsichtigkeit
inch der Zoll (=2,54 cm)
incidence der Einfluß, das Auftreten, die Wirkung
incident der Zufall, der Vorfall, vorkommend
inclination die Neigung
inclose einschließen
include einschließen, enthalten
inclusion die Implikation
inclusive einschließlich, alles einbegriffen
incoming message die ankommende Nachricht
incommensurable unvergleichbar
incommodious unbequem
incommutable unvertauschbar, unveränderlich

incompatibilty die Unverträglichkeit, die Unvereinbarkeit, die Inkompatibilität
incompatible unvereinbar, unverträglich, inkompatibel
incompetent untauglich, unbefugt, unfähig, inkompetent
incomplete unvollständig, unvollkommen
inconclusive ergebnislos
incongruity die Unangemessenheit, das Mißverhältnis
incongruous nicht übereinstimmend, unpassend
inconstant veränderlich
incorrect unkorrekt, fehlerhaft
incoterms Internationale Geschäftsbedingungen (International Commercial Terms)
increase wachsen, zunehmen, die Zunahme, das Wachstum
increment das Inkrement, die Zuwachsrate (Mathematik), erhöhen
increment size die Inkrementgröße (Mathematik, Software)
incrust die Bekleidung, der Belag, die Ablagerung
incurvation die Krümmung
incurve krümmen, biegen
indefinable unbestimmbar
indefinite unbestimmt, unbeschränkt
indefinite integral das unbestimmte Integral (Mathematik)
indelible pencil der dokumentenechte Stift
independence die Unabhängigkeit
independent variable die unabhängige Variable (Mathematik)
indeterminable unbestimmbar
indeterminate equation die unbestimmte Gleichung (Mathematik)
index der Index, der Zeiger, der Anzeiger, das Verzeichnis, die Kennziffer
index accumulator das Indexregister (Hardware)
index hole das Indexloch (auf der Diskette)
index register das Indexregister (Software)
index sequential access der indexsequentielle Zugriff (auf Daten)
index value der Indexwert
index variable die Laufvariable
indexed address die indizierte Adresse
indexed file die indizierte Datei
indexing die Indizierung
india rubber der Radiergummi
indicate anzeigen
indication die Anzeige
indication instrument das Meßinstrument
indicator lamp die Signallampe
indirect address die indirekte Adresse (die Adresse einer Adresse)
indisoluble untrennbar
indoctrinate schulen, unterweisen
indoor im Hause
induce induzieren (eine Spannung), veranlassen
inductance die Induktivität (Elektronik)
inductor die Feldspule (Elektronik)
industry standard der Industriestandard (oftmals ist der IBM-kompatible PC-Standard gemeint)
inedited unveröffentlicht
ineffective unwirksam
inefficiency die Wirkungslosigkeit
inefficient unwirksam, wirkungslos
inequality die Ungleichheit, die Ungleichmäßigkeit
inert träge
inertia die Trägheit (Physik)
inexact ungenau
inexactitude die Ungenauigkeit
inexpensive nicht teuer, billig, preiswert
inexpert ungeübt, unerfahren
inexplicable unerklärbar, unerklärlich
inextinguishable unauslöschlich
inference die Folgerung, der Schluß
inference machine Teil eines Expertensystems (Software)

infinite unendlich, zahllos
infinite series die unendliche Reihe (Mathematik)
infinity die unendliche Größe (Mathematik)
inflame entflammen, entzünden
inflammability die Entzündlichkeit
inflammable feuergefährlich, entzündlich
inflammables leicht entzündliche Stoffe
inflexible unbiegsam, starr
informal formlos
information die Information, die Nachricht, die Auskunft
information bit die binäre Informationseinheit (Software)
information channel der Datenkanal
information content der Informationsinhalt
information display system das Datensichtgerät (Hardware)
information flow der Datenfluß
information flow rate der Datendurchsatz
information highway die "Datenautobahn", Name eines Hochgeschwindigkeits-Netzwerkkonzeptes für multimediale Daten
information processing die Informationsverarbeitung
information retrieval das Wiedergewinnen von Informationen (Software)
information retrieval system das Dokumentationssystem (Software)
information signal das Informationssignal
information storage die Informationsspeicherung
information theory die Informationstheorie
information transfer der Datentransfer
infra-red infrarot
ingredient der Bestandteil, der Inhaltsstoff
inherent anhaftend
inherited error der Anfangsfehler, der Eingangsfehler
inhibit pulse der Sperrimpuls (Elektronik)
initial anfänglich, der Anfangsbuchstabe
initial conditions die Ausgangsbedingungen
initial failures die vorzeitigen Ausfälle
initial program loader der Urlader (für das Betriebssystem)
initial state der Anfangszustand
initial value der Anfangswert (Mathematik)
initialize initialisieren
initializing die Initialisierung, in einen definierten Ausgangszustand bringen
initiation die Einleitung, die Einführung
initiation fee die Aufnahmegebühr
inject einspeisen
ink die Tinte, die Druckerschwärze, schwärzen
ink-pad das Stempelkissen
inkjet der Tintenstrahl
inkjet plotter der Tintenstrahlplotter (Hardware)
inkjet printer der Tintenstrahldrucker (Hardware)
inlay die Einlage, einlegen
inlet die Eingangsöffnung, die Einlage, der Einlaß, der Zugang
innumerable unzählbar, unzählig
inoperative unwirksam
input die Eingabe, eingeben
input area der Eingabebereich (Software)
input block der Eingabespeicher (Hardware)
input buffer storage der Eingabe-Pufferspeicher (Hardware)
input channel der Eingabekanal
input data die Eingabedaten (Software)

input device das Eingabegerät (Hardware)
input equipment die Eingabegeräte (Hardware)
input instruction der Eingabebefehl (Software)
input job stream der Eingabedatenfluß
input port der Eingabeport (Hardware)
input program das Leseprogramm (Software)
input register das Eingaberegister
input routine das Eingabeprogramm (Software)
input speed die Eingabegeschwindigkeit
input unit die Eingabeeinheit (Hardware, Software)
input variable die Eingangsvariable
input work queue die Eingangswarteschlange
input/output die Ein-/Ausgabe
input/output area der Eingabe-/Ausgabebereich
input/output bus der Eingabe-/Ausgabebus (Hardware)
input/output control die Eingabe-/Ausgabesteuerung
input/output port der Eingabe-/Ausgabeport (Hardware)
inquiry station die Abfragestation (Hardware)
inrush current der Einschaltstromstoß (Elektronik)
inscribe beschriften, aufschreiben, einzeichnen
insecure unsicher
insecurity die Unsicherheit
insensitivity die Unempfindlichkeit
insert einfügen, einlegen (z.B. Diskette), einschalten
insert byte das Einfügebyte
insertion die Eintragung, die Anzeige
insertion sort die Einfügesortierung
inside diameter der Innendurchmesser
insignificancy die Bedeutungslosigkeit
insignificant unbedeutend, bedeutungslos
insolubility die Unlöslichkeit, die Unlösbarkeit
insoluble unlöslich, unlösbar
inspection die Besichtigung, die Aufsicht, die Inspektion
inspection test die Abnahmeprüfung
install einsetzen, einrichten, installieren, aufstellen
installation die Einrichtung, die Installation, die Aufstellung
instruct unterrichten, anweisen
instruction die Instruktion, der Befehl
instruction address die Befehlsadresse
instruction address register das Befehlsadressenregister
instruction code der Befehlscode
instruction counter der Befehlszähler
instruction counting register das Befehlszählerregister
instruction course der Lehrgang
instruction cycle der Befehlszyklus, die Operationszeit
instruction decoder die Befehlsdecodierschaltung
instruction format das Befehlsformat
instruction length die Befehlslänge
instruction list die Befehlsliste
instruction location counter der Befehlszähler
instruction manual die Betriebsanleitung
instruction mix der Befehlsmix
instruction register das Befehlsregister
instruction repertory der Befehlsvorrat
instruction set der Befehlssatz, der Befehlsvorrat
instruction time die Befehlszeit
instruction word das Befehlswort
instructor der Ausbilder
instrument das Instrument, das Werkzeug (Hardware, Software)

instrumental als Werkzeug dienend
insulate isolieren
insulating sleeving der Isolierschlauch
insulation die Isolierung
insurance die Versicherung
intact unversehrt, unberührt
integer die ganze Zahl (im Gegensatz zur gebrochenen), das Ganze, ganz, vollständig
integer arithmetik die Integerarithmetik
integer number die ganze Zahl
integer variable die Ganzzahlvariable
integral das Integral (Mathematik)
integral calculus die Integralrechnung (Mathematik)
integral equation die Integralgleichung (Mathematik)
integral multiples das ganzzahlige Vielfache (Mathematik)
integral part der Bestandteil
integral sign das Integralzeichen (Mathematik)
integrate integrieren
integrated circuit der integrierte Schaltkreis (Elektronik)
integrated data processing die integrierte Datenverarbeitung
integrating circuit die integrierte Schaltung (Elektronik)
integration die Ergänzung, die Integration (Mathematik)
integration constant die Integrationskonstante (Mathematik)
integrity die Vollständigkeit
Intel Name eines Hardwareherstellers
Intel inside Werbeslogan: "hier ist ein Intel-Mikroprozessor drin"
intellect der Verstand, die Intelligenz
intelligence die Intelligenz, der Nachrichteninhalt, die Nachrichten, die Auskunft
intelligent intelligent
intelligent terminal das intelligente Terminal (Hardware)
intelligibility die Verständlichkeit
intelligible verständlich
intense intensiv, angestrengt

intention die Absicht, der Zweck
interaction die Wechselwirkung
interactive interaktiv, wechselseitig
interactive mode der Dialogbetrieb
interblock space der Blockzwischenraum (Software)
intercept abfangen, der Schnittpunkt
interchange austauschen, auswechseln, der Austausch
interchangeable auswechselbar, austauschbar
intercommunicate miteinander in Verbindung stehen
intercommunication die gegenseitige Verbindung, die Verständigung
interconnect zusammenschalten, untereinander verbinden
intercontinental von Kontinent zu Kontinent reichend
intercouple zusammenschalten, verbinden, koppeln
intercourse der Verkehr, der Umgang
intercycle der Zwischenzyklus
interdependent voneinander abhängig
interdiction das Verbot
interest das Interesse, die Teilnahme, die Aufmerksamkeit
interface die Schnittstelle, die Nahtstelle, das Interface (Hardware, Software)
interface adapter der Schnittstellenwandler (Hardware)
interface equipment das Anschlußgerät (Hardware)
interface types die Schnittstellentypen
interfere sich einmischen
interference die Störung, die Einmischung, die Störstrahlung
interference elimination die Entstörung (Elektronik)
interference level der Störpegel
interference prone störanfällig
interference proof störsicher
interference signals die Störsignale (Elektronik)
interim die Zwischenzeit, vorläufig
interlaced mode das Zeilensprungverfahren (Monitor)

interlaced networks die verketteten Netzwerke
interlaced recording die verschachtelte Aufzeichnung
interlacing die Verschachtelung (z.B. eines Programmes)
interleave verschachteln
interleave factor der Verschachtelungsfaktor (von Sektoren)
interline zwischen die Zeilen schreiben
interlink miteinander verbinden
Interlisp Name einer Programmiersprache (Software)
interlude das Vorprogramm
intermediate in der Mitte liegend
intermediate quantity der Zwischenwert (Mathematik)
intermediate store der Zwischenspeicher
intermediate total die Zwischensumme (Mathematik)
interminable endlos, unendlich
intermission die Unterbrechung, das Aussetzen, die Pause
intermit aussetzen, unterbrechen
intermitingly in Absätzen
intermittent drive der schrittweise Antrieb (Mechanik)
intermittent failure der intermittierende (unregelmäßig auftretende) Fehler
intermodulation die Kreuzmodulation (Elektronik)
internal memory der interne Speicher
internal sort das interne Sortieren
internal storage der interne Speicher
Internet Name eines weltweiten Netzwerkverbundes
internetworking der Netzwerkverbund
interphone das Haustelefon, die Haussprechanlage
interplay die Wechselwirkung
interpolate einschieben
interpolation die Einschiebung, die Einschaltung, die Interpolation (Mathematik)
interpret auswerten, interpretieren, wiedergeben
interpretation die Interpretation, die Auswertung
interpretation of data die Datenauswertung
interpretation time die Auswertungszeit
interpreter das Interpreterprogramm, das Übersetzungprogramm, der Dolmetscher
interpreting das Interpretieren, das Auswerten
interrogate abfragen, ausfragen
interrogation pulse der Abfrageimpuls (Speicher)
interrogation register das Abfrageregister
interrupt die Programmunterbrechung, unterbrechen
interrupt flag register das Interruptregister
interrupt pending die Unterbrechung
interrupt request die Unterbrechungsanforderung
interspace der Zwischenraum
interspeeder Name eines Pufferspeichers in einem Modem
interstice der Zwischenraum, die Lücke
interval der Zwischenraum, die Pause, das Intervall
intractable undurchführbar
intrasystem interference die Störung innerhalb eines Systems
intricate problem das schwierige Problem
intrinsic induction die Eigenmagnetisierung
introduce einführen, eingeben
introduction die Einführung
inutility die Unbrauchbarkeit, die Nutzlosigkeit
invalid ungültig
invalid code der ungültige Code
invariable unveränderlich
invention die Erfindung

inventory das Inventar
inventory maintenance
  die Lagerhaltung
inverse umgekehrt
inverse feedback die Gegenkopplung (Elektronik)
inverse function die Umkehrfunktion (Mathematik)
inverse gate das NICHT-Gatter (Elektronik)
inverse trigonometric function
  die trigonometrische Umkehrfunktion (Mathematik)
invert umkehren, umstellen
inverted commas
  die Anführungszeichen
inverted file die invertierte Datei (Software)
inverter der Inverter, der Wechselrichter (Elektronik)
inverting gate das NICHT-Gatter (Elektronik)
investigate erforschen, untersuchen, nachforschen
investigation die Untersuchung, die Nachforschung
invisible unsichtbar
invoice die Faktura, die Warenrechnung, fakturieren
involution die Einwicklung, die Potenzierung (Mathematik)
inwards innenliegend, innen
inwrought verarbeitet, eingearbeitet
iron das Eisen
iron core der Eisenkern (z.B. einer Magnetspule)
irradiance die Strahlen
irradiancy die Strahlen, die Strahlung
irradiant strahlend
irradiation die Strahlung, die Bestrahlung
irrational fraction der irrationale Bruch (Mathematik)
irrational number die irrationale Zahl (Mathematik)
irreducible nicht reduzierbar
irregular unregelmäßig, unordentlich
irregular figure die unregelmäßige Figur (Mathematik)
irregularities die Unregelmäßigkeiten
irrelative ohne Beziehung
irrelevant nicht zur Sache gehörend
irrelevant data die bedeutungslosen Daten
irremovable nicht entfernbar
irreparabel nicht wiedergutzumachen, irreparabel
irresolvable unlöslich
irreversible irreversibel, nicht umkehrbar, unwiderruflich
ism die Theorie, das System
isolate isolieren, entkoppeln, absondern
isolating circuit
  die Entkoppelungsschaltung (Elektronik)
isolating stage die Trennstufe (Elektronik)
isolating transformator
  der Trenntransformator (Elektronik)
isolation diode die Sperrdiode (Elektronik)
issue die Ausgabe, herauskommen
italics die Kursivschrift, die schräge Schrift, kursiv
item der Artikel, die Einzelheit, der Punkt, notieren
iterate wiederholen
iteration die Iteration,
  die Annäherung (Mathematik),
  der Schritt, die Wiederholung
iteration loop
  die Iterations(programm)schleife
iteration method
  die Iterationsmethode (Mathematik)
iterative addition die schrittweise Addition (Mathematik)

J

jack die Steckbuchse (Hardware)
jacket die Tasche, der Mantel, der Schutzumschlag

jam

- **jam** das Gedränge, die Hemmung, die Radiostörung, verklemmen
- **jeopardy** die Gefahr
- **jet** die Düse, der Strahl
- **jet-black** pechschwarz
- **job** der Auftrag, das Geschäft, vermitteln, vermieten
- **job management** die Jobverwaltung, die Arbeitsvorbereitung
- **job number** die Auftragsnummer
- **job order** der Arbeitsauftrag
- **job oriented** auftragsbezogen
- **job step** der Arbeitsschritt
- **joggle** rütteln, schütteln, verzahnen, der Falz, die Nut
- **join** verbinden, die Verbindung, die Naht, die Fuge
- **join in series** in Reihe schalten (Elektronik)
- **join operation** der Verknüpfungsbefehl (Software)
- **joint** die Verbindung, die Fuge, das Scharnier, zusammenfügen
- **jotting** die Notiz
- **journal** das Journal, das Protokoll, das Tagebuch, die Zeitschrift
- **journal voucher** der Buchungsbeleg
- **joystick** der Joystick, der Steuerknüppel (Hardware)
- **juke box** die Jukebox, der automatische Wechsler
- **jump** der Sprung, der Sprungbefehl, springen
- **jump instruction** der Sprungbefehl (Software)
- **jump vector** der Sprungvektor
- **jumper** die Steckbrücke (Elektronik)
- **junction** die Verbindung, der Knotenpunkt
- **junk** der Ausschuß
- **just in time** rechtzeitig
- **justified text** der Blocksatz (Textausrichtung)
- **justify** justieren

K

- **keeper** der Inhaber, der Verwalter
- **Kermit** Name eines Dateitransfer-Protokolls
- **kernel** der Kern (z.B. eines Betriebssystems)
- **kerning** das Optimieren der Zeichenabstände
- **key** der Schlüssel (Software), die Taste, der Keil (Mechanik)
- **key backfeed** die Tastenrückmeldung
- **key entry** die Tastatureingabe
- **keyboard** die Tastatur, die Klaviatur (Hardware)
- **keyboard encoder** der Tastaturcodierer
- **keypad** das Tastenfeld
- **keystroke** der Tastenanschlag, eintasten
- **keyword** das Schlüsselwort
- **kilobyte** das Kilobyte (= 1024 Bytes)
- **kilocycle** das Kiloherz (kHz), Maß der Schwingung
- **kin** verwandt, die Verwandtschaft
- **kindle** sich entzünden
- **kindred** verwandt, gleichartig
- **kinetic** bewegend, kinetisch
- **kinetics** die Kinetik
- **kit** das Handwerkszeug, der Bausatz (Hardware, Software)
- **kitbag** die Werkzeugtasche
- **knot** der Knoten (Netzwerkknoten)
- **know how** die Erfahrung
- **knowledge** das Wissen, die Kenntnis
- **knowledge base** die Wissensbasis (Expertensystem)

L

- **lab** das Labor (Kurzform)
- **label** das Etikett, das Label, die Marke, der Zettel
- **labor cost** die Lohnkosten
- **laboratory** das Laboratorium

lacquer der Lack, lackieren
lag die Verzögerung, zögern
lag time die Totzeit, die Stillstandszeit
laminate der Preßstoff
lamp holder die Lampenfassung
lamp panel das Lampenfeld
lampshade der Lampenschirm
landig zone der Aufsetzbereich (z.B. für die Schreib-/Leseköpfe der Festplatte)
landing das Aufsetzen (des Schreib-/Lesekopfes)
Landmark Name des Softwareherstellers eines Testprogrammes
landscape representation das Breitformat, das Querformat (z.B. eines Blattes)
landslide die Katastrophe
language die Sprache, die Programmiersprache
language editor der Spracheneditor (Software)
lantern-slide das Lichtbild, das Diapositiv
laptop computer der Computer für auf den Schoß (Hardware)
large capacity store der Großraumspeicher (Hardware)
large scale integration die hohe Integrationsdichte (eines Schaltkreises)
laser der Laser (Elektronik)
laser beam der Laserstrahl (Elektronik)
laser light source die Laserlichtquelle (Elektronik)
laser printer der Laserdrucker (Hardware)
laser probe die Lasersonde (Elektronik)
laser scanner Laserlesegerät (Hardware)
LaserJet Name eines Laserdruckers der Fa. HP (Hardware)
latch der Sperrhebel (Mechanik), der Signalspeicher (Elektronik)

latch contact der Sperrkontakt (Mechanik)
latching die Verriegelung (Mechanik)
late failures der spätere Ausfall, der Verschleißausfall
latency die Wartezeit, die Verborgenheit
lateness die Verspätung, die Neuheit
latent verborgen, gebunden
lateral seitlich
lateral parity check die vertikale Paritätskontrolle
latitude der Umfang, der Spielraum
law das Gesetz, die Vorschrift
law of cosines der Kosinussatz (Mathematik)
law of formation das Bildungsgesetz (Mathematik)
law of sines der Sinussatz (Mathematik)
law of the mean der Mittelwertsatz (Mathematik)
law-giver der Gesetzgeber
lawless ungesetzlich
lay die Lage, die Richtung, die Beschäftigung, legen
layer die Schicht, die Lage
layman der Laie
layout der Entwurf, das Layout, der Belegungsplan
layout character das Formatsteuerzeichen
lead der Vorhalt, die Anschlußleitung, die Führung, das Blei, das Lot, leiten, anführen
lead acid storage battery der Bleiakkumulator
lead time die Vorhaltezeit
lead-out der Nachsatz, das Trailer-Label einer CD
leader der Vorspann (z.B. eines Datensatzes)
leading edge die Vorderflanke (Elektronik)
leading zeros die führenden Nullen
leafing das Blättern
leakage current der Kriechstrom (Elektronik)

leased line die gemietete Leitung, die Mietleitung
least significant bit das niedrigstwertige Bit (in einem Byte)
least significant character die niedrigstwertige Stelle
lecture die Vorlesung, Vorlesungen halten
ledger data die Fixpunktdaten
left die Linke, links, linksgängig
left justified linksbündig (Text, Tabelle)
left shift die Linksverschiebung
leftmost position die äußerste linke Ziffer, die höchstwertige Ziffer
legacy das Vermächtnis, Name eines Textverarbeitungsprogrammes
legal zulässig, gesetzlich, juristisch
legibility die Leserlichkeit
legible leserlich
Lehigh Name eines Computervirus (Software)
lemma der Lehrsatz (Mathematik)
length die Länge, die Strecke, die Zeitdauer
lengthen verlängern, ausdehnen
lens die Linse, das Objektiv
lens system das Linsensystem (Optik)
less weniger, minus, kleiner, geringer
lesson die Lektion, die Aufgabe
letter der Buchstabe, die Type, der Brief,
letter quality die Briefqualität (eines Ausdruckes)
letter-balance die Briefwaage
letter-cover der Briefumschlag
lettering die Beschriftung
level das Level, das Niveau, der Pegel, waagerecht, gleichmachen
level conversion die Pegelumsetzung
level number die Ebenen-Nummer
level of language die Sprachebene
level of program die Programmstufe
level off das Auslaufen
level regulation die Pegelregulierung
liability die Verantwortlichkeit, die Haftpflicht
liable verantwortlich, verpflichtet

liable to duty zollpflichtig
library die Bibliothek, die Programmbibliothek (Software)
library of subroutines die Unterprogrammbibliothek (Software)
licence die Lizenz, die Erlaubnis, lizenzieren, erlauben, berechtigen
life das Leben, die Lebensdauer
life expectancy die erwartete Lebensdauer
lifetime die Lebenszeit
lift das Heben, der Hub, heben
light das Licht, hell, erleuchten, leicht
light beam der Lichtstrahl
light emitting diode die Leuchtdiode (LED) (Elektronik)
light pen der Lichtgriffel (Hardware)
light sensitive lichtempfindlich
light-fitting der Leuchtkörper
lighten leichter machen, blitzen
lightning-arrester die Blitzschutzsicherung (Elektronik)
lightning-conductor der Blitzableiter
like sign das gleiche Vorzeichen (Mathematik)
likelihood die Wahrscheinlichkeit
likely wahrscheinlich
limber biegsam, geschmeidig
limit die Grenze, begrenzen, beschränken
limit check die Grenzwertprüfung (Mathematik)
limit switch der Endschalter (Mechanik)
limited beschränkt
limiter circuit die Begrenzerschaltung (Elektronik)
limiting die Begrenzung
limiting resistor der Begrenzungswiderstand (Elektronik)
limitless grenzenlos
limits of variation die Streuungsgrenzen (Mathematik)
line die Leitung, die Serie, die Zeile, die Linie
line adapter der Leitungsadapter (Elektronik)

line at a time printer
der Zeilendrucker (Hardware)
line by line zeilenweise
line connector cord
das Netzanschlußkabel
line cord das Netzkabel
line density die Zeilendichte
line driver der Leitungstreiber, der Leitungsverstärker (Hardware)
line editor der Zeileneditor (Software)
line feed der Zeilenvorschub (z.B. beim Drucker)
line graphics die Liniengrafik
line integral das Linienintegral (Mathematik)
line loss die Leitungsdämpfung (Elektronik)
line number die Zeilennummer
line occupancy die Leitungsbelegung (von Übertragungsleitungen)
line of business der Geschäftszweig, das Fach
line of danger die Gefahrenzone
line oriented zeilenorientiert (z.B. Zeileneditor)
line per minute die Zeilen pro Minute (Leistungsfähigkeit eines Druckers)
line printer der Zeilendrucker (Hardware)
line register das Zeilenregister
line segment der Geradenabschnitt (Mathematik)
line skew der Zeilenschräglauf (Aufzeichnungsverfahren)
line splitter der Kanalaufteiler (Hardware)
line to line spacing der Zeilenabstand
line to store transfer
die Einspeicherung
line transmission error
der Übertragungsfehler
line up die Inbetriebnahme, die Einschaltung
line voltage die Netzspannung (Elektronik)
line voltage fluctuations
die Netzspannungsschwankungen (Elektronik)
line voltage regulator
der Netzspannungsregler (Elektronik)
lineage die Zeilenzahl
lineal gerade, direkt
linear linear, geradlinig
linear access der Linearzugriff (Speicher)
linear algebraic equation die lineare Gleichung (Mathematik)
linear circuit network die lineare Schaltung (Elektronik)
linear code der lineare Code
linear distortion die lineare Verzerrung (Elektronik)
linear movement
die Längsbewegung
linear scale der lineare Maßstab (Mathematik)
linear selection die direkte Ansteuerung
linearity die Linearität
lines per inch Zeilen pro Zoll (lpi)
lines per minute die Zeilen pro Minute
linguistics die Sprachwissenschaft, die Linguistik
lining die Auskleidung, die Verkleidung
link die Verbindung, das Verbindungsstück, verbinden, verketten
link circuit die Verbindungsleitung (Elektronik)
link layer die Verbindungsschicht (OSI-Schichtenmodell)
link loader der Bindelader (Software)
linkage die Verknüpfung
linked subroutine das geschlossene Unterprogramm (Software)
linker der Binder
linotype Name einer Zeilensatzmaschine, Fotosatzbelichter (Hardware)
Linux Name eines Betriebssystems (Software)
liquid flüssig, die Flüssigkeit

liquid crystal display
die Flüssigkeitskristallanzeige

Lisp Name einer Programmiersprache (Software)

list die Liste, der Rand, eintragen, verzeichnen, die Tabelle, tabellieren

list of modifications
die Änderungsliste

list processing die Listenverarbeitung

list speed
die Einzelschrittgeschwindigkeit

listing das Listing, die Liste

listing paper das Protokoll (die Auflistung)

literal die Literalkonstante, buchstäblich

live leben, lebendig, geladen

living-links die dynamischen Verknüpfungen (Software)

load laden, die Last, die Arbeitsbelastung, die Arbeitsleistung

load address die Ladeadresse

load and go das Laden und Ausführen

load carrying ability
die Belastbarkeit

load factor der Belastungsfaktor

load impedance der Lastwiderstand (Elektronik)

load resistor der Lastwiderstand (Elektronik)

loader der Lader (Software)

loading error der Einlesefehler, der Ladefehler

loading routine das Ladeprogramm (Software)

local örtlich

local apparent time die wahre Ortszeit

local area network das lokale Netzwerk (LAN)

local bridge die Brücke, Gerät für die Verbindung von Teilnetzen (Hardware)

local bus Name eines Bussystems für schnelle Peripherie (Hardware)

local call das Ortsgespräch (Telefon)

local mode der geräteinterne Betrieb

local variable die lokale Variable

locate auffinden, lokalisieren, ausfindig machen

location der Ort, die Speicherzelle, die Niederlassung

lock sperren, verriegeln, die Sperrvorrichtung

lock off ausschließen (z.B. einen defekten Sektor von der weiteren Benutzung)

lock on verriegeln (z.B. von Tasten)

lock-nut die Gegenmutter (Mechanik)

locking die Verriegelung (Mechanik)

locking type of button die arretierende Taste (Mechanik)

locus der geometrische Ort (Mathematik)

log der Logarithmus, loggen, registrieren

log off abmelden, ausloggen

log on anmelden, einloggen

logarithm der Logarithmus (Mathematik)

logarithm scale der logarithmische Maßstab (Mathematik)

logic die Logik

logic addition die logische Addition (Mathematik)

logic analysis die Logikanalyse

logic analyzer der Logikanalysator

logic array die logische Anordnung

logic circuit der Logikschaltkreis (Elektronik)

logic decision die logische Entscheidung

logic design der logische Aufbau

logic element das logische Element, das Verknüpfungselement

logic instruction der logische Befehl (Software)

logic level der logische Zustand

logical logisch

logical building block
die Logikbaugruppe (Elektronik)

logical circuit der logische Schaltkreis (Elektronik)

logical comparison der logische Vergleich

logical design der logische Aufbau
logical diagram der Logikplan
logical error der logische Fehler
logical function die logische Funktion (Mathematik)
logical operand der logische Operand
logical operation die logische Operation
logical OR circuit die logische ODER-Schaltung (Elektronik)
logical organization die logische Organisation
logical program das logische Programm
logical shift die logische Verschiebung
logical symbol das logische Zeichen
logical test der logische Test
login script die Initialisierungsdatei (im Netzwerk)
logistic die Logistik, das Versorgungswesen
Logitech Name eines Hardwareherstellers
logoff die Trennung einer Verbindung
logon der Beginn einer Arbeitssitzung
long distance transmission die Fernübertragung
long-term langfristig, längerfristig
longevity die Langlebigkeit
longhand die Schreibschrift
longitude die Länge
longitudinal der Länge nach
longitudinal magnetic field das längsgerichtete Magnetfeld
longitudinal parity check die Längssummenkontrolle
longways der Länge nach
look ahead vorausschauend
lookeron der Zuschauer
looking-glass der Spiegel
loop die Schleife, die Programmschleife (Software), die Schlinge (Mechanik)
looping das Durchlaufen (z.B. einer Programmschleife)
loose coupling die lose Verbindung
looseness die Ungenauigkeit

loss der Verlust, die Dämpfung (Elektronik)
loss data die verlorenen Daten (z.B. durch einen Übertragungsfehler)
loss of accuracy der Genauigkeitsverlust
lost motion das Spiel, der Spielraum
lot das Los
Lotus Name eines Softwarehauses
Lotus 1-2-3 Name eines Tabellenkalkulationsprogrammes der Fa. Lotus (Software)
loudness die Lautstärke
low niedrig, tief
low access memory der Schnellzugriffsspeicher (Hardware)
low bottom limit die untere Grenze
low impedance niederohmig (Elektronik)
low level switch der Schalter für kleine Spannungen (Elektronik)
low noise amplifier der rauscharme Verstärker (Elektronik)
low order niederwertig
low power drain der geringe Stromverbrauch
low value niederwertig
low-level formatting die Vorformatierung (z.B. einer Festplatte)
lower case printing das Drucken mit Kleinbuchstaben
lower order digit die nächstniedrigere Ziffer
lowest common denominator der kleinste gemeinsame Nenner (Mathematik)
lozenge die Raute (Mathematik)
lubricant das Schmiermittel
lubricate schmieren
lubrication die Schmierung (z.B. eines Lagers)
luminance die Helligkeit
luminous spot der Leuchtpunkt (auf dem Bildschirm)
lute der Kitt, verkitten
lye die Lauge

M

machine die Maschine
(z.B. der Computer)
machine address
die Maschinenadresse
machine aided maschinenunterstützt
machine code instruction
der Maschinenbefehl (Software)
machine cycle der Maschinenzyklus
machine down time
die Maschinenstillstandszeit
machine error der Maschinenfehler
machine failure der
Maschinenausfall, das Versagen der
Maschine
machine fault der Maschinenfehler
machine format
das Maschinenformat (Darstellung
von Daten)
machine instruction
der Maschinenbefehl
machine language
die Maschinensprache (Assembler)
machine load
die Maschinenbelastung
machine oriented language
die maschinenorientierte
Programmiersprache (Software)
machine program
das Maschinenprogramm
machine readable maschinenlesbar
machine readable data
die maschinenlesbaren Daten
machine script
die maschinenlesbaren Daten
machine sensible maschinenlesbar
machine setup time
die Maschineneinstellzeit
machine shop die mechanische
Werkstatt
machine time die Rechenzeit
machine tool die Werkzeugmaschine
(Hardware)
machine translation die maschinelle
Übersetzung
machine word das Maschinenwort
(Software)

Macintosh Name eines Computers
der Fa. Apple
macro das Makro, der Makrobefehl
macro call der Makroaufruf
macro coding die Makrocodierung
macro expansion
die Makroexpansion
macro instruction der Makrobefehl
(Software)
macro library die Makrobibliothek
(Software)
macroassembler der Makroassembler
(Software)
magazine das Magazin, der
Vorratsbehälter, die Zeitschrift
magenta der Rotanteil der vier
Grundfarben
magnet der Magnet
magnetic magnetisch
magnetic area der magnetische
Bereich
magnetic bubble memory der
Magnetblasenspeicher (Elektronik)
magnetic card die Magnetkarte
magnetic card memory
der Magnetkartenspeicher
magnetic characters
die Magnetschrift (maschinenlesbar)
magnetic clutch die Magnetkupplung
(Mechanik)
magnetic coating die Magnetschicht,
die magnetische Beschichtung
magnetic component
das magnetische Bauteil (Mechanik)
magnetic core der Magnetkern
magnetic disk
der Magnetplattenspeicher (Hardware)
magnetic drum die Magnettrommel
(Hardware)
magnetic drum memory der
Magnettrommelspeicher (Hardware)
magnetic field das Magnetfeld
(Elektronik)
magnetic field strength
die Magnetfeldstärke, die Feldstärke
(Elektronik)
magnetic flux der magnetische Fluß
(Elektronik)

magnetic flux density
die magnetische Flußdichte
(Elektronik)
magnetic head der Magnetkopf
magnetic head mount
die Magnetkopfhalterung (Mechanik)
magnetic ink die magnetisierbare
Tinte
magnetic layer die Magnetschicht
magnetic memory der magnetische
Speicher
magnetic reading die magnetische
Abtastung
magnetic recording die magnetische
Aufzeichnung
magnetic reluctance der magnetische
Widerstand (Elektronik)
magnetic state
der Magnetisierungszustand
magnetic stripe der Magnetstreifen
magnetic tape das Magnetband
magnetic tape device
das Bandlaufwerk (Hardware)
magnetic tape transport
der Magnetbandtransport (Mechanik)
magnetic tape unit
die Magnetbandeinheit (Hardware)
magnetic track die Magnetspur
magnetically magnetisch
magnetizable medium
das magnetisierbare Medium
magnetization die Magnetisierung
magnetize magnetisieren
magnetized to saturation magnetisch
gesättigt (Elektronik)
magnetizing force die magnetische
Feldstärke (Elektronik)
magnitude der Absolutwert
(Mathematik)
mail der Brief, die Post, mit der Post
schicken
mail order house das Versandhaus
mailbox die Mailbox, der
elektronische Briefkasten
main board die Hauptplatine eines
Computers (Elektronik)
main memory der Hauptspeicher
(Hardware)

main menu das Hauptmenü
(Software)
main processor der Hauptprozessor
(Hardware)
main program das Hauptprogramm
(Software)
main storage der Hauptspeicher
(Hardware)
main task die Hauptaufgabe
mainframe der Großrechner, der
Zentralrechner (Hardware)
mains das Stromnetz
mains supply die
Netzstromversorgung (Hardware)
maintainability die
Wartungsmöglichkeit
maintenance die Wartung, die
Instandhaltung
maintenance charges
die Wartungskosten,
die Unterhaltungskosten
maintenance part das Ersatzteil
(Hardware)
maintenance rate
das Wartungsintervall
major cycle der Hauptzyklus
major defect der Hauptfehler
make brake contact der
Umschaltkontakt (Mechanik)
make restitution Ersatz leisten
make-code der beim Drücken einer
Taste erzeugte Code
makeshift die Übergangslösung, der
Notbehelf
makeup time die Ausfallzeit durch
eine Reparatur
maladjustment die mangelhafte
Anordnung, die schlechte Anpassung
male screw die Schraubenspindel
(Mechanik)
maleficence die Schädlichkeit
malfunction die Funktionsstörung,
das Versagen
malfunction indicator
die Störungsanzeige
man-hour die Arbeitsstunde
man-machine-dialog der Mensch-
Maschine-Dialog

man-made noise die Störung
man-made static die Funkenstörung (Elektronik)
manage handhaben, behandeln, verwalten
manageable handlich
management die Verwaltung, die Handhabung
management science die Wissenschaft der betrieblichen Verwaltung
manager der Verwalter, der Leiter, der Unternehmer
mandrel der Dorn (Mechanik)
manifold vervielfältigen
manipulate geschickt handhaben, behandeln
manipulation die Handhabung, die Manipulation, die Beeinflussung
manometer der Druckmesser, das Manometer
manpower die menschliche Arbeitskraft
Mantis Name einer Programmiersprache (Software)
mantissa die Mantisse (Mathematik)
manual das Handbuch, mit der Hand gemacht
manual access der manuelle Zugriff
manual control die manuelle Steuerung, die Handsteuerung
manual input die Eingabe von Hand
manual of instruction die Betriebsanleitung, das Handbuch
manual operation der Handbetrieb
manual override key die Löschtaste
manual patching das Herstellen einer Verbindung von Hand
manual transcription das manuelle Umschreiben, Übertragen
manually prepared von Hand hergestellt
manufactoring control die Fertigungskontrolle
manufactory die Fabrik
manufacture die Fabrikation, das Fabrikat
manuscript handschriftlich, das Manuskript

many-valued function die vieldeutige Funktion
mapping die Umwandlung von Programmadressen in Hardwareadressen
margin der Rand, der Spielraum
margin release die Randfreigabe
margin stop die Randeinstellung
marginal am Rand befindlich
marginal check die Randwertprüfung
marginal condition die Randwertbedingung
marginal note die Randbemerkung
marginal perforation die Randlochung (z.B. Endlospapier)
mark die Markierung, das Markierungszeichen, das Merkmal, bezeichnen
mark scanning die Zeichenabtastung
marker das Lesezeichen, das Markierbit, der Indexmarker
marker pulse der Markierungsimpuls (Elektronik)
market der Markt, auf den Markt bringen
market analysis die Marktanalyse
market research die Marktforschung
market-value der Marktwert, der Kurswert
marketing der Vertrieb, die Vermarktung
marketing cost die Vertriebskosten
marking die Bezeichnung, die Zeichnung
marking device die Markierungseinrichtung (Hardware)
marking ink die Zeichentinte
marking zone die Markierungszone
mask die Maske, die Abdeckung, maskieren
mask instruction der Ausblendebefehl (Software)
mask register das Maskenregister
masked state der ausgeblendete Zustand
masking das Ausblenden
mass production die Massenproduktion

mass storage der Massenspeicher (Hardware)
master boot record der Verwaltungsbereich einer Festplatte
master clock der Grundtakt
master file die Hauptdatei, die Stammdatei (Software)
master information die Stammdaten
master pulse der Hauptimpuls (Elektronik)
master routine das Hauptprogramm (Software)
masterkey der Hauptschlüssel
mat mattiert, matt, die Matrize
match anpassen, passend machen, das Passende
matching die Anpassung
material das Material, der Stoff, materiell, sachlich
material accounting die Materialabrechnung
material code der Materialcode
material status der Materialbestand
mathematical mathematisch
mathematical check die rechnerische Kontrolle
mathematical computation die mathematische Berechnung
mathematical expression der mathematische Ausdruck
mathematical logic die mathematische Logik
mathematical problem das mathematische Problem
mathematical term der mathematische Begriff
mathematics die Mathematik
matrix die Matrix, die Matrize
matrix calculus die Matrizenrechnung (Mathematik)
matrix character das Matrixzeichen
matrix column die Matrizenspalte
matrix inversion die Matrizeninversion (Mathematik)
matrix line die Matrizenzeile
matrix notation die Matrizendarstellung
matrix printer der Matrixdrucker (Hardware)
matrix printing der Matrixdruck
matrix row die Matrizenzeile
Maxell Name eines Hardwareherstellers (Datenträger)
mean life die mittlere Lebensdauer
mean time between failure die mittlere Ausfallzeit
mean time to repair die mittlere Reparaturzeit
mean value der Mittelwert
measurable meßbar
measure das Maß, der Takt, messen
measurement setup die Meßanordnung
measuring bridge die Meßbrücke (Elektronik)
measuring equipment das Meßgerät (Hardware)
measuring instrument das Meßgerät (Hardware)
measuring point der Meßpunkt
measuring range der Meßbereich
measuring value der Meßwert
mechanic der Mechaniker
mechanical engineering die Maschinenbaukunde
mechanical linkage die mechanische Verbindung
mechanical register das mechanische Zählwerk
mechanical strength die mechanische Festigkeit
mechanical translation die maschinelle Übersetzung
mechanicalness das Mechanische
mechanics die Mechanik, die Mechaniker
mechanism der Mechanismus
mechanized data die maschinenlesbaren Daten
media control interface Name einer Multimedia-Schnittstelle
media descriptor byte Name der Softwarekennung einer Diskette
median der Zentralwert (Mathematik)
medium das Medium, die Mitte

melting point der Schmelzpunkt
memorandum die Notiz, der Schriftsatz
memorize merken
memory der Speicher, das Gedächnis
memory address die Speicheradresse
memory bank die Speicherbank (Hardware)
memory block der Speicherblock
memory board die Speichererweiterungskarte
memory bus der Speicherbus (Hardware)
memory capacity die Speicherkapazität
memory chip der Speicherchip (Hardware)
memory control die Speichersteuerung
memory cycle der Speicherzyklus
memory data register das Speicherregister
memory dump der Speicherauszug
memory function die "Gedächnisfunktion"
memory location der Speicherplatz
memory location register das Speicherregister
memory management die Speicherverwaltung
memory management unit die Speicherverwaltungseinheit (MMU)
memory protection der Speicherschutz
memory requirements der Speicherbedarf (eines Programmes)
memory resident speicherresident, im Speicher verbleibend
memory size die Speichergröße
memory stack der Speicherblock
memory word das Speicherwort
mental computation das Kopfrechnen
menu das Menü
menu bar die Menüleiste, der Menübalken (Software)
menu item der Menüpunkt (die Auswahl)
mercantile kaufmännisch
merchandise die Ware
merchandise processing system das Warenwirtschaftssystem
mercury das Quecksilber (Chemie)
merge mischen, verschmelzen
merging das Mischen
merging bits die eingemischten Bits (zur Fehlererkennung auf einer CD)
mesh ineinandergreifen, die Masche
mesh network das Maschennetz (Netzwerk mit redundanten Verbindungen)
message die Nachricht, die Meldung, die Botschaft
message heading der Nachrichtenkopf (Software)
message preamble der Nachrichtenvorsatz (Software)
meta language die Metasprache (zur Beschreibung einer Programmiersprache)
metacompiler der Compiler für die Compilerentwicklung (Software)
metal oxide semiconductor der Metalloxid-Halbleiter (MOS)
metaphor die Metapher
meter der Messer, der Zähler
method die Methode, das Verfahren
method of analysis die Berechnungsmethode
method of approach die Annäherungsmethode (Mathematik)
metric system das Dezimalsystem
micro chip der Mikrochip (Elektronik)
micro computer der Kleincomputer (Hardware)
micro disk die Mikrodiskette, die Diskette (Hardware)
micro instruction der Mikrobefehl (Software)
micro program das Mikroprogramm (Software)
microchannel der Mikrokanal (Bussystem von IBM)
microcircuit die Mikroschaltung (Elektronik)

microcode der Mikrocode (Software)
microcomputer der Mikrocomputer (Hardware)
Micrografix Name eines Softwareherstellers
micrographics die Mikrofilmtechnologie
micrologic die Logik mit Mikroschaltungen (Elektronik)
microminiature circuit die Kleinstbaugruppe (Elektronik)
micromodule die Kleinstbaugruppe (Elektronik)
microprocessor der Mikroprozessor (Elektronik)
microprocessor instruction set der Mikroprozessor-Befehlssatz
Microsoft Name eines Softwarehauses
microwave die Mikrowelle (Elektronik)
mid frequency die Mittenfrequenz (Elektronik)
midget relay das Kleinstrelais (Elektronik)
migration die Wanderung (Elektronik)
mile die Meile (=1609,33 m)
miniaturization die Miniaturisierung
minicartridge die Minikassette (Massenspeicher)
minicomputer der Minicomputer (Hardware)
minimize minimieren, verkleinern
minimum inventory der Mindestbestand
minus coefficient der negative Koeffizient (Mathematik)
mirroring die Spiegelung, die zusätzliche Abbildung von Daten auf einer weiteren Festplatte
misalignment die Dejustierung (Mechanik)
miscalculate falsch berechnen, sich verrechnen
miscalculation der Rechenfehler
miscallaneous gemischt, vermischt, vielseitig
miscount falsch rechnen, die falsche Rechnung
misdate das falsche Datum, falsch datieren
mismatch die Fehlanpassung
misnumbered falsch numeriert
misplacement die Verstellung
misprint der Druckfehler
misrouted fehlgeleitet
missing fehlend
misspell falsch buchstabieren, falsch schreiben
mistake der Fehler, verwechseln
mistranslate falsch übersetzen
mistranslation die falsche Übersetzung
mitre-wheel das Kegelrad (Mechanik)
mix mischen
mix-up das Durcheinander
mixed base notation die Schreibweise mit gemischten Basen (Mathematik)
mixed mathematics die angewandte Mathematik
mixture die Mischung
mnemonic mnemonisch, mnemotechnisch
mnemonic code der mnemonische Code
mobile beweglich, mobil
mobile equipment das mobile Gerät
mobility die Beweglichkeit
mode der Modus, die Betriebsart, der Betrieb, der häufigste Wert (Mathematik), die Schwingung, die Art und Weise
mode of operation die Betriebsart
mode of transmission die Übertragungsart
model das Modell, das Muster
modem das Modem (Modulator/Demodulator)
modicum die geringe Menge, das Wenige
modification die Modifizierung, die Änderung
modification routine die Änderungsroutine (Software)

modify ändern, modifizieren
modul das Modul, die funktionelle Einheit (Hardware, Software)
Modula Name einer Programmiersprache (Software)
modular aus Bausteinen aufgebaut (Hardware, Software)
modular concept das modulare Konzept, das Konzept der modularen Bauweise
modular design die Modulbauweise (Hardware, Software)
modulation die Modulation, die Tastung (Elektronik)
modulator der Regler, der Modulator (Elektronik)
module das Modul, der Baustein (Hardware, Software)
modulus der Absolutwert einer komplexen Zahl (Mathematik)
moistness, moisture die Feuchtigkeit
molecular electronics die Molecularelektronik
molten geschmolzen
moment of inertia das Trägheitsmoment (Mechanik)
monadic operation die Operation mit einem Operanden
money transfer der Zahlungsverkehr
monitor der Monitor, das Überwachungsprogramm, überwachen
monitor printer der Kontrolldrucker (Hardware)
monitoring die Überwachung
monkey-wrench der Schraubenschlüssel (der "Engländer")
monochrome einfarbig
monochrome display der monochrome Bildschirm (Hardware)
monocular für ein Auge, einäugig
monostable circuit die monostabile Schaltung (Elektronik)
monostable flip flop die monostabile Kippschaltung (Elektronik)
monosyllable das einsilbige Wort
mordant die Beize, das Beizmittel
morgue das Archiv
MOS der Metalloxid-Halbleiter (Elektronik)
mosaic printer der Matrixdrucker (Hardware)
MOSFET (metal oxide semiconductor field effect transistor) der Metalloxid-Feldeffekt-Transistor
most significant bit das höchstwertige Bit
motherboard die Hauptplatine, die Grundplatine (Elektronik)
motif das Motiv, Name einer Standardbasis-Software für grafische Benutzeroberflächen
motion die Bewegung
motion pictures der Film
Motorola Name eines amerikanischen Hardwareherstellers
mounting die Montage, der Beschlag (Mechanik)
mouse die Maus (Hardware)
mouse-pad die Mausunterlage
moveable beweglich
MS-Office Name eines Softwarepaketes der Fa. Microsoft
MSB (most significant bit) das höchstwertige Bit
MSI (medium scale integration) die mittlere Integration
MTBF (mean time between failures) die mittlere Zeitspanne zwischen zwei Ausfällen
MTTR (mean time to repair) die mittlere Reparaturzeit
mu-SIMP Name einer Programmiersprache (Software)
muffle die Muffe, umhüllen
multi address instruction der Mehradreßbefehl (Software)
multi address message der Rundbrief, der Serienbrief
multi frequency code das Mehrfrequenz-Wählverfahren
multi tasking das Multitasking (Software)
multibyte instruction der Mehrwortbefehl (Software)
multilevel address die indirekte Adresse

multimedia die Verbindung von Audio und Video, Schrift und Sprache usw.
multipath transmission die Mehrwegübertragung
Multiplan Name eines Tabellenkalulationsprogrammes
multiple das Vielfache (Mathematik), vielfach
multiple address code der Mehradressencode
multiple connector der Mehrfachsteckverbinder (Hardware)
multiple digit number die mehrstellige Zahl
multiple firm die Firma mit Niederlassungen
multiplex bündeln, vielfach
multiplex channel der Multiplexkanal
multiplex mode der Multiplexbetrieb
multiplex operation der Mehrfachbetrieb
multiplexed information die gebündelte Nachricht
multiplexer der Multiplexer (Kanalaufteiler), Hardware
multiplexing das Bündeln
multiplicand der Multiplikand (Mathematik)
multiplication die Multiplikation (Mathematik), die Vermehrung, die Vervielfältigung
multiplication table d ie Multiplikationstafel (Mathematik)
multiplier der Multiplikator (Mathematik)
multiplier register das Multiplikationsregister
multiply multiplizieren (Mathematik)
multiply instruction der Multiplizierbefehl
multipoint connector der Mehrfachsteckverbinder
multipole connector der Mehrfachsteckverbinder
multiprocessing die Simultanverarbeitung
multiprogramming die Programmverzahnung (Software), der Mehrprogrammbetrieb
multiscan monitor der Mehrfrequenzmonitor (Hardware)
MultiSpin Name einer Technik zur Erhöhung der Datentransferrate von CD-ROMs (höhere Drehzahl)
MultiSync Name eines Monitormodells der Fa. NEC (Hardware)
multitasking das Multitasking, der scheinbar gleichzeitige Ablauf mehrerer Programme
multithreading das gleichzeitige Ablaufen von Prozessen
multiuser operating system das Mehrbenutzerbetriebssystem (Software)
multiuser system das Mehrbenutzersystem
multivibrator der Multivibrator (Elektronik)
music-paper das Notenpapier
mutability die Veränderlichkeit
mutation die Veränderung, der Umlaut, die Mutation
mutilated character das verstümmelte Zeichen
mutilation die Verstümmelung
mutual gegenseitig, wechselseitig, gemeinsam
mutual inductance coupling die induktive Kopplung (Elektronik)
MVS ein Betriebssystem für Großrechner (Multiple Virtual Storage)

N

n-leaved rose die Blattkurve (Mathematik)
n-tuple n-fach
NAK (negative acknowledgement) die negative Quittung (bei der fehlerhaften Datenübertragung)

naperian logarithm der natürliche Logarithmus (Mathematik)
narrow pulse der schmale Impuls (Elektronik)
native language support die Unterstützung der Landessprache
Natural Name einer Programmiersprache (Software)
natural base die natürliche Basis (e = 2,71828) (Mathematik)
natural language interface die natürlichsprachliche Schnittstelle
NC die numerische Steuerung (numerical control)
near letter quality die annähernde Briefqualität (eines Ausdruckes)
neccessary notwendig, unvermeidlich
need der Bedarf, der Mangel
needle die Nadel (Mechanik)
negate verneinen
negation die Negation, die Verneinung
negativ logic die negative Logik
negative verneinend, negativ, die Verneinung
negative acknowledgement die negative Quittung (bei der fehlerhaften Datenübertragung)
neglect die Vernachlässigung, die Nachlässigkeit, vernachlässigen
negligence die Fahrlässigkeit
negotiability die Verkäuflichkeit
nested ineinandergeschachtelt
net das Netz, netto
net amount der Nettobetrag
net gain das Nettogewicht
Netware Name eines Netzwerkbetriebssystems (Software)
network das Netzwerk, der Verbund
network database language die Netzdatenbanksprache (Software)
network job entry der Netzwerkzugang
network layer die Netzwerkschicht, die Vermittlungsschicht (OSI-Schichtenmodell)
network planning die Netzwerkplanung
network topology die Netzwerktopologie (Hardware)
network user identification die Teilnehmerkennung (NUI)
neural network das neuronale Netzwerk (Software, Hardware)
neutral neutral, der Nullpunkt
neutral zone die Totzone
new assignment die Neuzuordnung
new start der Neustart (eines Systems)
news die Nachrichten, die Neuigkeiten
newsgroup Name für die Diskussionsforen im Usenet
Newton pad Name eines Pen-PC der Fa. Apple (Hardware)
next nächstfolgend, demnächst, Name eines Minicomputers
NextStep Name eines Betriebssystems (Software)
nibble das Nibble, das Halbbyte (Software)
niceness die Feinheit, die Genauigkeit
nines complement das Neunerkomplement (Mathematik)
nitrogen der Stickstoff (Chemie)
no go flag das Stoppflag, die Stoppanzeige
no operation die Nulloperation (Software)
no parity keine Paritätsprüfung
no-how in keiner Weise, nicht in Ordnung
nob der Knopf
nock die Kerbe
nodal equation die Knotenpunktgleichung (Mathematik)
node der Knoten (in einem vermaschten Netzwerk)
noise das Rauschen, das Geräusch
noise ratio der Störpegelabstand (Elektronik)
noiseless geräuschlos
noisy geräuschvoll, lärmend
nomenclature die Nomenklatur, die Fachbezeichnung, die Fremdsprache
nominal frequence die Nennfrequenz (Elektronik)

nominal voltage die Nennspannung (Elektronik)
non addressable memory der nicht adressierbare Speicher
non ambiguous eindeutig (Mathematik)
non conductor der Nichtleiter (Elektronik)
non conjunction die NAND-Funktion
non contact making kontaktlos (Elektronik)
non dedicated server der nicht spezialisierte Server (im Netzwerk)
non disjunction die NOR- Funktion
non equivalence die Antivalenz, das exklusive ODER
non erasable memory der nichtlöschbare Speicher (Hardware)
non impact printer der anschlagfreie Drucker (Hardware)
non parity bit das ungerade Kontrollbit
non permissible nicht zulässig
non volatile storage der energieunabhängige Speicher
non zero ungleich Null
non-attendance das Ausbleiben
non-fiction die Fachliteratur
non-interlaced ohne Zeilensprung (Monitortechnologie)
non-stop durchgehend
noncurrent phenomenon die einmalige Erscheinung
nondestructive readout das zerstörungsfreie Lesen
nonlocked asynchron, nicht taktgesteuert
nonsmudge wischfest
nonuniform convergence die ungleichmäßige Konvergenz (Mathematik)
nook die Ecke, der Winkel
NOR-function die NICHT-ODER-Funktion
norm die Norm, die Regel, der Maßstab, das Muster
normal normal, üblich, senkrecht

normalize normalisieren
normally closed contact der Ruhekontakt (Elektronik)
normally open contact der Arbeitskontakt (Elektronik)
North American Software Name eines Softwarehauses
Norton Utilities Name einer umfangreichen Hilfsprogrammsammlung (von Peter Norton)
not negotiable cheque der Verrechnungsscheck
notation die Schreibweise, die Bezeichnung, das Zeichensystem
notch einkerben, die Kerbe, die Nut
note die Note, das Zeichen, das Merkmal, notieren, aufschreiben, beobachten
notebook das Notizbuch
notebook computer der Notizbuchcomputer (Größe etwa einer DIN-A4-Seite)
noted bekannt, berühmt
notepad computer der Notizblockcomputer (mit handschriftlicher Eingabe)
notepaper das Briefpapier
notice die Notiz, die Nachricht, die Anzeige, bemerken, beobachten
notification die Ankündigung, die Meldung, die Anzeige
nought die Null
noughts complement das Basiskomplement (Mathematik)
noun das Hauptwort
novel neu, ungewöhnlich
Novell Name eines Softwarehauses
Novell-DOS Name eines Betriebssystem (vormals DR-DOS)
Novell-NetWare Name eines Netzwerkbetriebssystems der Fa. Novell (Software)
novelty die Neuheit
nozzle die Düse, die Tülle
NTSC (national television standard committee) Fernsehnorm in den USA

NUA (network user address)
die Benutzeradresse im Netzwerk
NuBus Name einer 32-Bit-Busschnittstelle (Hardware)
nucleonics die Atomtechnik
NUI (network user identification)
die Nutzerkennung (für den Netzwerkzugang)
null drift die Nullpunktabweichung
null operation die Nulloperation (Software)
null statement der Leerbefehl (Software)
nullity die Ungültigkeit, das Nichts, die Null
number die Nummer, die Zahl, zählen, numerieren
number cruncher der „Zahlenfresser", umgangssprachlich für Supercomputer.
Number Nine Name eines Hardwareherstellers
number notation
die Zahlenschreibweise
number representation
die Zahlendarstellung
number serially durchnumerieren
number system das Zahlensystem
numeral das Zahlsymbol
numeration die Zählung, die Numerierung
numerator der Zähler eines Bruches (Mathematik)
numeric numerisch
numeric keypad der Zehnerblock (auf der Tastatur)
numeric processor der numerische Prozessor, der Koprozessor (Hardware)
numerical numerisch, zahlenmäßig
numerical coded instruction
der numerisch codierte Befehl
numerical coding die numerische Codierung, die Zahlenverschlüsselung
numerical control die numerische Steuerung (von Werkzeugmaschinen), NC

numerical entry die Zahleneingabe
numerical integration
die numerische Integration (Mathematik)
numerical quantity die numerische Größe (Mathematik)
numerical sorting das Sortieren nach Nummern
numerous zahlreich
nut die Schraubenmutter (Mechanik)

O

Oberon Name einer Programmiersprache (Software)
object der Gegenstand, das Ziel, das Objekt
object code der Objektcode (Software)
object language die Zielsprache (Software)
object orientated objektorientiert (Software), z.B. Programmiersprache
object program das Objektprogramm, das übersetzte Programm (Software)
object-glass, object-lense
das Objektiv (Optik)
oblique plane die geneigte Ebene (Mathematik)
oblong länglich, das Rechteck
obtuse angle der stumpfe Winkel (Mathematik)
Occam Name einer Programmiersprache (für Transputer)
occasion die Gelegenheit, die Veranlassung
occupation die Bearbeitungsart
OCR (optical character recognition)
die optische Zeichenerkennung
OCR-code OCR-Schrift (maschinenlesbar)
octagon das Achteck
octal digit die Oktalziffer
octal notation die Oktalschreibweise

octal number die Oktalzahl
octal number system das Oktalsystem
octet das Acht-Bit Byte
odd function die ungerade Funktion (Mathematik)
odd number die ungerade Zahl
odd parity die ungerade Parität
odd parity check die ungeradzahlige Paritätskontrolle
odd-even check die Ungeradegerade-Kontrolle, die Paritätskontrolle
off state der Sperrzustand, nicht leitender Zustand (Elektronik)
off-line operation der Off-line-Betrieb
off-line operation der rechnerunabhängige Betrieb
off-line printer der selbständig arbeitende Drucker (Hardware)
Office Name eines Softwarepaketes der Fa. Microsoft
office appliances die Bürobedarfsartikel
office automation die Büroautomation
OfficeVision Name der Bedieneroberfläche unter OS/2 (Software)
official document das amtliche Schriftstück, der offizielle Beleg
offset der Adressenversatz, versetzt
offset stacker die versetzte Ablage
oil das Öl, ölen
Omnis 5 Name eines Datenbankprogrammes (Software)
on line in Verbindung, der On-line-Betrieb
on site vor Ort
on state der leitende Zustand (Elektronik)
on-line operation der direkte Betrieb, der rechnerabhängige Betrieb
on-off code der Ja-Nein-Code, der bistabile Code
on-off switch der Ein-/Ausschalter
on-off-control system das Ein-Aus-Regelsystem

one address computer der Einadreßrechner (Hardware)
one kick multivibrator der monostabile Multivibrator (Elektronik)
one level address die direkte Adresse
one level store der Speicher mit nur einer Zugriffsebene (z.B. Festwertspeicher)
one plus one address instruction der Zweiadreßbefehl
one shot schrittweise, einmalig
one state der "Eins"- Zustand
one time job das Einzelproblem
one valued function die eindeutige Funktion (Mathematik)
one-line processing die direkte Verarbeitung
one´s own need der Eigenbedarf
ones complement das Einerkomplement
onward routing die Weiterverbindung (im Netzwerk)
opcode der Opcode, der Operationscode
open circuit impedance der Leerlaufwiderstand (Mechanik)
open circuit voltage die Leerlaufspannung (Elektronik)
open ended nicht abgeschlossen, erweiterungsfähig
open loop die offene (Programm-)Schleife (Software)
open shop testing der Eigentest eines Computers
open subroutine das offene Unterprogramm (Software)
open wire line die Freileitung
open-shut control system das Zweipunktregelsystem
operable betriebsfähig
operand der Operand, die Rechengröße
operand address die Operandenadresse
operand channel der Operandenkanal
operand register das Operandenregister

operate arbeiten, betreiben, ansprechen, einwirken, in Gang bringen
operating coil die Arbeitswicklung (Elektronik)
operating current die Arbeitsspannung, der Betriebsstrom (Elektronik)
operating cycle der Arbeitszyklus
operating error der Bedienungsfehler
operating expenses die Betriebskosten
operating frequency die Betriebsfrequenz (Elektronik)
operating instructions die Bedienungsvorschriften
operating language die Betriebssprache
operating principle die grundsätzliche Arbeitsweise
operating sequence der Arbeitsablauf, die Arbeitsfolge
operating speed die Arbeitsgeschwindigkeit
operating staff das Bedienungspersonal
operating system das Betriebssystem (Software)
operating temperature die Betriebstemperatur
operating threshold die Ansprechschwelle (Elektronik)
operating time die Betriebsdauer
operating voltage die Betriebsspannung (Elektronik)
operation die Operation, der Betrieb
operation code der Befehlscode, der Operationscode (Software)
operation instruction die Betriebsanweisung, die Betriebsanleitung
operation rate die Operationsgeschwindigkeit
operation register das Operationsregister
operation speed die Operationsgeschwindigkeit
operation time die Ausführungszeit
operational einsatzfähig, betriebsbereit
operational amplifier der Operationsverstärker (Elektronik)
operational guidance die Bedienungsrichtlinien
operational method die Verfahrenstechnik
operations research die Unternehmensforschung
operations scheduling die Arbeitsvorbereitung
operator der Operator, der Bediener
opposed entgegengesetzt
opposite gegenüberliegend, entgegengesetzt, das Gegenteil
optical optisch
optical character recognition die optische Zeichenerkennung
optical disk die optische Diskette
optical document reader der optische Belegleser
optical encoder der optische Codeumsetzer
optical fiber der Lichtwellenleiter
optical pattern recognition die optische Zeichenerkennung
optical reader das optische Lesegerät (Hardware)
optical scanning die optische Abtastung
optical sensing device die optische Abtasteinrichtung
optical splice die dauerhafte Verbindung optischer Fasern
optical waveguide der Lichtwellenleiter
optimally optimal
optimization die Optimierung
option die Wahl, die Wahlfreiheit
optional wahlweise, freigestellt
optional feature wahlweise Zusatzeinrichtung (Hardware, Software)
optoelectric device die optoelektrische Schaltung (Elektronik)
OR-circuit die ODER-Schaltung (Elektronik)
OR-function die ODER-Funktion

order die Anordnung, der Befehl, anordnen, befehlen
order die Größenordnung (Mathematik)
orderliness die Regelmäßigkeit
ordinal die Ordnungszahl (Mathematik)
ordinary differential equation die gewöhnliche Differentialgleichung (Mathematik)
ordinate die Ordinate (Mathematik)
organizational flow chart das Organisationsschaubild
organize organisieren, einrichten
orienting die Adressenzuweisung
origin der Ursprung, der Anfang, die Herkunft
original das Original, ursprünglich
original address die ursprüngliche Adresse
original data die Ausgangsdaten
originate a message eine Nachricht erzeugen
originating of information die Entstehung von Information
originator der Urheber
orthogonal coordinates die orthogonalen Koordinaten (Mathematik)
orthography die Rechtschreibung
OS/2 Name eines Betriebssystems (Software)
oscillate schwingen (Elektronik)
oscillation die Schwingung (Elektronik)
oscillator der Schwingungserzeuger (Elektronik)
oscillator circuit die Oszillatorschaltung (Elektronik)
oscillograph der Schwingungsschreiber (Hardware)
oscilloscope das Oszilloskop (Elektronik)
out of order außer Betrieb sein, gestört
out-dated zeitlich überholt
outage der Ausfall, das Versagen
outcome das Ergebnis

outfit die Ausrüstung, die Ausstattung
outgoing abgehend
outgoing message abgehende Nachricht
outlier der Ausreißer (vom statitistischen Mittel bzw. der Norm)
outline die Umrißlinie, die Skizze, skizzieren
outline font die Vektorschrift
output die Ausgabe, der Ausgang, die Produktion
output area der Ausgabebereich
output buffer storage der Ausgabe-Pufferspeicher
output channel der Ausgabekanal
output data die Ausgabedaten
output device das Ausgabegerät (Hardware)
output element die Ausgabeeinheit (Hardware)
output equipment das Ausgabegerät (Hardware)
output file die Ausgabedatei (Software)
output format das Ausgabeformat
output instruction der Ausgabebefehl (Software)
output port der Ausgabeport
output queue die Ausgabewarteschlange
output statement der Ausgabebefehl
output terminals der Ausgang eines Gerätes, die Ausgangsanschlüsse
output unit die Ausgabeeinheit (Hardware)
output winding die Ausgabewicklung (Elektronik)
outstation die Außenstation
oval das Oval, oval
oven der Thermostat
overbalance das Übergewicht, umkippen
overcharge die Überladung
Overdrive processor Name der Bauart eines Mikroprozessors (mit doppelter interner Taktfrequenz)
overdriven übersteuert

overflow der Überlauf, die Überschreitung der Kapazitätsgrenze
overflow indicator die Überlaufanzeige
overflow switch der Überlaufschalter
overhead cost die Verwaltungsdaten
overhead operation die organisatorische Operation
overheat überhitzen
overlay die Überlagerung, die Überlappung, überlagern
overlay file die Überlagerungsdatei (Software)
overload indicator die Überlastungsanzeige
overload relay das Überstromrelais
overloading die Überlastung
overprinting der Doppeldruck
overtone die Oberwelle (Elektronik)
overweight überladen, überlasten
overwrite überschreiben
oxid das Oxid (Chemie), allgemeinspr.: Oxyd
oxide coating die Oxidschicht
oxidize oxidieren
oxygen der Sauerstoff (Chemie)
ozone das Ozon (Chemie)
ozonic ozonhaltig

P

pace der Schritt, das Tempo
pack verdichten, das Paket, die Packung
pack of data die Datenmenge, das Datenpaket (Software)
package das Paket, die Gerätebaugruppe, das Frachtstück (Hardware)
packaged circuit die geschlossene Schaltung (Elektronik)
packet das Paket, das Datenpaket (Software)
packet switching die Paketvermittlung (Datenübertragung)
packing das Verdichten
packing density die Packungsdichte, die Bauteildichte (Elektronik)
pact der Vertrag
pad das Polster, polstern
padding das Auffüllen
page die Seite, paginieren
page description language die Seitenbeschreibungssprache (z.B. PostScript)
page-at-a-time printer der Ganzseitendrucker (Hardware)
PageMaker Name eines DTP-Programmes (Software)
pagination die Paginierung, die Seitenzählung
paging das Paging, die Speicheraufteilung in Seiten, der Seitenwechsel
paint die Farbe, der Anstrich, malen
paint program das Malprogramm (im Gegensatz zum Zeichenprogramm, CAD)
paintbrush der Malpinsel, Name eines Malprogrammes (Software)
pair das Paar
pair of conductors das Leitungspaar
pair of goggles die Schutzbrille
pair of scissors die Schere
palette die Palette
pallet die Drehscheibe (Mechanik)
palm die Handfläche, die Handbreite
palmated handförmig
palmtop computer der Computer für auf Handfläche
Panama-Virus Name eines Computervirus
Panasonic Name eines Hardwareherstellers
panel das Panel, die Tafel, das Fach, das Feld
paper das Papier, die Zeitung, die Banknote
paper feed der Papiervorschub (beim Drucker)
paper form das Formular
paper tape der Papierlochstreifen
paper transport die Papierführung

(beim Drucker)
paperless office das papierlose Büro
paperwhite „papierweiß", die Darstellung von schwarzen Zeichen auf weißem Grund
papery papierartig, dünn
parabola die Parabel (Mathematik)
parabolic arc der parabolische Bogen (Mathematik)
parabolic function die parabolische Funktion (Mathematik)
Paradox Name eines relationalen Datenbankprogrammes (Fa. Borland)
paragraph der Absatz
parallel parallel, gleichlaufend, die Parallele (Geometrie)
parallel arithmetic unit das Parallel-Rechenwerk (Hardware)
parallel balance die Summenkontrolle
parallel connection die Parallelschaltung (Elektronik, Hardware)
parallel interface die parallele Schnittstelle (Hardware)
parallel operation der Parallelbetrieb
parallel organization die parallele Organisation
parallel port die Parallelschnittstelle
parallel processing die Parallelverarbeitung
parallel readout die parallele Abtastung
parallel register das Parallelregister
parallel representation die Paralleldarstellung
parallel resistor der Parallelwiderstand (Elektronik)
parallel search memory der assoziative Speicher
parallel serial converter der Parallel-seriell-Umsetzer (Elektronik)
parallel storage die Parallelspeicherung
parallelogram das Parallelogramm (Mathematik)
parameter der Parameter
parameter substitution instruction der Parameter-Substitutionsbefehl (Software)

parametric amplifier der parametrische Verstärker
parametric equation die Parametergleichung (Mathematik)
paranthesis die runden Klammern (Mathematik)
paranthesize einschalten, einklammern
parasitic oscillation die Störschwingung (Elektronik)
parcel das Paket
parity die Parität, die Gleichheit
parity bit das Paritätsbit, das Prüfbit (Software)
parity character das Paritätszeichen (Software)
parity check die Paritätskontrolle (Software)
parity check bit das Kontrollbit (Software)
parity error der Paritätsfehler
parse grammatisch zerlegen, analysieren
parser der Parser (Programm zur Aufschlüsselung der Grammatik eines Satzes)
part der Teil, das Stück, teilen, trennen
partial teilweise vorhanden
partial carry der Teilübertrag (Mathematik)
partial derivative die partielle Ableitung, der partielle Differentialquotient (Mathematik)
partial fraction der Partialbruch (Mathematik)
partial sum die Teilsumme (Mathematik)
participant der Teilnehmer
particle das Teilchen, der Partikel
particoloured bunt
partition die Unterteilung, die Teilung, Abschnitt einer Festplatte
Pascal Name einer Programmiersprache (Software)
pass der Arbeitsgang, der Durchlauf, vorübergehen, vorbeigehen
passable gangbar, gültig

passing vorübergehend, flüchtig, der Durchgang
password das Paßwort, das Kennwort, die Zugangsberechtigung
paste der Kleber, kleben
pasteboard die Pappe
pasteup der Umbruch (z.B. Seitenumbruch, Zeilenumbruch)
patch einpassen, anpassen
patchboard die Stecktafel (Hardware)
patchwork das Flickwerk
patchy ungleichmäßig
path der Pfad, der Weg, die Bahn
path name der Pfadname (Verzeichnis)
path of integration der Integrationsweg
patron der Kunde, der Teilnehmer
pattern das Muster, die Figur, die Schablone, formen
pattern detection die Zeichenerkennung, die Mustererkennung
pattern matching der Mustervergleich
pattern processing die Zeichenverarbeitung
pattern recognition die Zeichenerkennung,
pay-station der öffentliche Fernsprecher (Telefon)
payoff die Abrechnung
payoff period der Abschreibungszeitraum
payroll accounting die Lohn- und Gehaltsabrechnung
Peacock Name eines Hardwareherstellers
peak die Spitze, spitz aussehen, der Spitzenwert
peak current der Scheitelstrom (Elektronik)
peak flux density die maximale Flußdichte (Elektronik)
peak load die Spitzenbelastung
peaking das Anheben
Pearl Name einer Programmiersprache (Software)
peep das Piepen, piepen

peer-to-peer network Name eines Netzwerkes mit gleichberechtigten Stationen
pegboard die Stecktafel (Hardware)
pel das Pixel (picture element)
pellet das Kügelchen
pellucit durchsichtig
pen-feather die Schwungfeder (Mechanik)
pen-name der Schriftstellername
pen-PC der Stiftcomputer (mit handschriftlicher Eingabe)
pencil der Bleistift, zeichnen
pending anstehend
pendulum das Pendel (Mechanik)
Penpoint Name eines Betriebssystems für Notebooks (Software)
pentade die Fünfergruppe
pentagon das Fünfeck (Geometrie)
Pentium Name eines Mikroprozessors der Fa. Intel (Hardware)
percentage der Prozentsatz, die Provision
percentage reliability die prozedurale Betriebssicherheit
perceptibility die Erkennbarkeit
perforator der Locher
performance die Leistung, der Durchsatz
performance characteristics die Leistungsdaten, die Kennwerte
performance test der Leistungstest
perimeter der Umfang (Mathematik)
period die Periode, der Zeitraum, die Zeitdauer
periodic function die periodische Funktion (Mathematik)
peripheral peripher
peripheral device das periphere Gerät (Hardware)
peripheral equipment die peripheren Geräte, die externen Geräte
peripheral interface adapter der Peripherie-Schnittstellenadapter (Hardware)
peripheral memory der externe Speicher (Hardware)

peripheral unit die periphere Einheit (Hardware)
peripherals die Peripherie, die peripheren Geräte (Hardware)
periphery die Peripherie, der Umfang (Mathematik)
permanence die Dauer, die Ständigkeit
permanent permanent, dauerhaft, dokumentenecht
permanent data die unveränderlichen Daten
permanent memory der Permanentspeicher, der dauerhafte Speicher (Hardware)
permissible zulässig
permission die Erlaubnis, die Genehmigung
perpendicular senkrecht, aufrecht, die Senkrechte
perpetual laufend
persistance das Nachleuchten (des Bildschirms)
personal persönlich
perspective die Perspektive, perspektivisch
phantom view die durchsichtige Darstellung
phase die Phase (Elektronik)
phase alternation line der Phasenwechsel je Zeile (PAL)
phase angle der Phasenwinkel (Elektronik)
phase characteristics das Phasenverhalten (Elektronik)
phase detector der Phasendetector (Elektronik)
phase deviation die Phasenabweichung (Elektronik)
phase distortion die Phasenverzerrung (Elektronik)
phase excursion die Phasenabweichung (Elektronik)
phase inverter circuit die Phasenumkehrschaltung
phase modulation die Phasenmodulation
phase opposition die Gegenphase (Elektronik)
phase reversal die Phasenumkehr (Elektronik)
phase shift die Phasenverschiebung (Elektronik)
phase velocity die Phasengeschwindigkeit (Elektronik)
phasing die Phasenlage (Elektronik)
phone das Telefon, der Telefonhörer
phonetic output die Sprachausgabe
phosphate das Phosphat (Chemie)
phosphorescent phosphoreszierend
phosphorus der Phosphor (Chemie)
photo sensing mark die optisch abtastbare Marke
photo typing setting der Fotosatz
photocell die Fotozelle (Elektronik)
photodiode die Fotodiode (Elektronik)
photoelectric reader der optische Abtaster (Hardware)
photograph das Foto, fotografieren
photographic fotografisch
photographic print die Lichtpause
photography das Foto, die Fotografie
photostatic copy die Fotokopie
phototype die Lichtpause
physical physikalisch, körperlich, physisch
physical layer die Bitübertragungsschicht (OSI-Schichtenmodell)
physical quantity die physikalische Größe
pick-up voltage die Ansprechspannung (Elektronik)
picker arm der Greifarm (Mechanik)
picture das Bild, das Gemälde
picture resolution die Bildauflösung (gemessen in Pixel)
picture transmission die Bildübertragung
pie chart das Tortendiagramm (grafische Darstellung statistischer Daten)
piercer der Bohrer (Mechanik)
Pilot Name einer Programmiersprache (Software)

pin der Stift, die Nadel, der Nagel, befestigen (Mechanik)
pin board die Schalttafel (Hardware)
pin carriage der Stiftwagen (am Plotter)
pin feed platen device die Stachelwalzenführung (am Drucker)
pinion das Ritzel (Mechanik)
pinion-feather die Schwungfeder (Mechanik)
Pinwriter Name eines Nadeldruckers der Fa. NEC (Hardware)
pipeline die Pipeline (Software, Hardware)
piping Methode zur Befehlsverkettung
piston der Kolben (Mechanik)
piston-rod die Kolbenstange (Mechanik)
piston-stroke der Kolbenhub (Mechanik)
pitch der Grad, die Höhe, die Neigung, die Steigung
pits die Vertiefungen (zur Datenverschlüsselung auf einer CD)
pivot die Angel, der Drehpunkt, sich drehen
pixel der Pixel, der Bildpunkt
pixel density die Bildpunktdichte (Auflösung)
pixel processor der Grafikprozessor (Hardware)
PL/1 Name einer Programmiersprache (Software)
place in operation in Betrieb nehmen
placement die Anordnung
plain paper das gewöhnliche Papier
plain text der Klartext, die Handschrift
plan der Plan, der Entwurf, entwerfen, planen
plan view der Grundriß, die Draufsicht
plane die Ebene (Mathematik)
plane coordinates die ebenen Koordinaten (Mathematik)
plane curve die ebene Kurve (Mathematik)
plane geometry die Ebenengeometrie (Mathematik)
planish glätten, polieren

planning departement die Planungsabteilung
plasma screen der Plasmabildschirm (Hardware)
plastic plastisch
plastic foil die Kunststoffolie
plate die Anode (Elektronik)
plated thin film media die Metalldünnfilm-Platte (Hardware)
platen die Schreibwalze (Mechanik)
plausibility die Glaubwürdigkeit
plausibility check die Plausibilitätskontrolle
play das Spiel, der Spielraum, laufen
playback die Wiedergabe
playback voltage die Lesespannung (Elektronik)
pliability die Biegsamkeit
pliable biegsam, nachgiebig
plotter der Plotter, das Zeichengerät (Hardware)
plug-compatible steckerkompatibel (Elektronik, Mechanik)
plug-in board die Steckkarte (Hardware)
plug-in card die Einschubkarte (Hardware)
plug-in module das Einsteckmodul (Hardware)
plug-in subassembly die steckbare Baugruppe (Hardware)
plug-in unit die steckbare Einheit (Hardware)
plumbago der Graphit
pneumatic pneumatisch
pocket die Tasche, das Fach
pocket computer der Computer für die Jackentasche (Hardware)
pod die Gruppe von Bauteilen (Elektronik)
point der Punkt, das Komma in einer Zahl, die Spitze, zeigen
point of impact die Aufschlagstelle (z.B. beim Drucker)
point of inflection der Wendepunkt (Mathematik)
point of intersection der Schnittpunkt (Mathematik)

point of sale die Datenkasse
point plotting das punktweise Aufzeichnen
point position die Kommastellung
point setting die Kommaeinstellung
point shifting die Kommaverschiebung
pointer der Zeiger (Software)
polar coordinates die Polarkoordinaten (Mathematik)
polepiece der Polschuh (Elektronik)
polish notation die Umkehrnotation, die polnische Schreibweise
poll periodisch abfragen
polling die Abfragetechnik, das Polling (z.B. beim Telefaxgerät)
polynomial das Polinom (Mathematik)
polyphase current der Mehrphasenstrom (Elektronik)
polyvalent number die mehrdeutige Zahl
pooling das Sammeln
pop auffüllen
popular leicht verständlich, populär
port der Port, der Anschluß, der Ausgang, der Eingang
portability die Portabilität, die Beweglichkeit
portable tragbar, beweglich
portrait representation das Hochformat (im Gegensatz zum Querformat)
position die Position, die Stelle, positionieren
position encoder der Positionsgeber, der Stellungsgeber
positional notation die Stellenschreibweise
positioning die Positionierung
positioning control die Positionierungssteuerung
positive feedback die positive Rückkopplung (Elektronik)
positive integer die positive ganze Zahl
positive logic die positive Logik
post der Posten, buchen, nach
post editing die Nachbearbeitung

post mortem dump der Speicherauszug nach einem Programmabbruch
Postscript Name einer Seitenbeschreibungssprache (Software)
potential das Potential, die Spannung (Elektronik)
potentiometer der Drehwiderstand (Elektronik)
potentional distribution die Spannungsverteilung (Elektronik)
powder das Pulver, der Staub, pulverisieren, stauben
power die Leistung, die Potenz (Mathematik), die Kraft
power consumption die Leistungsaufnahme (Elektronik)
power current der Starkstrom (Elektronik)
power dissipation die Verlustleistung, der Wärmeverlust
power drain die Leistungsaufnahme (Elektronik)
power engineering die Starkstromtechnik (Elektronik)
power factor der Leistungsfaktor
power formula die Potenzformel (Mathematik)
power function die Potenzfunktion (Mathematik)
power level der Leistungspegel (Elektronik)
power management das Energieüberwachungssystem (Elektronik)
power outage der Netzausfall (Elektronik)
power pack das Stromversorgungspaket, das Netzgerät, der Akku
power rating die Belastbarkeit
power series die Potenzreihe (Mathematik)
power stage die Leistungsstufe (Elektronik)
power supply die Stromversorgung (Elektronik)

power supply unit das Netzgerät (Elektronik)
power switch der Netzschalter (Elektronik)
power transformator der Netztransformator (Elektronik)
power transistor der Leistungstransistor (Elektronik)
preallocation die Vorbelegung
preamble die Einleitung
precautionary vorbeugend
precedence die Priorität, die Vordringlichkeit
precedence level die Prioritätsstufe
precedence rating die Prioritätsstufe
preciseness die Genauigkeit
precision die Genauigkeit, die Präzision
predate vordatieren
prediction die Vorhersage
preemtion multitasking das Zeitscheibenverfahren (Software)
prefix die Vorsilbe, das Präfix
preformatting die Vorformatierung (z.B. einer Festplatte)
preheat vorwärmen
preliminary vorläufig
premagnetization die Vormagnetisierung (Elektronik)
preparation die Aufbereitung, die Vorbereitung
preprint der Vorabdruck
preprinted form das vorgedruckte Formular
preprocessor der Präprozessor (Hardware)
PreScribe Name einer Seitenbeschreibungssprache (Software)
prescribe vorschreiben
prescript die Vorschrift
preselection die Vorauswahl
presence die Anwesenheit
present darstellen, zeigen, anwesend, vorhanden
presentation die Darstellung, die Vorstellung
presentation layer die Darstellungsschicht (OSI-Schichtenmodell)
presequenced data die vorsortierten Daten (Software)
pressure der Druck
presumption die Wahrscheinlichkeit
preventive vorbeugend, präventiv
preview die Vorschau, der Ausblick
preview function die Vorschaufunktion
priming die Grundierung
principal value der Hauptwert (Mathematik)
principle das Prinzip, der Grund, der Ursprung
principle of operation die grundsätzliche Arbeitsweise
print der Abdruck, der Fingerabdruck, drucken
print command der Druckbefehl (Software)
print hammer der Druckhammer (Mechanik)
print head der Druckkopf (Mechanik)
print ink die Druckerschwärze
print line die Druckzeile
print mask die Druckmaske
print office die Druckerei
print out ausdrucken
print roll die Druckwalze (Mechanik)
print server der Druckerserver (Hardware)
print speed die Druckgeschwindigkeit
print unit das Druckwerk (Mechanik)
print wheel das Typenrad (Mechanik)
printed circuit die gedruckte Schaltung (Elektronik)
printed circuit board die Leiterplatte, die Platine, die Steckkarte (Elektronik)
printer der Drucker (Hardware)
printing mechanism das Druckwerk (Mechanik)
printing position die Schreibstelle
printing rate, printing speed die Druckgeschwindigkeit

priority die Priorität, der Vorrang, die Rangfolge
priority grading die Prioritätsstufe
priority scheme das Prioritätsschema
private branch exchange die Nebenstellenanlage (Hardware)
privileged bevorzugt
probability die Wahrscheinlichkeit
probability curve die Wahrscheinlichkeitskurve (Mathematik)
probability of error die Fehlerwahrscheinlichkeit
probation die Probe, die Probezeit
probe die Sonde, die Untersuchung, sondieren
problem das Problem, die Aufgabenstellung
problem analysis die Problemanalyse
problem oriented language die problemorientierte Programmiersprache (Software)
procedure die Prozedur, das Verfahren
process der Prozeß, das Verfahren, die Regelstrecke
process automation die Prozeß-Automatisierung
process computer der Prozeßrechner (Hardware)
process control die Prozeßsteuerung, die Verfahrenssteuerung
process in parallel parallel verarbeiten
processing of measured data die Meßwertverarbeitung
processor der Prozessor, die Verarbeitungseinheit
produce erzeugen, produzieren
producer der Hersteller
product das Produkt, das Erzeugnis
product control die Fertigungssteuerung
product engineering die Fertigungstechnik
production planning die Fertigungsplanung
production rule die Ersetzungsregel

production standards die Produktionsnormen
program das Programm, programmieren
program abort der Programmabbruch
program cartridge das Programm-Steckmodul (Firmware)
program checking die Programmprüfung
program control die Ablaufsteuerung
program counter der Programmzähler, der Befehlszähler
program debugging die Fehlerbeseitigung in einem Programm
program description die Programmbeschreibung
program development time die Programmentwicklungszeit
program editor der Programmeditor (Software)
program generator der Programmgenerator (Software)
program instruction der Programmbefehl (Software)
program interrupt die Programmunterbrechung
program language die Programmiersprache (Software)
program level die Programmstufe
program library die Programmbibliothek (Software)
program listing die Programmliste
program loop die Programmschleife (Software)
program maintenance die Programmpflege
program modul das Programmodul (Software)
program run der Programmlauf
program sequence die Programmfolge
program skip der Programmsprung (Software)
program statement die Anweisung (Software)
program step der Programmschritt (Software)

program testing
die Programmprüfung
program-sensitive error
der programmabhängige Fehler
programmed stop der programmierte Stop
programmer das Programmiergerät, der Programmierer
programming die Programmierung
programming error
der Programmierfehler
programming flowchart
das Flußdiagramm
programming language
die Programmiersprache (Software)
programming method
die Programmiermethode
programming technique
die Programmiertechnik
progression die Reihe (Mathematik)
projective geometry die darstellende Geometrie
Prolog Name einer Programmiersprache (Software)
prompt das Prompt, das Bereitschaftszeichen
prompter der Wecker
prone anfällig
proof figure die Prüfziffer
propagated error der mitgenommene Fehler
propagation die Fortpflanzung
propagation time die Laufzeit
proper fraction der echte Bruch (Mathematik)
proportional proportional, angemessen
proportional spacing
die Proportionalschrift
proprietary software
die Individualsoftware
propulsion der Antrieb (Mechanik)
prospectus der Prospekt, die Werbeschrift
protected geschützt, ungestört
protected mode der "ungestörte" Modus (Programme können parallel laufen, ohne sich gegenseitig zu stören)

protected storage area der geschützte Speicherbereich
protection der Schutz
protection for registered designs der Gebrauchsmusterschutz
protection level die Schutzebene
protection of data
die Datensicherung
protection of personal data
der persönliche Datenschutz
protection ring der Schreibschutzring (Magnetbandspule)
protocol das Protokoll (Software), protokollieren
prototype der Prototyp, das Modell
provision die Beschaffung, die Bereitstellung
provisional vorläufig, provisorisch
pseudo code der symbolische Code
pseudo instruction der Pseudobefehl (Software)
pseudo random number die (Pseudo-) Zufallszahl
public öffentlich, die Öffentlichkeit
public domain der öffentliche Bereich, die jedermann zugängliche Software
public relations
die Öffentlichkeitsarbeit
publication die Veröffentlichung, die Bekanntmachung
publicity die Öffentlichkeit
publisher der Herausgeber, der Verleger
publishing die Herausgabe, der Verlag
pull-down menu das Menü "zum Herunterziehen" (aus einer Menüleiste)
pulse amplitude die Impulsamplitude (Elektronik)
pulse code der Impulscode (Elektronik)
pulse counter der Impulszähler
pulse crowding die hohe Impulsdichte (Elektronik)
pulse duration die Impulsdauer
pulse generator der Impulsgenerator

pulse modulation
die Impulsmodulation (Elektronik)
pulse pike die Impulsspitze
(Elektronik)
pulse rise time die Impulsanstiegszeit
(Elektronik)
pulse shape die Impulsform
(Elektronik)
pulse time modulation
die Pulszeitmodulation (Elektronik)
pulse train die Impulsfolge
(Elektronik)
punched card die Lochkarte
punched tape der Lochstreifen
punctuation die Interpunktion
punctuation mark das Satzzeichen,
das Interpunktionszeichen
punctuation symbol
das Interpunktionssymbol
purchase der Kauf, der Einkauf, die
Anschaffung, kaufen, anschaffen
purchaser der Käufer, der Abnehmer
pure binary notation die rein binäre
Darstellung
purge area der Löschbereich, der
freigegebene Bereich
purification die Reinigung
purify reinigen
pushbutton der Druckknopf
(Mechanik)
put in operation in Betrieb nehmen

Q

QBASIC Name einer
Programmiersprache (BASIC-
Dialekt)
QIC-Streamer der 1/4"-Streamer
(Quarter Inch Cartridge)
quad inline package Name für eine
Chipbauart mit Pins an allen vier
Seiten (Hardware)
quadrangle das Viereck (Geometrie)
quadrant der Quadrant (Mathematik),
der Viertelkreis
quadraspeed die vierfache
(Umdrehungs-) Geschwindigkeit
quadratic quadratisch
quadratic equation die quadratische
Gleichung (Mathematik)
quadrilateral das Viereck
(Mathematik)
quadrilaterial das Viereck, viereckig
quadruple vierfach
qualification die Befähigung, die
Eignung
qualified geeignet, befähigt
qualifier die Kennzeichnung
quality die Qualität, die Güte, die
Eigenschaft
quality assurance
die Qualitätssicherung
quality characteristic
das Qualitätsmerkmal
quality control die Qualitätskontrolle
quality inspection
die Qualitätsprüfung
quality review die Qualitätskontrolle
quantity die Quantität, die Größe
quarter das Viertel, vierteljährlich
quartic equation die Gleichung
vierten Grades (Mathematik)
quartz cristal der Quarzkristall
Quattro Pro Name eines
Tabellenkalkulationsprogrammes
(Borland)
quench löschen, dämpfen
query die Abfrage, das Fragezeichen,
fragen
query by example die Abfrage
mittels Beispiel (QBE)
query language die Abfragesprache
(Datenbank)
quest die Suche, suchen, forschen
question die Frage, die Untersuchung
questionaire der Fragebogen
queue die Schlange, die
Warteschlange
queuing problem
das Warteschlangenproblem
quick access memory
der Schnellzugriffsspeicher
(Hardware)

QuickBasic Name einer Programmiersprache (Basic-Dialekt) von Microsoft (Software)
QuickC Name einer Programmiersprache (C-Dialekt) von Microsoft (Software)
quiescent state der Ruhezustand
quiet zone der Freiraum (beim Barcode)
quitance die Quittung, die Bestätigung
Qume Name eines Hardwareherstellers
quotation-marks die Anführungszeichen
quotient der Quotient, die Teilerzahl (Mathematik)

R

rabbet der Falz, die Fuge, die Nut, einfalzen, einfügen
rack das Gestell
radial radial, sternförmig
radial network das Sternnetz (Netzwerktopologie)
radian frequency die Winkelfrequenz (Mathematik)
radiance die Strahlen
radiancy die Strahlen, die Strahlung (Elektronik)
radiant strahlend, leuchtend
radiate strahlen, funken
radiation die Strahlung, die Ausstrahlung
radical sign das Wurzelzeichen (Mathematik)
radio channel der Funkkanal
radio link die Funkbrücke, die Richtfunkverbindung
radius der Radius, der Halbmesser, die Speiche
radix die Basiszahl, die Wurzel (Mathematik)
radix point die Kommastelle

radix-two counter der binäre Zähler
random zufällig
random access der wahlfreie Zugriff
random access memory der Direktzugriffsspeicher (Hardware)
random error der Zufallsfehler
random file die Datei mit wahlfreiem Zugriff
random number die Zufallszahl
range die Spannweite, die Reihe, die Kette, einreihen
rapid schnell, rasch
rapid memory der Schnellspeicher (Hardware)
rapidCAD Name eines Prozessor-Aufrüstsatzes (Hardware)
rapidity die Schnelligkeit
raster graphics die Rastergrafik (im Gegensatz zur Vektorgrafik)
raster image processor der Rasterbild-Prozessor (Hardware)
raster screen der Rasterbildschirm (Hardware)
rate das Verhältnis, das Maß, der Satz, die Rate
rate of failures die Ausfallrate
rated current der Nennstrom (Elektronik)
rated load die Nennbelastung, die Belastbarkeit (Elektronik)
ratification die Bestätigung
ratify bestätigen
rating der Belastungswert, der Grenzwert
ratio das Verhältnis
ration-free markenfrei
rational fraction der rationale Bruch (Mathematik)
rational integral function die rationale ganzzahlige Funktion (Mathematik)
raw data die Rohdaten, die Ausgangsdaten
raw material das Rohmaterial, das Ausgangsmaterial
raytracing die Strahlenverfolgung (Berechnungsmodell

photorealistischer Bilder)
Rbase Name eines Datenbanksystems (Microsoft)
re-edit neu herausgeben
re-education die Umschulung
react reagieren, rückwirken
reaction die Reaktion, die Gegenwirkung
reactive power die Blindleistung (Elektronik)
reactor der Reaktor, die Drossel (Elektronik)
read lesen
read amplifier der Leseverstärker
read back check die Echoprüfung
read current der Lesestrom (Elektronik)
read error der Lesefehler
read instruction der Lesebefehl
read me file "Lies-mich-Datei", Datei mit neuesten Informationen zu einem Produkt
read only memory der nur-Lesespeicher, der Festwertspeicher (ROM)
read out auslesen
read-back signal das Lesesignal (Elektronik)
read/write head der Schreib- / Lesekopf (Elektronik)
readable lesbar
reader das Lesegerät (Hardware)
readiness die Bereitschaft
reading accuracy die Ablesegenauigkeit
reading device das Lesegerät (Hardware)
reading head der Lesekopf (z.B. eines Magnetbandlaufwerkes)
reading operation der Lesevorgang (von einem Massenspeicher)
readjust wieder in Ordnung bringen, wiederherstellen
readjustment die Wiederherstellung, die Neuordnung
ready bereit, fertig
ready for operation betriebsbereit
ready for use, ready made gebrauchsfertig
ready money bares Geld
real wirklich, echt
real number die reelle Zahl (Mathematik)
real power die Wirkleistung (Elektronik)
real time computer der Echtzeitrechner (Hardware)
real time language die Echtzeit-Programmiersprache
real time operation der Echtzeitbetrieb
real time processing die Echtzeitverarbeitung
realize verwirklichen, sich vorstellen, zu Geld machen
reapplication die wiederholte Anwendung
rebate der Falz, die Nut, einfalzen
recall der Widerruf, die Antwort, abrufen, der Rückruf
recapitulation die kurze Wiederholung
receipt der Empfang, der Eingang, quittieren
receive empfangen, anerkennen, der Empfang
receiver der Empfänger
recency die Neuheit
recension die Durchsicht, die Prüfung
recentness die Neuheit
reception coverage der Empfangsbereich
recess die Unterbrechung, die Pause
reciprocal der Reziprokwert (Mathematik)
reciprocal wechselseitig, reziprok, der reziproke Wert (Mathematik)
reciprocity die Gegenseitigkeit
reckon zählen, rechnen, schätzen
reclaim zurückbringen, bessern, aus Altmaterial gewinnen
reclaimable verbesserungsfähig
reclamation die Zurückforderung, die Besserung, die Reklamation
recognition die Wiedererkennung
recognize erkennen, anerkennen

recollection die Erinnerung, das Gedächnis
recommence wieder beginnen
recommend empfehlen
recommendation die Empfehlung, der Vorschlag
reconditioning die Aufbereitung, die Überarbeitung
reconstitute wiederherstellen
reconstruction der Wiederaufbau, die Wiederherstellung
record die Aufzeichnung, das Protokoll, die Wiedergabe, aufzeichnen, eintragen, der Datensatz
record card die Karteikarte
record counting die Satzzählung
record current der Schreibstrom (Elektronik)
record gap die Satzlücke
record length die Satzlänge
record linkage die Aufzeichnungsverkettung
record locking die Datensatzsperrung (im Netzwerkbetrieb)
record playback head der Schreib-/Lesekopf (Elektronik)
record set die Datensätze, die Satzgruppe
recording density die Aufzeichnungsdichte (auf einem Massenspeicher)
recording gap der Luftspalt zwischen dem Schreib-/Lesekopf und dem Medium
recording head der Schreibkopf (Elektronik)
recording medium das Aufzeichnungsmedium (z.B. Magnetband)
recording method das Aufzeichnungsverfahren
recording track die Aufzeichnungsspur
recovery die Wiederherstellung
recreate auffrischen, erholen
recreation die Erholung, die Erholungspause

rectangle das Rechteck
rectangular rechteckig, winkelig
rectangular cartesian coordinates die rechtwinkligen kartesischen Koordinaten (Mathematik)
rectangular hyperbola die gleichseitige Hyperbel (Mathematik)
rectangular pulse der Rechteckimpuls (Elektronik)
rectangular signal das Rechtecksignal (Elektronik)
rectangular wave die Rechteckwelle (Elektronik)
rectification die Berichtigung, die Verbesserung, die Gleichrichtung (Elektronik)
rectified voltage die gleichgerichtete Spannung (Elektronik)
rectifier der Gleichrichter (Elektronik)
rectifier circuit die Gleichrichterschaltung (Elektronik)
rectify berichtigen, verbessern
recurrent pulse der periodische Impuls (Elektronik)
recursion die Rekursion
recurve zurückbiegen
red tape die Bürokratie
red tape instruction der organisatorische Befehl
red-hot rotglühend, hitzig
redact abfassen, herausgeben
redaction die Redaktion, die Fassung, die Neuausgabe
redeem amortisieren, entschädigen, ersetzen
redemption die Amortisation, die Ablösung, der Rückkauf
redirect umleiten, nachsenden
reduce zurückführen, verringern
reduced instruction set computer der Computer mit reduziertem Befehlssatz (RISC)
reduction die Reduktion, die Zurückführung, die Verminderung
reduction gearing das Untersetzungsgetriebe

reduction time die Reduktionszeit
redundance die Redundanz, der Überfluß
redundancy check die Redundanzkontrolle
redundancy ratio das Redundanzverhältnis
redundant überflüssig, übermäßig, weitschweifend
redundant digits die redundanten Ziffern
reduplication die Verdoppelung
reed die Zunge (Mechanik)
reek der Rauch, der Dampf, rauchen, dampfen
reel die Bandrolle, die Wickelrolle (Mechanik)
reel brake die Bandtellerbremse (Mechanik)
reenter wieder eintreten
reentrant wieder einspringend
refer zurückführen, zuschreiben, zuweisen
reference address die Bezugsadresse
reference book das Nachschlagewerk
reference level der Bezugspegel (Elektronik)
reference number das Aktenzeichen
reference point der Anhaltspunkt
reference value der Bezugswert
refill die Neufüllung, die Ersatzfüllung, neu füllen, auffüllen
refit ausbessern
refitment die Ausbesserung
reflect zurückwerfen, zurückstrahlen, widerspiegeln
reflection die Zurückstrahlung, die Widerspiegelung, der Reflex, das Spiegelbild, die Überlegung
reflective spot die Reflektormarke
reflector der Reflektor
reform die Verbesserung, die Reform, verbessern
reformat umformatieren
refract Strahlen brechen
refraction die Strahlenbrechung
refractory hartnäckig, feuerfest
refresh das Auffrischen, auffrischen (z.B. den Speicherinhalt)
refresh rate die Bildfrequenz, die Bildwiederholrate
refrigerant kühlend, das Kühlmittel
refrigerate kühlen
refrigeration die Kühlung
regain wiedergewinnen
regenerate wiedererzeugen, erneuern
regeneration die Wiederherstellung, die Neubildung
regeneration cycle der Regenerationszyklus
regenerative feedback die positive Rückkopplung (Elektronik)
regenerative memory der leistungsabhängige Speicher (Hardware)
register das Register, das Verzeichnis, der Schieber, verzeichnen
register length die Registerlänge
registered eingetragen, gesetzlich geschützt
registered design das Gebrauchsmuster
registration die Eintragung, die Anmeldung, die Registrierung
registration fee die Anmeldegebühr
regression die Rückkehr, der Rückfall
regressive rückläufig, rückwirkend
regular regelmäßig, ordentlich
regularity die Regelmäßigkeit, die Ordnung
regulate regeln, ordnen, regulieren
regulated quantity die Regelgröße
regulating action der Regelvorgang
regulating circuit der Regelkreis
regulating resistor der Regelwiderstand (Elektronik)
regulation die Regulierung, die Vorschrift, die Verordnung
regulation process der Regelungsvorgang
reimburse entschädigen, Kosten erstatten
reimbursement die Erstattung, die Entschädigung

reinforce verstärken, die Verstärkung (mechanisch)
reiterate (dauernd) wiederholen
reiteration die Wiederholung
reject ausstoßen
rejection die Zurückweisung
relational data base die relationale Datenbank (Software)
relational data language die relationale Datenbanksprache (z.B. SQL)
relative sich beziehen, bezüglich, entsprechend
relative address die relative Adresse
relative addressing die relative Adressierung
relative coding die relative Kodierung
relative loader der Relativlader (Software)
relaxation die Lockerung, das Nachlassen
relay das Relais (Elektronik), die Übertragung, übertragen
relay facility die Vermittlungseinrichtung (Hardware)
relay network die Relaisschaltung (Elektronik)
release die Programmfreigabe (Software), die Uraufführung, abfallen (Elektronik), auslösen
release value der Abfallwert (Elektronik)
reliability die Zuverlässigkeit
reliable zuverlässig
relocatable verschiebbar, wieder auffindbar
relocatable address die wieder auffindbare Adresse
relocatable program das verschiebbare Programm (Software)
remain übrig bleiben, verbleiben
remainder der Rest (Mathematik)
remark die Anmerkung, die Bemerkung, der Kommentar
reminder die Mahnung
remodel umbilden
remote entfernt, entlegen

remote access der Fernzugriff (z.B. über ein Netzwerk)
remote bridge die Brücke, Gerät für die Verbindung von einem LAN mit einem WAN
remote control die Fernsteuerung
remote data processing die Datenfernverarbeitung
remote data transmission die Datenfernübertragung
remote database access der Fernzugriff auf eine Datenbank
remote maintenance die Fernwartung
remote station die Außenstelle
rendering die Wiedergabe, die Übersetzung
renting das Mieten (z.B. einer Übertragungsleitung)
reorganization die Umorganisation
reorganize umorganisieren, neugestalten, sanieren
repair die Reparatur, die Instandsetzung, reparieren
repair shop die Reparaturwerkstatt
repeat wiederholen, die Wiederholung
repeater der Signalverstärker (in einem Netzwerk),der Zwischenverstärker, der periodische Dezimalbruch (Mathematik)
repeater spacing der Verstärkerabstand
repertory der Vorrat
repetition die Wiederholung
repetition counter der Wiederholungszähler
repetition rate die Folgefrequenz (Elektronik)
repetitive accuracy die Reproduzierbarkeit, die Wiederholbarkeit
repetitive computation d ie wiederkehrende Berechnung
replace ersetzen, wieder hinstellen
replacement der Ersatz
replacement part das Ersatzteil
reply antworten, erwidern

reply message die Quittungsnachricht
report der Report
representation die Darstellung, die Schilderung
reprint der Neudruck, die Neuauflage, neu drucken
reproduce wiedererzeugen, wiedergeben, nachbilden
reproduction die Nachbildung, die Reproduktion
request die Anforderung, die Nachfrage
request for confirmation die Bestätigungsanfrage
request signal das Rückfragesignal
request to send die Sendeanfrage
require verlangen, fordern, brauchen
required erforderlich
requirement die Anforderung, die Forderung, die Erfordernis
rerun point die Wiederholungsstelle
research die Forschung, die Nachforschung
research model das Forschungsmodell
reseller der Wiederverkäufer
reserve die Reserve, der Vorrat, vorrätig, aufbewahren
reserved words die reservierten (belegten) Worte
reset der Reset, das Zurücksetzen
reset button der Resettaster, der Rückstellknopf
reset condition der Nullstellungszustand
residence time die Verweildauer
resident resident, ansässig
resident program im Speicher verbleibendes Programm
residual induction der Restmagnetismus (Elektronik)
residual magnetism der Restmagnetismus (Elektronik)
residue check die Modulo-N-Prüfung (Mathematik)
resilience die Elastizität, die Spannkraft (Mechanik)
resilient elastisch
resistance der Widerstand (Elektronik)
resistance bridge die Widerstandsbrücke
resistance coupling die Widerstandskopplung (Elektronik)
resistant widerstandsfähig
resistive component die ohmsche Komponente (Elektronik)
resistive load die ohmsche Belastung (Elektronik)
resistor der Widerstand (Elektronik)
resolution die Auflösung (z.B. eines Druckers, eines Bildschirms usw.)
resolve auflösen
resonance die Resonanz, der Widerhall
resonant circuit der Schwingkreis (Elektronik)
respond antworten, erwidern
response die Antwort, die Gegenwirkung, die Reaktion
response time die Antwortzeit, die Auflösungszeit, die Ansprechzeit
responsibility die Verantwortlichkeit
responsible verantwortlich
ressource das Hilfsmittel (z.B. Speicherplatz)
rest der Rest, die Ruhe, ruhen
rest position die Ruhestellung
restart der Neustart (des Systems)
restitution die Wiederherstellung
restoral die Wiederinbetriebnahme
restore umspeichern, zurückstellen, wiederherstellen
restrict einschränken, beschränken
restriction die Einschränkung, die Hemmung
restrictive beschränkend, einschränkend
result das Ergebnis, die Folge, das Resultat, sich ergeben, folgen
retail der Einzelhandel
reticule das Fadenkreuz (z.B. Fadenkreuzlupe)
retouch retuschieren, überarbeiten
retranslate zurückübersetzen
retranslation die Rückübersetzung
retransmission die wiederholte Übertragung (nach einem Fehler)

retrieval das Retrieval, das Wiederauffinden (von Daten)
retrograde rückläufig, zurückgehen
retry wieder aufnehmen
return wiederholen, zurückkehren, die Rückkehr
return address die Rücksprungadresse
return control transfer die Rückkehr zum Hauptprogramm
return instruction der Rücksprungbefehl, die Return-Anweisung
return spring die Rückholfeder (Mechanik)
returns die statistischen Aufstellungen
retype umschreiben
rev sich drehen, die Umdrehung
rev up auf Touren kommen
reversal die Umkehrung, der Umschwung
reverse das Gegenteil, umgekehrt
reverse character das inverse Zeichen
reverse count die Rückwärtszählung
reverse current, reverse leakage der Sperrstrom (Elektronik)
reverse reading das Rückwärtslesen
reversible umkehrbar, doppelseitig
review die Nachprüfung, prüfen
revision die Nachprüfung, die nochmalige Durchsicht, die Überarbeitung
revolution counter der Umdrehungszähler
revolve sich drehen, umlaufen
revolving sich drehend
rewind zurückspulen
rewind speed die Rückspulgeschwindigkeit (z.B. eines Magnetbandes)
rewrite umschreiben, neu schreiben
rheostat der Drehwiderstand (Mechanik)
ribband das Band
ribbon das Band, das Farbband
ribbon cable das Flachbandkabel (Elektronik)
ribbon feed der Farbbandtransport (beim Drucker)
Rich Text Format das "reiche" Textformat, Name eines Formates mit Formatierungen
right adjusted rechtsbündig (z.B. Text)
right angle der rechte Winkel (90°)
right angled rechtwinklig (Mathematik)
right handed rechtsläufig
ring topology die Ringtopologie (Netzwerk)
ringing das unkontrollierte Schwingen
rip der Riß, reißen, trennen
RISC-PC der Personalcomputer mit einem RISC-Prozessor
rise time die Anstiegszeit, z.B. eines Signals (Elektronik)
rivet der Niet, nieten, heften
robot der Roboter, automatisch, mechanisch
roll die Rolle, die Walze, rollen, walzen, drehen
roll back wiederholen, die Datenrückführung
rollover Bezeichnung für das gleichzeitige Drücken von mehreren Tasten
rombus die Raute (Mathematik)
rookie der Neuling, der Anfänger
root die Wurzel, das Wurzelverzeichnis (Software)
root directory das Wurzelverzeichnis, das Stammverzeichnis, die unterste Verzeichnisebene
roster die Liste
rotary rotierend, drehend
rotate rotieren
rotation die Rotation, die Umdrehung
rotational speed die Umdrehungsgeschwindigkeit
rotations per minute die Umdrehungen pro Minute (RPM)
rotor der Rotor. der Läufer (Elektronik)

round rund, gerundet, abgerundet, der Kreis
round off die Abrundung (Mathematik), abrunden
round up die Aufrundung (Mathematik), aufrunden
rounding error der Rundungsfehler
route leiten
route selection die Richtungswahl (z.B. im Netzwerk)
router der Verbinder, Name für ein Gerät zur Verbindung unterschiedlicher Netzwerke
routine die Routine, das Programm (Software)
routine work die Routinearbeit
routing verbinden
routing information die Richtungsinformation
row die Reihe, die Zeile
row oriented editor der Zeileneditor (z.B. EDLIN)
row pitch der Zeilenabstand
rub out löschen
rubber das Gummi, der Radiergummi
rule die Regel, die Vorschrift, der Zollstock, regeln
rule price der Marktpreis
rule-of-thumb die Faustregel
run der Lauf, der Durchlauf, laufen
run of the mill herkömmlich
run time die Ausführungszeit, die Laufzeit (eines Programmes)
runner der Läufer, die Laufschiene (Mechanik)
running program das ablaufende Programm (Software)
running time die Laufzeit, die Ablaufzeit
running total die laufende Summe
runout der Schlag
rust-proof rostbeständig
rustless rostfrei
rusty rostig, eingerostet

S

saddle point der Sattelpunkt (Mathematik)
safe sicher, gefahrlos, unversehrt, zuverlässig, sichern
safeguarding program das Sicherungsprogramm
safety die Sicherheit
safety instruction die Sicherheitsvorschriften
safety-lock das Sicherheitsschloß
salable verkäuflich
sale der Verkauf, der Vertrieb
sale-note die Auftragsbestätigung
sales accounting die Verkaufsabrechnung
sales analysis die Umsatzstatistik
salesman der Verkäufer
sample das Beispiel, die Probe, das Muster
sampled data die abgetasteten Werte
sampling das Sammeln, die Abtastung
sampling control die Abtastregelung
sampling rate die Abtastgeschwindigkeit, die Abtastfrequenz
sandglass die Sanduhr
sanserif Name für eine serifenlose Schrift (z.B. Arial)
satellite der Satellit
satellite computer der Außenstellenrechner (Hardware)
satiate sättigen
satiation die Sättigung
saturate sättigen
saturation die Sättigung, die Farbsättigung
saturation flux der Sättigungsfluß (Elektronik)
saturation magnetization die Sättigungsmagnetisierung (Elektronik)
save retten, erhalten
saving sparsam, die Rettung
sawdust die Sägespäne
scalar der Skalar (Mathematik)

scalar product das Skalarprodukt (Mathematik)
scale der Maßstab, die Skala, die Gradeinteilung
scale factor der Skalierfaktor
scale setting die Skaleneinstellung
scale switch der Meßbereichsumschalter (Elektronik)
scaling das Skalieren, die Maßstabsänderung
scan abtasten
scan code Name des von der Tastatur erzeugten Codes
scan matrix die Abtastmatrix
scan rate die Abtastzeit
scanner der Bildabtaster, der Scanner, das Lesegerät (Hardware), der Virensucher (Software)
scarp der Ausschuß
scarpe das Kratzen, kratzen
scart Name einer genormten Schnittstelle für Audio- und Videodaten
scatter die Streuung (Mathematik), streuen
scattering die Streuung (Mathematik)
scene die Szene, der Auftritt
schedule zuteilen, planen, einplanen, der Zeitplan, das Verzeichnis, die Tabelle
scheduling die Zuteilung, die Planung
schematic diagram die schematische Darstellung
scheme das Schema, der Plan, der Entwurf, planen, Name einer Programmiersprache
school die Schule, schulen
science die Wissenschaft, die Kenntnis
scientific wissenschaftlich
scientific analysis die wissenschaftliche Berechnung
scientific man der Wissenschaftler
schoolware die Schulungssoftware
scope der Gültigkeitsbereich, der Bildschirm
scope presentation die Darstellung auf einem Bildschirm

scrambling of data das kryptographische Verschlüsseln von Daten
scraper der Kratzer
scratch der Riß, die Schramme
scratchpad der Notizblock
screen der Bildschirm, die Abschirmung, abschirmen
screen dump der Ausdruck des Bildschirminhaltes (auf einem Drucker)
screen editor der Bildschirmeditor (Software)
screen mask die Bilschirmmaske
screen pattern das Schirmbild
screen shot das Abspeichern des Bildschirminhaltes in eine Datei
screening die Vorrecherche
screw die Schraube, schrauben
screwdriver der Schraubenzieher
script die Schrift, die Schriftart, die Schreibschrift, das Manuskript
scroll das Rollen des Bildschirminhaltes (screen roll), die Schriftrolle
scroll bar die Bildlaufleiste, der Rollbalken (Windows)
Seagate Name eines Hardwareherstellers (Festplatten)
seamless nahtlos
search suchen, absuchen, recherchieren, das Suchen
search and replace suchen und ersetzen
search file die Suchdatei (Software)
search process der Suchprozeß
search time die Suchzeit
secant schneidend, die Sekante (Mathematik)
second derivative die zweite Ableitung (Mathematik)
secondary storage der Sekundärspeicher, der Hilfsspeicher (Hardware)
secrete verbergen
section die Sektion, der Schnitt, der Durchschnitt, die Abteilung
sector der Sektor, der Abschnitt

secure sicher, sichern
security die Sicherheit, der Schutz
security category
  die Sicherheitskategorie
security key lock
  das Sicherheitsschloß (Mechanik)
sedecimal number die hexadezimale Zahl (zur Basis 16)
seek suchen
seektime die Suchzeit (von Informationen auf einem Massenspeicher)
segment das Segment, der Abschnitt, der Netzwerkabschnitt
seizing die Belegung
select auswählen
selection die Selektion, die Auswahl
selection check die Auswahlkontrolle
selection circuit die Ansteuerungsschaltung (Elektronik)
selection cycle der Auswahlzyklus
selection line
  die Ansteuerungsleitung (Elektronik)
selection sort die Auswahlsortierung
selective access der indizierte Zugriff (auf Daten)
selectivity die Trennschärfe (Elektronik)
selector channel der Selektorkanal
selector pen der Lichtstift (Hardware)
selector switch der Schrittschalter (Mechanik)
self adapting selbstanpassend
self checking code der selbstprüfende Code
self contained equipment
  das unabhängige Gerät (Hardware)
self correcting code
  der selbstkorrigierende Code
self instructed carry der automatische Übertrag
self resetting die automatische Rückstellung
self resonant frequency
  die Eigenresonanz
selfmade selbstgemacht
selsyn der Drehmelder
semantic coding die semantische Codierung
semantics die Semantik, die Wortbedeutungslehre
semi-automatic halbautomatisch
semiconductor der Halbleiter (Elektronik)
semiconductor diode
  die Halbleiterdiode (Elektronik)
semifinished halbfertig, unvollständig
send senden, schicken
send channel der Sendekanal
senior fitter der Obermonteur
sense abfühlen, abtasten
sense amplifier der Leseverstärker (Hardware)
sensing coil die Lesewicklung (Elektronik)
sensing contact der Abtastkontakt (Mechanik)
sensing current der Abfragestrom (Elektronik)
sensing head der Tastkopf (Elektronik)
sensing pin der Abtaststift (Hardware)
sensitive empfindlich, lichtempfindlich
sensitivity die Empfindlichkeit
sensitize lichtempfindlich machen
sensor der Sensor, der Meßwertgeber
sensor screen der Sensorbildschirm (Hardware)
sentinel die Marke, das Trennsymbol
separability die Trennbarkeit
separate getrennt, gesondert
separation der Abstand, die Trennung
separator das Trennzeichen
sequence die Reihenfolge
sequence chart das Ablaufdiagramm
sequence counter
  der Programmzähler
sequence number die Zeilennummer, die Laufnummer
sequence number check
  die Zeilennummernkontrolle
sequence of instruction
  die Befehlsfolge
sequence of operations
  die Operationsfolge
sequence-controlled ablaufgesteuert, programmgesteuert

sequencing key die Suchschlüssel
sequent aufeinanderfolgend
sequential access der sequentielle Zugriff (im Gegensatz zum parallelen)
sequential access method die sequentielle Zugriffsmethode
sequential control die Folgesteuerung
sequential file die sequentielle Datei (ohne wahlfreien Zugriff)
serial access der serielle Zugriff
serial adder der Serienadierer
serial interface die serielle Schnittstelle (Hardware)
serial operation der Serienbetrieb
serial port die serielle Schnittstelle (Hardware)
serial storage die serielle Speicherung
serial transfer die serielle Übertragung
serial transmission die serielle Übertragung
serial-parallel converter der Seriell-parallel-Umsetzer
serialized bitseriell
series die Reihe, die Gruppe
series connexion die Reihenschaltung (Elektronik)
series expansion die Reihenentwicklung (Mathematik)
series register der Reihenwiderstand (Elektronik)
serried dichtgedrängt
server der Server (Hardware), der Diener
service die Wartung
service center das Dienstleistungszentrum
service checking routine das Prüfprogramm (Software)
service contract der Wartungsvertrag
service program das Dienstprogramm (Software)
servo amplifier der Servoverstärker (Elektronik)
servo controlled system das Nachlaufregelsystem
servo controller der Nachlaufregler (Elektronik)

servo motor der Servomotor (Elektronik)
servo system das Servosystem, das Nachlaufsteuerungssystem
session die Sitzung
session layer die Kommunikationssteuerschicht (OSI-Schichtenmodell)
set setzen, einstellen, der Satz
set point der Sollwert
setting accuracy die Einstellgenauigkeit
setting instruction der Substitutionsbefehl (Software)
setting potentiometer das Einstellpotentiometer (Elektronik)
setup die Anordnung, die Einstellung
setup string die Einstellungszeichenkette
shade der Schatten, die Schattierung
shadow store der Schattenspeicher, der Festwertspeicher (Hardware)
shaft die Welle, der Schaft, die Spindel (Mechanik)
shaft position digitalizer der digitale Winkelstellungsgeber (Mechanik)
shaft position encoder der Winkelstellungsgeber (Mechanik)
shakesort der "Schüttelsort" (Sortierverfahren)
share der Teil, der Anteil, teilen
shared geteilt
shareware Name für "Prüf-vor-Kauf"-Software
sheet das Blatt, die Platte, das Blech
sheet feeder die Einzelblattzuführung, der Einzelblatteinzug (Drucker)
shell die Schale, die Shell, das Gehäuse
shielded cable abgeschirmtes Kabel
shift verschieben, die Veränderung, wenden, umlagern
shift operation der Verschiebebefehl (Software)
shift register das Verschieberegister

(Software)
shifting instruction
der Verschiebebefehl (Software)
shock absorber
der Schwingungsdämpfer, der Stoßdämpfer (Mechanik)
shock test die Stoßprüfung
short kurz, klein, brüchig (Metall)
short circuit der Kurzschluß (Elektronik)
short circuit voltage
die Kurzschlußspannung
short term kurzzeitig
shortage der Fehlbetrag
shorten verkürzen
shortfall der Ausfall
shorthand die Kurzschrift, die Stenografie
shortness die Kürze, die Mangelhaftigkeit, der Mangel
show zeigen, ausstellen, die Ausstellung, die Schaustellung
shred das Stückchen, der Fetzen, zerfetzen, ausfasern
shrink schrumpfen
shrinkage die Schrumpfung, die Verminderung
shrunken geschrumpft
Shugart Name eines Hardwareherstellers (Laufwerke)
shunt der Nebenschluß (Elektronik)
shunt resistor der Parallelwiderstand (Elektronik)
shutdown die Abschaltung
side-face die Seitenansicht
sidelong seitlich, seitwärts
sideways sum die Quersumme (Mathematik)
sigma notation die Darstellung mit Summenzeichen (Mathematik)
sign das Zeichen, das Vorzeichen, die Unterschrift, unterzeichnen
sign control die Vorzeichensteuerung
sign position die Vorzeichenstelle
sign register das Vorzeichenregister
signal das Signal, die Wechselspannung (Elektronik)
signal amplifier der Signalverstärker (Elektronik)
signal generator der Signalgeber (Elektronik)
signal light das Signallicht, die Signallampe
signal oscillator der Meßsender (Elektronik)
signal source die Signalquelle (Elektronik)
signal strength die Signalstärke, die Signalamplitude (Elektronik)
signal tracer der Signalverfolger (Elektronik)
signaling function
die Übertragungsfunktion
signaling speed
die Übertragungsgeschwindigkeit
signatory der Unterzeichner, unterzeichnend
signature die Signatur, die Unterschrift
signed binary die Binärzahl mit Vorzeichen
significance die Wichtigkeit, die Bedeutung
significant bit die bedeutsame Ziffer
signify bezeichnen
silencer der Schalldämpfer
similar ähnlich, gleich
simplex communication
der Simplexverkehr, die Übertragung in einer Richtung
simplification die Vereinfachung
simplify vereinfachen
Simula Name einer Programmiersprache (Software)
simulate simulieren
simulation die Simulation, die Vortäuschung
simultaneity die Gleichzeitigkeit
simultaneous simultan, beinahe gleichzeitig
simultaneous linear equation
die simultane lineare Gleichung (Mathematik)
simultaneous operation
der Simultanbetrieb, der gleichzeitige Betrieb

simultaneous transmission
die Simultanübertragung, die
gleichzeitige Übertragung
sine der Sinus (Mathematik)
sine function die Sinusfunktion
(Mathematik)
sine wave die Sinuswelle
(Mathematik, Elektronik)
single einzeln, einfach
single address code der Ein-Adreß-
Code
single board computer aus einer
einzigen Platine bestehender
Computer (Hardware)
single chip computer Computer, auf
einem einzigen Chip untergebracht
(Hardware)
single density die einfache Dichte (z.B.
Diskettenoberflächenbeschichtung)
single eXtension die einfache
Auslegung (SX), z.B. von
Datenleitungen
single handed selbständig, ohne Hilfe
single inline package Bezeichnung
von Speicherbausteinen mit nur einer
Anschlußpinreihe (Elektronik)
single precisions die einfache
Genauigkeit
single sheet feeder die
Einzelblattzuführung (beim Drucker)
single sided einseitig (z.B. Diskette)
single step mode der Einzelschritt-
Modus
single step operation
der Einzelschritt-Betrieb
single user operation
der Einbenutzerbetrieb
single user system das Einplatzsystem
single-cycle processing
die Einzelverarbeitung
single-edge guiding die einseitige
Bandführung (Magnetband)
singlespeed die einfache
(Umdrehungs-)Geschwindigkeit
singletasking nur eine Aufgabe
(gleichzeitig) übernehmend
singular einzigartig, ungewöhnlich,
die Einzahl, der Singular

singularity die Einzigartigkeit, die
Sonderbarkeit
Sinix Name eines Betriebssystems
(Software)
sink das Peripheriegerät, die Senke,
das Kühlblech
sinuosity die Windung, die
Krümmung
site der Aufstellungsort
sitting die Sitzung
situation die Lage, die Situation
size der Umfang, die Größe, nach der
Größe ordnen, der Leim, leimen
size up schätzen, abschätzen
skeleton das Skelett, das Gerippe, das
Gestell, im Entwurf, skizzieren
sketch der Entwurf, sie Skizze,
entwerfen, skizzieren
sketchy skizzenhaft
skew die Schrägstellung, der
Bandschräglauf, schräg, schief
skin die Haut, die Hülle
skin-deep oberflächlich
skip springen, übergehen
skipping device
die Papiervorschubeinrichtung
(Drucker)
skirting board die Scheuerleiste
(Mechanik)
skyline der Horizont, die Silhouette,
der Umriß
slack lose, locker
slant die schräge Fläche, schräg
liegen
slanted mark
die Schrägstrichmarkierung
slanting schief, schräg
slash der Schrägstrich
slave key der abgeleitete Schlüssel
(Software)
slave relay das Hilfsrelais
(Elektronik)
slave system das nachgeregelte
System
sledge der Schlitten (Mechanik), auf
einem Schlitten fahren
sleek glatt
sleekness die Glätte

sleep function die Ruhefunktion, die Stromsparfunktion
slew sich drehen
slide gleiten, rutschen
slide rule der Rechenschieber (Mathematik)
slide-in chassis der Geräteeinschub, der Einschub (Hardware)
slider der Schleifer (Elektronik)
slim schlank
slimline case Name für ein besonders flaches Gehäuse (Hardware)
slimline drive das halbhohe Laufwerk (Hardware)
slip gleiten, rutschen
slippage der Schlupf (Mechanik)
slope die Neigung, die Abschrägung, abschrägen
slope angle der Neigungswinkel
slot der Schlitz, die Nut (Mechanik), der Erweiterungssteckplatz (Elektronik), der Einschub (Hardware)
slotted geschlitzt
slotted card die Schlitzlochkarte
slow access storage der langsame Speicher (Hardware)
slow acting langsam reagierend, träge
slow motion die langsame Bewegung, die Zeitlupe
slow-down verlangsamen, verzögern
small klein
smallish ziemlich klein
Smalltalk Name einer Programmiersprache (Software)
smart terminal das intelligente Terminal (Hardware)
Smartmodem Name einer Modembaureihe der Fa. Hayes
SmartSuite Name eines Softwarepaketes des Fa. Lotus (Software)
smash-up der Zusammenstoß
smelt schmelzen
smithereens die kleinen Stücke, die Splitter
smoke der Rauch, rauchen, dampfen
smooth glatt, glätten, ebnen
smoothness check die Stetigkeitskontrolle (Mathematik)
smother der Qualm
smudged verschmiert
snapshpot die Momentaufnahme, der Speicherauszug
society die Gesellschaft, der Verein
socket der Sockel, die Fassung, die Steckdose, die Muffe
soft weich, leise
soft copy die Bildschirmdarstellung (im Gegensatz zur Hardcopy auf dem Drucker)
soft error der "weiche" Fehler (der nicht ständig auftauchende Fehler)
soft hyphen der "weiche" Bindestrich, der kurze Mittestrich
soft sectored Kennzeichnung der Sektoren (Diskette) durch gespeicherte Marken
Softmaker Name eines deutschen Softwarehauses
software die Software, das Programm
software compatibility die Softwarekompatibilität
software engineering das professionelle Entwickeln von Software
software house das Softwarehaus, der Softwareentwickler
software package das Programmpaket
software tool die Programmierhilfe (Software)
Solaris Name eines Betriebssystems der Fa. Sun (Software)
solder das Weichlot, die Lötmasse, löten
solder lug die Lötfahne
solder strap die Lötbrücke
soldering-iron der Lötkolben
solderless connection die lötfreie Verbindung (Elektronik)
solenoid der Elektromagnet
solenoid controlled elektromagnetisch gesteuert
solid fest, dauerhaft, massiv, körperlich, der Körper

solid angle der Raumwinkel (Mathematik)
solid geometry die Raumgeometrie, die Geometrie der festen Körper
solid state circuit der Festkörperschaltkreis (Elektronik)
solid state device das Festkörperbauteil (Elektronik)
solid state physics die Festkörperphysik
solid-logic volltransistorisiert (Elektronik)
solidus der Schrägstrich
solubility die Lösbarkeit, die Löslichkeit
soluble löslich, lösbar
solution die Lösung
solve lösen, auflösen
solve a problem ein Problem lösen
solve an equation for x eine Gleichung nach x auflösen (Mathematik)
sort sortieren, die Sorte, die Art, die Weise
sort program das Sortierprogramm (Software)
sorting method die Sortiermethode
sound der Klang, die Schall, der Ton, tönen, klingen, die Sonde, sondieren
sound synthesis die Klangerzeugung
sound-absorbing schallgedämmt, schallschluckend
sound-proof, sound-tight schalldicht
soundcard die Soundkarte, die Audio-Erweiterungskarte (Hardware)
soundless lautlos
source die Quelle, der Ursprung
source code der Quellcode (Software)
source data die Ausgangsdaten (Software)
source document das Originaldokument
source language die Quellsprache (Programmiersprache)
source of information die Informationsquelle (z.B. der Sender)
source program das Quellprogramm (Software)

space der Zwischenraum, das Leerzeichen, der Abstand, der Raum
space bar der Leerzeichenbalken (die große Leerzeichentaste)
space curve die Raumkurve (Mathematik)
space division multiplex das Raummultiplex-Verfahren (Elektronik)
space pulse der Trennschritt
space requirement der Platzbedarf
space suppression die Leerstellenunterdrückung, die Zeilentransport-Unterdrückung
spacer der Abstandhalter (Mechanik)
spaghetti der Isolierschlauch
spaghetti code der unstrukturierte Programmcode
spanner der Schraubenschlüssel
spare das Ersatzteil, überflüssig, überschüssig, spärlich
spare channel der Reservekanal
sparing sparsam, knapp, dürftig
spark der Funke, Funken sprühen, elektrisieren
sparkle der Funke, funkeln, blitzen, sprühen
spatial räumlich
special character das Sonderzeichen
special purpose computer der Spezialrechner (Hardware)
specific gravity das spezifische Gewicht
specification die Spezifikation, die Patentschrift
specimen das Muster, die Probe, das Exemplar
specs die Brille
spectacle der Anblick, das Schauspiel
spectator der Zuschauer
speculum der Metallspiegel
speech output die Sprachausgabe
speech processing die Sprachverarbeitung (Software)
speech recognition die Spracherkennung (Software)
speed die Geschwindigkeit, die Umlaufzahl

speed buffering das Anpassen unterschiedlicher Geschwindigkeiten mit einem Zwischenspeicher
speed of operation die Schaltgeschwindigkeit (Elektronik)
speed up beschleunigen
speed variation unit der Drehzahlregler
spelling die Rechtschreibung
spelling checker die Rechtschreibprüfung (Software)
spelter das Zink
spherical kugelförmig
spherical coordinates die Kugelkoordinaten (Mathematik)
spherical function die Kugelfunktion (Mathematik)
spike die Spitze, die Impulsspitze (Elektronik)
spill die Streuung
spillover der Ladeschwund (Elektronik)
spin die Drehung, der Wirbel, drehen, wirbeln
spine der Dorn (Mechanik)
spinner der Datenbankbetreiber
spiral die Spirale, der Wirbel, sich schrauben
splice der Spleiß, die dauerhafte Verbindung (Mechanik)
splint die Schiene (Mechanik)
split aufteilen
split screen der geteilte Bildschirm
spontaneous magnetization die spontane Magnetisierung (Elektronik)
spool die Spule, spulen, Abk. für "Simultaneous Peripherial Operations on Line"
spooler der Zwischenspeicher
spooling das Zwischenspeichern
spot der Punkt
spot check Stichproben nehmen
sprayer der Zerstäuber
spreadsheet das Tabellenkalkulationsblatt, das Arbeitsblatt, das Rechenblatt (Software)

springy federnd, federkräftig
sprite Bezeichnung für eine zusammengehörige Gruppe von Pixeln (Software)
spume der Schaum
spur der Sporn (Mechanik)
spur gear das Stirnrad (Mechanik)
spurious resonance die Nebenresonanz (Elektronik)
square das Quadrat, die zweite Potenz (Mathematik), viereckig, senkrecht
square law characteristic die quadratische Kennlinie (Elektronik)
square pulse der Rechteckimpuls (Elektronik)
square root die Quadratwurzel (Mathematik)
square wave die Rechteckwelle (Elektronik)
square wave generator der Rechteckwellengenerator (Elektronik)
squareness die Rechteckigkeit
stability die Standfestigkeit, die Kippsicherheit
stabilization die Stabilisierung (Mechanik)
stabilize stabilisieren, kippsicher machen
stable stabil, sicher, dauerhaft
stable state der stabile Zustand
stack der Stapelspeicher, der Kellerspeicher, aufeinanderlegen, aufstapeln
stack overflow der Stapelüberlauf (Software)
stack pointer der Stapelzeiger (Software)
stacker der Kartenstapel (z.B. Lochkarten)
stage die Stufe, das Gerüst, das Stadium
stagnancy die Stockung
stainless fleckenfrei, rostfrei
staircase voltage die Treppenspannung (Elektronik)

stale alt, verbraucht
stamp der Stempel
stand alone solution die Insellösung (Software, Hardware)
stand-alone unit die Einzelstation (Hardware)
stand-alone workstation die unabhängige Arbeitsstation (Hardware)
standard der Standard, die Norm, die Regel
standard chart die Normzeichnung
standard deviation die Standardabweichung (Mathematik)
standard form das Standardformular, das Einheitsformular
standardization die Normierung, die Standardisierung
standardize standardisieren
standby betriebsbereit
standby storage der Reservespeicher (Hardware)
standstill der Stillstand
star connection die Sternschaltung (Elektronik)
Star Micronics Name eines Hardwareherstellers (Drucker)
star network das Sternnetz (Hardware)
start address die Startadresse (Software)
start bit das Startbit (Software)
start pulse der Startimpuls (Elektronik)
start time die Anlaufzeit
starting address die Anfangsadresse (Software)
Starwriter Name eines Textverarbeitungsprogrammes (Software)
statement das Statement, die Anweisung, die Feststellung
static feststehend
static program das unveränderliche Programm (Software)
static RAM das statische RAM (im Gegensatz zum dynamischen RAM)
static random-access memory der statische Direktzugriffsspeicher (Hardware)
static register das statische Register
static storage der statische Speicher, die statische Speicherung
station die Station, der Standort, stellen, positionieren
stationary stationär, ortsgebunden
stationery die Schreibwaren, die Papierwaren
statistical statistisch
statistical data die statistischen Daten
statistical quality control die statistische Qualitätskontrolle
statistics die Statistik
status der Status, der Zustand, der Rang, die Stellung
status byte das Statusbyte, das Zustandsbyte (Software)
status register das Statusregister
status word das Statuswort, das Zustandswort (Software)
steadiness die Festigkeit (Mechanik)
steady stetig, sicher, fest, ruhig, gleichmäßig
steady-state impedance der statische Scheinwiderstand (Elektronik)
steady-state rating die Gleichstrombelastbarkeit (Elektronik)
Stealth virus der "Tarnkappenvirus" (Software)
steel der Stahl, stählern
steering die Steuerung, die Lenkung
step attenuator die Eichleitung (Elektronik)
step-by-step operation der schrittweise Betrieb
stepped transformator der Stufentransformator (Elektronik)
stepping counter der Schrittzähler
stepping mechanism der Schrittschaltmechanismus (Mechanik)
stepping rate die Schrittgeschwindigkeit
stepping switch der Schrittschalter (Elektronik)

sticker der Aufkleber
still picture das Standbild, das stehende Bild
Still Video Name eines Verfahrens zur Abspeicherung von Fotos auf Diskette (Software)
stir die Bewegung, bewegen
stochastic zufällig
stock das Lager
stop bit das Stopbit (Software)
stop button die Stopptaste (Hardware)
stop distance der Anhalteweg
stop polarity pulse der Trennschritt (Elektronik)
stop time die Haltezeit
stoppage die Sperrung
storage der Speicher, die Speicherung
storage allocation die Speicherbelegung
storage byte das Speicherbyte (Software)
storage capacity die Speicherkapazität
storage cell die Speicherzelle (Elektronik)
storage density die Speicherdichte, die Aufzeichnungsdichte
storage level die Speicherstufe
storage location der Speicherplatz, die Speicheradresse
storage medium das Speichermedium (z.B. Diskette)
storage occupancy die Speicherbelegung
storage operation die Speicheroperation (Software)
storage overflow der Speicherüberlauf (Software)
storage period der Speicherungszeitraum
storage position der Speicherplatz
storage print der Speicherauszug
storage register das Speicherregister
storage zone die Speicherzone
store der Vorrat, der Speicher, speichern, lagern
straight line die Gerade (Mathematik)

straight line interpolation die lineare Interpolation (Mathematik)
straighten out in Ordnung bringen, entwirren
strain die mechanische Belastung, die Spannung (Mechanik), beanspruchen
strainer der Durchschlag, das Sieb
strap die Brücke, die kurze elektrische Verbindung, das Band
stray capacitance die Streukapazität (Elektronik)
stray magnetic field das magnetische Streufeld (Elektronik)
streamer der Streamer, das Streamerlaufwerk, das Band (Hardware)
strech dehnen, strecken, die Dehnung
stress die Beanspruchung, die Spannung, beanspruchen, spannen
strict genau
striker der Schlagbolzen (Mechanik)
string die Zeichenkette, die Datengruppe, die Schnur, das Band
string search die Suche nach einer Zeichenkette
string variable die Alphazeichen-Variable
stringy faserig, zäh
strip auseinandernehmen
strobe Bezeichnung eines Statussignals (Elektronik)
strobe impuls der Taktimpuls (Elektronik)
strong-box die Stahlkassette
structure die Struktur, das Gebilde
structured programming die strukturierte Programmierung (Software)
structured query language die Sprache für strukturierte Abfragen (SQL)
sty der Kolben (Mechanik)
subassembly die Baugruppe (Elektronik)
subchannel der Unterkanal (Elektronik)
subdirectory das Unterverzeichnis (Software)

subdivide unterteilen
subdivision die Unterteilung
subject das Subjekt, das Thema
subject searching die Sachrecherche
subnet das Teilnetz, das untergeordnete Netzwerk, das Netzwerksegment (Hardware)
subprogram das Unterprogramm (Software)
subroutine das Unterprogramm (Software)
subscribe unterschreiben, abonnieren
subscript das tiefergestellte Zeichen
subscription das Abonnement (z.B. einer Zeitschrift)
subsequence das spätere Eintreten
subsequent in der Folge, später, anschließend
subset das Endgerät, die Untermenge, die Teilmenge
subsidiary die Filiale
subsidiary company die Tochtergesellschaft
substance die Substanz, die Hauptsache, der Inhalt
substandard camera die Kleinbildkamera
substantial wesentlich, wirklich, namhaft, vermögend
substantiv das Hauptwort, das Substantiv, selbständig
substitute an die Stelle setzen, der Stellvertreter
substitution das Auswechseln, der Ersatz, die Stellvertretung
substitution part das Austauschteil (Hardware)
substrate die Trägerschicht
substructure der Unterbau
subsystem das Subsystem (das System als Bestandteil eines anderen)
subtract subtrahieren (Mathematik)
subtract carry der Subtraktionsübertrag (Mathematik)
subtraction die Subtraktion (Mathematik)

subvention die Beihilfe, die Subvention, die Unterstützung
succeed Erfolg haben, gelingen, folgen
success der Erfolg, das gute Ergebnis
successive aufeinanderfolgend
successor der Nachfolger
suffix anhängen, die Nachsilbe, das Suffix
suffusion der Überzug
suggestion die Anregung, der Vorschlag
suit anpassen, die Reihenfolge
suitcase der Handkoffer
sulphurize schwefeln, vulkanisieren
sum die Summe, der Betrag, rechnen, zählen
sum total die Gesamtsumme
summarize kurz zusammenfassen
summary die Inhaltsangabe, die Zusammenfassung
summation die Addition, die Summierung (Mathematik)
summation check die Längssummenkontrolle
super user Name für den Systemverwalter eines UNIX-Systems
super-conductive material das supraleitende Material
superficiality die Oberfläche
superheat überhitzen
superiority die Überlegenheit
supernumerary überzählig
superscribe überschreiben, adressieren
superscription die Aufschrift, die Überschrift
supervise überwachen, beaufsichtigen
supervision die Überwachung, die Beaufsichtigung
supervisor der Aufseher, der Inspektor
supplement die Ergänzung, der Nachtrag, ergänzen
supply liefern, versorgen, die Versorgung, die Zufuhr
supply data Daten bereitstellen

support die Unterstützung, unterstützen
supposition die Voraussetzung, die Annahme
surcharge überladen, die Überladung
surface die Oberfläche, die Fläche, auftauchen
surface integral das Flächenintegral (Mathematik)
surface model das Oberflächenmodell, das Flächenmodell (z.B. in einem 3-D-CAD Programm)
surface mount technology die Oberflächenbestückungstechnik (Elektronik)
surface mounted device die auf die Leiterplatte aufbringbare Komponente (Elektronik)
surge die stoßweise Änderung
surname der Zuname, der Nachname
surplus der Überschuß, überschüssig
surrogate der Stellvertreter
surrogate search die Nebenrecherche
survey der Überblick, das Gutachten, die Vermessung, besichtigen, begutachten, vermessen
surveying data die Vermessungsdaten (Software)
susceptibility of failure die Störanfälligkeit
sustained ununterbrochen
swap vertauschen
swapfile die Auslagerungsdatei
swapping die Ein-/Auslagerung, die Vertauschung
swinging temperature die Temperaturschwankung
switch der Schalter (Mechanik oder Software), schalten, umlenken
switching algebra die Schaltalgebra
switching center die Vermittlungsstelle (Hardware)
switching circuit der Schaltkreis (Elektronik)
switching diode die Schaltdiode (Elektronik)
switching function die Schaltfunktion
switching time die Schaltzeit
switching transistor der Schalttransistor (Elektronik)
swop austauschen, vertauschen
symbol das Symbol, das Sinnbild
symbolic symbolisch, sinnbildlich
symbolic address die symbolische Adresse (Software)
symbolic instruction der symbolische Befehl (Software)
symbolic language die symbolische Sprache (Software)
symbolic operation die symbolische Operation, die Pseudooperation (Software)
symbolic program das symbolische Programm (ohne Adressen)
symbolic programming die symbolische Programmierung (adressenfrei)
symbolize sinnbildlich darstellen
Symphony Name eines Softwarepaketes der Fa. Lotus
sync character das Synchronisationszeichen
sync pulse der Synchronisationsimpuls (Elektronik)
synchronism der Gleichlauf, die Gleichzeitigkeit
synchronize zeitlich zusammenfallen, gleichzeitig sein, synchronisieren
synchronous gleichzeitig, gleichlaufend, synchron
synchronous operation der Synchronbetrieb
synchronous transmission die Synchronübertragung
syncing die Synchronisierung (z.B. einer Datenübertragung)
synonym das Synonym, das sinnverwandte Wort
syntactic syntaktisch
syntax die Syntax, die Satzlehre
syntax error der Syntaxfehler
synthesize künstlich herstellen
synthetic synthetisch, künstlich
synthetic resin das Kunstharz

SyQuest Name eines Hardwareherstellers (Laufwerke)
system das System
system analysis die Systemanalyse
system analyst der Systemanalytiker
system clock der Taktgeber (Elektronik)
system crash der Systemabsturz
system disk die Systemplatte, die Systemdiskette
system documentation die Systemdokumentation
system of equations das Gleichungssystem (Mathematik)
system program das Systemprogramm (Hardware)
systematic error der systematische Fehler, der systembedingte Fehler
systematically systematisch, planmäßig, folgerichtig
systems testing die Systemprüfung

T

T-square die Reißschiene
tab tabellieren, der Streifen, das Schildchen
tab memory der Tabulatorspeicher
table die Tabelle, der Tisch, die Tafel, vorlegen
table look-up das Nachsehen in einer Tabelle
tabular tabellieren
tabular insert der Tabulator
tabulate tabellieren, tabellarisch ordnen
tachometer generator der Drehzahlgeber (Elektronik), z.B. eines Laufwerkes
tag die Markierung, markieren, anheften
take-off die Nachahmung, der Start
take-off speed die Ablaufgeschwindigkeit (z.B. Magnetband)
take-up speed die Aufwickelgeschwindigkeit (z.B. Magnetband)
take-up wheel die Aufwickelspule (Mechanik), z.B. Magnetband
talker der Sprecher, der Sender
tally die Stückliste
tandem connection die Hintereinanderschaltung, die Serienschaltung (Elektronik)
tangent die Tangente (Mathematik)
tank circuit der Parallelschwingkreis (Elektronik)
tape das Band, das Tonband
tape cartridge die Bandkassette (Massenspeicher)
tape deck das Magnetbandgerät (Hardware)
tape drive das Bandlaufwerk (Hardware)
tape error der Bandfehler
tape feed der Bandtransport (Mechanik)
tape jam die Bandstörung, der "Bandsalat"
tape leader der Bandvorspann (zur Schonung des Magnetbandes)
tape loop recorder der Endlosbandrekorder (Hardware)
tape outage das Bandende
tape recorder das Magnetbandgerät (Hardware)
tape reeling device die Bandwickelvorrichtung (Mechanik)
tape start der Bandanlauf
tape tension die Bandspannung (Mechanik)
tape threading die Bandeinfädelung (Mechanik)
tape transport die Bandführung, der Bandtransport (Mechanik)
target das Ziel
target data die Zieldaten (Software)
target language die Zielsprache (Software)
target program das Zielprogramm (Software)

task die Task, die Aufgabe
task dispatcher das Verteilerprogramm (Software)
task management die Aufgabensteuerung
task switcher der Programmumschalter (Software)
tax die Steuer, die Abgabe, besteuern
taylored version die maßgeschneiderte Version, die Sonderausführung
teamwork die Zusammenarbeit
technical brochures die technischen Unterlagen
technical characteristics die technischen Eigenschaften
technical manual das Gerätehandbuch
technical service der technische Kundendienst
technician der Techniker
technique die Technik, das Verfahren
technology die Technologie
telecommunications system die Fernmeldeeinrichtung (Hardware)
teleconferencing die Videokonferenz
telecopying equipment das Telefaxgerät (Hardware)
telegraph code der Fernschreibcode (Software)
telemetering die Fernmessung
teleprinter der Fernschreiber (Hardware)
teleprinter exchange das Telex
teleprocessing of data die Datenfernverarbeitung
telescoping ausziehbar
teletext der Bildschirmtext
teletype, teletypewriter der Fernschreiber (Hardware)
television set das Fernsehgerät (Hardware)
telex network das Fernschreibnetz
Telnet Name eines Protokolls für Terminalfernverbindungen (Software)
template die Schablone
temporary zeitweilig, vorübergehend
temporary file die temporäre Datei, die Auslagerungsdatei (Software)
temporary storage der Zwischenspeicher
ten-digit keyboard die Zehnertastatur (Hardware)
tender das Angebot
tensile strength Zugfestigkeit (Mechanik)
tension die Spannung (Mechanik)
tentative versuchend, versuchsweise, der Versuch
term der Term (Mathematik), der Ausdruck, benennen, bezeichnen
terminable begrenzt, befristet
terminal das Terminal, das Datensichtgerät (Hardware), die Klemme (Mechanik), die Endstation
terminal block die Klemmleiste (Elektronik)
terminal printer der Ausgabedrucker (Hardware)
terminal station die Endstelle
terminal strip die Lötleiste (Elektronik)
terminate begrenzen, beenden
termination der Abschlußwiderstand (Elektronik), die Beendigung, das Ende
terse bündig
test der Test, die Prüfung, testen, prüfen
test data die Testdaten (Software)
test data generator der Prüfdatengenerator
test in site die Prüfung vor Ort
test out durchtesten
test routine das Prüfprogramm (Software)
test signal das Prüfsignal (Elektronik)
testing probe die Prüfsonde (Elektronik)
tetrad die Tetrade (Mathematik), vier Bits
Texas Instruments Name eines Hardwareherstellers
text processing die Textverarbeitung (Software)

text segment der Textbaustein
TextMaker Name eines Textverarbeitungsprogrammes (Software)
textual textbezogen
texture das Gewebe, das Gefüge, die Dichtigkeit (von Papier)
theorem das Theorem, der Lehrsatz (Mathematik)
theory of proportion der Proportionalitätssatz (Mathematik)
thermal drift die thermisch bedingte Abweichung
thermal noise das thermische Rauschen
thermal printer der Thermodrucker (Hardware)
thermic die Hitze, thermisch
thermocouple das Thermoelement (Elektronik)
thesaurus der Wissensschatz
thickness die Dicke, die Dichtigkeit, die Lage, die Schicht
ThickWire Name für das Standard Ethernet Netzwerkkabel (das dickere Kabel)
Thin Ethernet cable Name für ein preiswertes (dünneres) Ethernet-Netzwerkkabel
ThinWire Name für ein preiswertes (dünneres) Ethernet Netzwerkkabel
three-phase current der Drehstrom (Elektronik)
threshold circuit die Schwellenwert-Schaltung (Elektronik)
throttle drosseln
throughput der Durchsatz
throw der schnelle Papiervorschub (Mechanik), z.B. bei einem Drucker
thrust bearing das Drucklager (Mechanik)
thumb der Daumen
thumb-print der Daumenabdruck
thumb-screw die Flügelschraube (Mechanik)
thumbnail der Fingernagel, das fingernagelgroße Bild
thumbtack der Reißnagel

ticker der Fernschreiber (Hardware)
ticket der Zettel, der Schein, mit einem Zettel versehen, kennzeichnen
tie die Verbindung
tier die Etage
tight coupling die feste Kopplung
tight-rope das gespannte Seil, der Seilzug (Mechanik)
tighten (eine Schraube) anziehen, (eine Feder) spannen
tightness die Festigkeit
time die Zeit, das Zeitmaß, der Takt, das Tempo
time delay die Laufzeit
time dependent zeitabhängig
time displacement die Zeitverschiebung
time schedule der Zeitplan
time sharing der Teilnehmerbetrieb, der Mehrbenutzerbetrieb, die Zeitaufteilung
time slice die Zeitscheibe
time-hour meter der Betriebsstundenzähler (Hardware)
time-lag die Verzögerung
time-limit die zeitliche Befristung
timer der Zeitgeber
timeware Bezeichnung für nur begrenzt lauffähige Software
timing die zeitliche Steuerung
timing diagram der Zeitplan
timing error der Gleichlauffehler
timing mark die Zeitmarke
timing pulse der Taktimpuls (Elektronik)
timing pulse rate die Taktrate (Elektronik)
timing signal der Taktimpuls (Elektronik)
tin das Blech, das Zinn, der Draht, blechern
tiny winzig
tipster der Ratgeber
titular dem Namen nach
toggle switch der Kippschalter (Hardware)
token das Zeichen

token access Name eines Zugriffsverfahrens im Netzwerk, welches mit Zugriffsberechtigungen arbeitet
token passing die Zeichenübergabe, Name eines Netzwerkprotokolls
token ring Name einer Netzwerkstruktur (IBM)
tolerance die Toleranz
tolerance limit die Toleranzgrenze
toll der Zoll
toner Kunststoffpulver als Farbmittel
toner-cartridge der Tonervorratsbehälter (Laserdrucker, Fotokopierer)
tool das Werkzeug (Mechanik oder Software), das Gerät
top down method Programmiermethode „vom Allgemeinen zum Speziellen"
topic der Gegenstand, das Thema
topology die Topologie, die Netzstruktur (z.B. Stern, Baum usw.)
torn-tape condition der Bandriß
torque das Drehmoment (Mechanik)
torsion die Drehung
tot die Summe, die Gesamtsumme
tot up sich summieren
total die Gesamtsumme, ganz, gänzlich, insgesamt betragen
totaling die Summenbildung (Mathematik)
totality die Vollständigkeit
totalize zusammenzählen
touch sensitive keyboard die Folientastatur (Hardware)
touch sensitive screen der Kontaktbildschirm (Hardware)
touchscreen der Bildschirm für die Eingabe durch Berührung (Hardware)
towercase das Towergehäuse
toxic giftig
toxin der Giftstoff
tpi (tracks per inch) Anzahl der Spuren pro Zoll, Maß für die Aufzeichnungsdichte (z.B. Diskette)
trace die Ablaufverfolgung, die Kurve, die Spur, verfolgen

tracing das Durchpausen, die Pauszeichnung
tracing paper das Pauspapier
tracing program das Überwachungsprogramm (Software)
track die Spur, die Bahn
track density die Spurdichte (z.B. auf einer Diskette)
track width die Spurbreite (z.B. auf einer Diskette)
trackball die Rollkugel (Hardware)
tracking selection die Spurauswahl
tracking symbol das Nachführsymbol
tracks per inch Anzahl der Spuren pro Zoll, Maß für die Aufzeichnungsdichte (z.B. Diskette)
traction das Ziehen, der Zug (Mechanik)
tractor der Papiertraktor (am Drucker), die Zugmaschine (Mechanik)
trade der Handel, das Geschäft
trade data interchange der Handelsdatenaustausch
trademark das Warenzeichen, die Schutzmarke, die Handelsmarke
tradename die Warenbezeichnung
tradeprice der Händlerpreis
traffic der Verkehr, der Handel
trailor record Bezeichnung für den letzten Record einer Datei (Software)
training program das Ausbildungsprogramm
trajectory die Flugbahn (der Schreib/Leseköpfe)
transact abwickeln (einen Vorgang)
transaction die Transaktion, der Geschäftsvorgang
transcendal equation die transzendente Gleichung (Mathematik)
transcendal function die transzendente Funktion (Mathematik)
transcription das Umschreiben, das Abschreiben
transducer der Signalumformer (Elektronik)

transfer die Übertragung, übertragen
transfer address die Sprungadresse (Software)
transfer function die Übertragungsfunktion (Mathematik)
transfer instruction der Sprungbefehl, der Verzweigungsbefehl (Software)
transfer rate die Übertragungsgeschwindigkeit
transfer time die Übertragungszeit
transform umformen, umwandeln
transform equation die Transformationsgleichung (Mathematik)
transformation ratio das Übersetzungsverhältnis
transformer der Transformator, der Wandler
transient error der vorübergehende Fehler
transients die vorübergehenden Änderungen
transistor der Transistor (Elektronik)
transistorization die Bestückung mit Transistoren (Elektronik)
transit time die Laufzeit
transition die Übertragung
translate übersetzen, zuordnen
translating routine das Übersetzungsprogramm (Software)
translation die Übersetzung
translation of axis die Koordinatentransformation (Mathematik)
translator der Umsetzer, das Übersetzungsprogramm
transliterate die buchstabenweise Übertragung (von einem Alphabet in ein anderes)
transmission die Übertragung, die Antriebswelle (Mechanik)
transmission channel der Übertragungskanal
transmission error der Übertragungsfehler
transmission identification die Übertragungskennung
transmission line die Übertragungsleitung
transmission loss die Übertragungsdämpfung (Elektronik)
transmission path der Übertragungsweg
transmission reliability die Übertragungssicherheit
transmission speed die Übertragungsgeschwindigkeit
transmission system das Übertragungssystem
transmission time die Übertragungsdauer
transmit die Übertragungssteuerung, übertragen
transmitter der Wandler, der Sender (Hardware)
transparent transparent, durchsichtig
transport layer die Transportschicht (OSI-Schichtenmodell)
transporting drum die Transportwalze (Mechanik)
transporting lock die Vorschubsperre (Mechanik)
transposition error der Transpositionsfehler
transputer der Transputer, Bezeichnung für den Verbund von Prozessoren (Hardware)
trashing die Überlastung eines Systems
traverse durchlaufen
tree structure die Baumstruktur, die Baumtopologie
triade die Triade
trial run der Probelauf
trial-and-error das Ausprobieren
triangle das Dreieck (Mathematik)
triangular dreieckig
trick der Trick, der Kniff
trigger der Auslöser, der Abzug, der Drücker
trigger criterion das Auslösekriterium
trigger function die Auslösefunktion

trigger pair circuit die bistabile Kippschaltung, die Flip-Flop-Schaltung
trigger pulse der Auslöseimpuls
trigger signal das Auslösesignal
trigonomic equation die trigonometrische Gleichung (Mathematik)
trigonomic function die trigonometrische Funktion (Mathematik)
trigonomic series die trigonometrische Reihe (Mathematik)
Trilogy Name einer Programmiersprache (Software)
trip auslösen
triphase current der Drehstrom (Elektronik)
triplespeed die dreifache (Umdrehungs-)Geschwindigkeit, z.B. bei CD-ROM Laufwerken
triplicate die dritte Ausfertigung
trouble der Fehler, die Störung, stören
trouble location die Fehlersuche
trouble shooting die Fehlerbeseitigung, die Fehlersuche
true wahr, echt
true color die Echtfarbendarstellung (z.B. eines Monitors)
True Image Name einer Seitenbeschreibungssprache (Software)
TruePack Name einer True-Type-Schriftensammlung (Software)
TrueType Name einer Zeichensatztechnologie (Software)
truncate abbrechen, stutzen, verstümmeln
truncate error der Abbruchfehler
trunk das Bündel
trunk line die Fernleitung
trunk switch office die Fernvermittlung
truth table die Wahrheitstabelle (Mathematik)

try der Versuch, versuchen
try-out die Erprobung
tune diode die Tunneldiode (Elektronik)
tuned circuit der Resonanzkreis (Elektronik)
Turbo Pascal Name einer Programmiersprache (Borland)
turn die Drehung, drehen, die Windung einer Spule (Elektronik), die Umdrehung
turn ratio das Windungsverhältnis (Elektronik)
turnkey schlüsselfertig
turnkey system das einschaltbereite System
turnscrew der Schraubenzieher
twice zweimal, doppelt
twin check die Zwillingskontrolle
twist die Drehung, die Windung, drehen, zusammendrehen, verdrehen (Mechanik)
twist together verdrillen (z.B. Drähte)
twisted pair cable zwei miteinander verdrillte Leitungen
two adapter der Doppelstecker (Hardware)
two-address code der Zweiadressencode (Software)
two-state system das binäre System
type font der Typensatz
type ribbon das Farbband (eines Druckers)
type script das Manuskript (mit der Schreibmaschine geschrieben)
type wheel das Typenrad (Drucker)
typed mistake der Schreibfehler
typewriter die Schreibmaschine
typewriting machine die Schreibmaschine
typing error der Schreibfehler
typing pool das Schreibbüro

U

Ultrix Name eines Betriebssystems (Software)
umbrella Bezeichnung für das Sternnetz (Hardware)
unable unfähig, außerstande
unabridged ungekürzt
unaccountable unerklärlich, seltsam
unaccustomed ungewohnt, ungewöhnlich
unacknowledged nicht anerkannt
unacquainted unkundig
unadvisable unratsam
unaided ohne Unterstützung
unalterable unveränderlich
unapproachable unzugänglich
unapt untauglich, ungeeignet
unasked ungefragt
unassisted ohne Hilfe
unattended operation unüberwachter Betrieb
unauthorized unberechtigt, unbefugt
unavailable nicht verfügbar, unbrauchbar
unavailing nutzlos, vergeblich
unavoidable unvermeidlich
unbeknown unbekannt
unbend gerade richten, entspannen
unbolted unverriegelt (Mechanik)
unbreakable unzerbrechlich
unbroken ungebrochen, ununterbrochen
unbundle entpacken (z.B. komprimierter Daten)
unbundling die Entbündelung (Trennung von Hard- und Software beim Verkauf)
unburden entlasten
uncalled unaufgefordert, unverlangt
uncared unbeachtet
unceremonious formlos
unchangeable unveränderlich
unchecked ungehindert
unclose öffnen
uncoil aufrollen
unconditional unbedingt, bedingungslos
unconditional jump der unbedingte Sprung (in einem Programm)
unconnected unverbunden
unconsidered unberücksichtigt
uncontrollable unkontrollierbar
uncountable unzählbar
uncouple auskoppeln
undamaged unbeschädigt
undated ohne Datum, nicht datiert
undecipherable unentzifferbar, nicht zu entziffern
undefined unbestimmt, unbegrenzt
undelete das Widerrufen eines Löschvorganges (Name eines DOS-Befehls)
underestimate unterschätzen
underflow der Unterlauf (eines Speichers, im Gegensatz zum Überlauf)
underground der Untergrund
underlay die Unterlage, unterlegen
underline unterstreichen
underscore character das Unterstreichungszeichen
understandable verständlich
undo aufheben, ungeschehen machen (z.B. einen Befehl)
undo command der Aufhebungsbefehl (z.B. für das versehentliche Löschen einer Datei)
unequal ungleich
unexposed nicht entwickelt (z.B. Foto), unbelichtet
unfamiliar unbekannt
unfinished unfertig, nicht beendet
unfit ungeeignet, unpassend, untauglich
unfixed unbefestigt
unformat das Widerrufen eines Formatierungsvorganges (Name eines DOS-Befehls)
unformatted unformatiert (z.B. eine Diskette)
ungear auskoppeln
ungrounded nicht geerdet (Elektronik), unbegründet
unguarded ungeschützt, unvorsichtig
unheeded unbeachtet

unhurt unverletzt
Unicode Name eines 16-Bit-Codes (Software)
unidirectional pulse der Gleichstromimpuls (Elektronik)
unification die Vereinheitlichung
uniform gleichmäßig, gleichartig
uniform convergence die gleichmäßige Konvergenz (Mathematik)
uniformity die Gleichmäßigkeit
unify vereinheitlichen
unilateral einseitig
unimpaired unvermindert, uneingeschränkt
unimpeded ungehindert
unimportant unwichtig
unimproved unverbessert
uninfluenced unbeeinflußt
uninformed nicht unterrichtet
uninjured unbeschädigt, unverletzt
uninstructed nicht unterrichtet, ohne Verhaltensvorschriften
union die Verbindung, die Vereinigung
unit die Einheit, die Anlage (Hardware, Software)
unit area die Flächeneinheit (Mathematik)
unit counter der Einheitenzähler
unit element der Einheitsschritt
unit of information die Informationseinheit
unity gain der Verstärkungsfaktor
universal allgemein, allumfassend
universal language die Weltsprache
Unix Name eines Betriebssystems (Software)
unjustified text der Flattersatz (im Gegensatz zum Blocksatz)
unknown die Unbekannte (Mathematik), unbekannt
unlawful ungesetzlich, rechtswidrig
unlicensed unberechtigt, ohne Lizenz
unlike ungleich, anders als
unlikelihood die Unwahrscheinlichkeit
unlikely unwahrscheinlich
unlimited unbegrenzt, unbeschränkt, grenzenlos
unlock aufschließen
unlocked unverschlossen
unloose lösen, losmachen
unmake rückgängig machen, vernichten
unmanned operation der unbemannte Betrieb
unmark eine Markierung löschen
unmarked unbezeichnet, unbemerkt
unmask eine Maske löschen
unmeet unpassend, ungeeignet
unmistakeable unmißverständlich, eindeutig
unmodified nicht abgeändert
unmounted nicht montiert
unmoved unbewegt
unnecessary unnötig
unnoted unbemerkt, unbekannt
unnoticed unbemerkt
unnumbered nicht numeriert, ungezählt
unobjectionable einwandfrei
unoccupied unbesetzt
unopposed ungehindert, ohne Widerstand
unpack auspacken, entpacken
unpaid unbezahlt, unfrankiert
unperceived unbemerkt
unpicked unsortiert
unprepared unvorbereitet
unproductive unergiebig, unproduktiv
unpronounceable unaussprechlich
unpropitious ungünstig, ungeeignet
unprotected ungeschützt
unprovoked ohne Grund, grundlos
unpublished unveröffentlicht
unqualified ungeeignet
unreadable unleserlich, unlesbar
unready nicht bereit
unrecognized nicht erkannt
unrecorded nicht aufgezeichnet
unregarded unbeachtet
unrelated ohne Beziehung zu
unreliable unzuverlässig
unrelieved ununterbrochen, ohne Hilfe

unremitting unerläßlich, unermüdlich
unreserved unbeschränkt, ohne Vorbehalt
unrestricted uneingeschränkt
unruled nicht liniert, unliniert
unsafe unsicher
unsanctioned unbestätigt, unerlaubt
unscathed unbeschädigt, unversehrt
unscrew aufschrauben (Mechanik)
unserviceable unbrauchbar
unsettled nicht festgesetzt, unbestimmt
unshielded cable nicht abgeschirmtes Kabel
unsigned nicht unterzeichnet
unsized unsortiert, nicht nach Größe geordnet, nicht grundiert, ungeleimt (Papier)
unsold nicht verkauft
unsolder loslöten, ablöten
unsolicited unverlangt, unaufgefordert
unsolvable unlösbar
unsolved ungelöst
unspent unverbraucht
unstable instabil, unbeständig
unstinted unverkürzt, unbeschränkt
unsuccessful erfolglos
unsuitable unpassend, unangemessen
unsure unsicher
untack losmachen
untaxed unbesteuert
untransferable nicht übertragbar
untranslatable nicht übersetzbar
unused ungebraucht
unvaried unverändert
unvarying unveränderlich
unweighted unbewertet
unwind abgespult, abspulen, loswickeln, abwickeln (z.B. ein Magnetband)
unworkable betriebsunfähig
unwritten ungeschrieben, unbeschrieben
unwrought unbearbeitet
up-and-coming vielversprechend
up-to-date aktuell
update aktualisieren, auf den neusten Stand bringen
updating file die Änderungsdatei

upgrade aufsteigen, Software: eine neue Programmversion, Hardware: z.B. ein neuer Prozessor
upgraded contacts vergütete Kontakte (Elektronik)
uphold aufrechterhalten, stützen
upkeep die Instandhaltungskosten
upload das Senden von Daten (z.B. an eine Mailbox)
upper case der Großbuchstabe
upper memory der "hohe" Speicherbereich (zwischen 640 KB und 1 MB)
upward compatible aufwärtskompatibel
urgency die Dringlichkeit
urgent dringend, dringlich
usable brauchbar, verwendbar
usage der Gebrauch, der Sprachgebrauch, die Behandlung
use der Gebrauch, die Benutzung
useful nützlich, brauchbar
useful life die praktische Lebensdauer
useful signal das Nutzsignal (Elektronik)
useful surface die Nutzfläche, die nutzbare Fläche
useless unbrauchbar, nutzlos, unnütz
Usenet Name eines weltweiten Netzwerkverbundes
user der Benutzer, der Anwender
user identification die Nutzerkennung (z.B. Paßwort)
user interface die Benutzerschnittstelle, die Benutzeroberfläche
user label der Benutzerkennsatz
user manual das Anwenderhandbuch
user program das Anwenderprogramm (Software)
usual handelsüblich, gewöhnlich
utensil das Gerät, das Utensil
utility das Hilfsprogramm (Software), der Nutzen, die Nützlichkeit
utility plant das (Energie-) Versorgungsunternehmen
utility program das Dienstprogramm (Software)

V

v-belt der Keilriemen (Mechanik)
V.24-Interface die V.24-Schnittstelle (Hardware)
vacancy die Leere, der leere Platz
vacant leer, frei, unbesetzt
vacuum tube die Vakuumröhre
vague unbestimmt, unklar
valid gültig, richtig
validate für gültig erklären
validity die Gültigkeit
validity check die Gültigkeitsprüfung
value der Wert, abschätzen, schätzen
Value Added Tax die Mehrwertsteuer (VAT)
valve das Ventil (Mechanik), die Radioröhre (Elektronik)
vapourize verdampfen, verdunsten
variability die Veränderlichkeit
variable die Variable (Mathematik), veränderlich
variable capacitor der Drehkondensator (Elektronik)
variable data die Bewegungsdaten (Software)
variable format das veränderliche Format (Software)
variable record length die veränderliche Satzlänge (Software)
variable resistor der veränderliche Widerstand (Elektronik)
variable word length die veränderliche Wortlänge (Software)
variant abweichend, die Variante
variation die Abänderung, die Schwankung, die Abwandlung
varied verschieden
various verschiedenartig, wechselvoll
vector der Vektor (Mathematik)
vector analysis die Vektorrechnung (Mathematik)
vector graphics die Vektorgrafik (im Gegensatz zur Pixelgrafik)
vector screen der Vektorbildschirm
vellum paper das Velinpapier, das Schreibpergament
velocity die Geschwindigkeit
vend verkaufen
vendor der Verkäufer, der Händler
Ventura Publisher Name eines DTP-Programmes (Software)
verbal wörtlich, mündlich
Verbatim Name eines Hardwareherstellers (Speichermedien)
verbatim wörtlich, wortgetreu
verifiable nachweisbar
verification die Vergleichsprüfung, die Verifizierung, die Nachprüfung
verification signal das Quittungssignal (Software)
verify nachprüfen, beweisen, bestätigen
versatility die Vielseitigkeit
version die Version, die Fassung, die Darstellung
version number die Versionsnummer
versus gegen
vertex der Scheitel (Mathematik)
vertical deflection die vertikale Ablenkung (z.B. des Elektronenstrahls der Bildröhre)
vertical misalignment die vertikale Fehlausrichtung
vertical parity check die vertikale Paritätskontrolle
vertical scroll das vertikale Rollen des Bildschirminhaltes
viability die Funktionstüchtigkeit
vibrant vibrierend, zitternd
vibrate vibrieren, schwingen, zittern
vibration die Vibration
vibration absorber der Schwingungsdämpfer (Mechanik)
vice versa umgekehrt
video connector der Videoausgang (Schnittstelle)
video disk die Videospeicherplatte (Massenspeicher)
video display das Videosichtgerät (Hardware)
Video Graphics Array Name eines Grafikstandards (VGA)
video keying das digitale Mischen von Video und Computergrafik

video signal das Videosignal (enthält alle Bildinformationen)
video-bandwidth die Videobandbreite (Elektronik)
videomicrographics die Datenspeicherung auf Mikrofilm
videotext system der Bildschirmtext (Software)
Vienna definition language Wiener Definitionssprache (zur Beschreibung der Semantik von Programmiersprachen)
virtual virtual, eigentlich, dem Wesen nach
virtual address die virtuelle Adresse
virtual memory der virtuelle Speicher, der Seitenwechselspeicher, der Hintergrundspeicher
virtual reality die virtuelle Realität, die Scheinrealität
virus der Virus (auch Software), der Krankheitserreger, das Gift
visible sichtbar, sichtlich
VisiCalc Name des ersten Tabellenkalkulationsprogrammes (Software)
Visual Basic Name einer Programmiersprache für Windows (Microsoft)
visual check die Sichtkontrolle, die optische Prüfung
visual display die optische Anzeige
visual display terminal das Bildschirmgerät, der Monitor (Hardware)
visual indicator die Anzeigeeinrichtung (Hardware)
visual readout das visuelle Lesen
visual record die sichtbare Aufzeichnung
visual signal das optische Signal
visualize sich ein Bild machen, vor Augen stellen
vivid lebhaft, lebendig
vocabulary das Wörterverzeichnis, der Wortschatz
voice die Stimme, ausdrücken
voice channel der Fernsprechkanal
voice communication die Sprechverbindung
voice output die Sprachausgabe
void leer, nichtig, ungültig, die Leere, die Lücke, entleeren, ungültig machen
void result das unbestimmte Ergebnis
volatile flüchtig (Elektronik)
volatile storage der flüchtige Speicher, der nichtpermanente Speicher (Hardware)
voltage die Spannung (Elektronik)
voltage divider der Spannungsteiler (Elektronik)
voltage fluctuation die Spannungsschwankung (Elektronik)
voltage gain die Spannungsverstärkung (Elektronik)
voltage level der Spannungspegel (Elektronik)
voltage pulse der Spannungsimpuls (Elektronik)
voltage regulator der Spannungsregler (Elektronik)
voltage stabilizator der Spannungsstabilisator (Elektronik)
voltage waveform der Spannungsverlauf (Elektronik)
volume der Band, das Volumen, die Masse
volume integral das Raumintegral (Mathematik)
volume label der Datenträgername
volume production die Massenproduktion
voluted schneckenförmig
voucher der Beleg, die Quittung

W

wafer die (Silizium-)Scheibe
wait warten, das Warten

waitstate der Wartezyklus
wall socket die Wandsteckdose, die Steckdose
warm boot der Warmstart (Wiederanfahren eines Systems)
warm-up time die Anlaufzeit
warmth die Wärme
warning die Warnung, die Mahnung
warranted garantiert
warranty die Garantie, die Gewährleistung
washer die Unterlagscheibe, der Dichtungsring (Mechanik)
waste unbrauchbar, überflüssig, die Verschwendung, die Abnutzung
waste instruction der Leerbefehl (Software)
wastepaper basket der Papierkorb
waterproof wasserdicht
watt das Watt (Elektronik)
wattage rating die Belastbarkeit
wave die Welle (Elektronik)
waveform die Wellenform (Elektronik)
wear die Abnutzung
web die Bahn, das Band, der Gurt, die Papierrolle
wedge-shaped keilförmig
weighing function die Bewertungsfunktion (Mathematik)
weight das Gewicht
weighting die Gewichtung, die Bewertung
Weitek Name eines Chipherstellers (z.B. Coprozessoren)
weld schweißen, die Schweißnaht
welding das Schweißen
welltimed rechtzeitig
welt der Rahmen
wheel das Rad, die Scheibe, die Drehung, der Kreis, drehen, rollen, fahren
whirl sich drehen, der Wirbel
white pages server Name des Server-Rechners, der Adressen verwaltet (Hardware)
whole-sale der Großhandel

Wide Area Network das Weitbereichsnetz (WAN)
widespread weitverbreitet
width die Weite, die Breite
wildcard das Jokerzeichen, der Zeichenersatz
willow der Reißwolf
winchester disk Name einer Festplatte (Hardware)
wind winden, wickeln
wind up aufwickeln
winding die Wicklung (Elektronik), die Windung
window das Fenster, das Bildfenster
windowed mit Fenstern (Software)
windowing die Fenstertechnik (Software)
windows die Fenster, Name einer grafischen Bedienungsoberfläche (Software)
Winword Name eines Textverarbeitungsprogrammes (Software)
wiping contact der Wischkontakt, der Schleifkontakt (Elektronik)
wire der Draht, verdrahten
wire printer der Nadeldrucker (Hardware)
wire telegraph network das Fernschreibnetz
wireless drahtlos
wiring die Verdrahtung, die Verkabelung (Elektronik)
wiring diagram der Schaltplan (Elektronik)
withdraw zurückziehen, zurücknehmen
withhold zurückhalten
wobble wackeln, flackern
word das Wort, die Nachricht, ausdrücken
Word Name eines Textverarbeitungsprogramms (Software)
word format die Wortstruktur
word length die Wortlänge (in Bits)
word processing die Textverarbeitung (Software)

word processing system
das Textverarbeitungssystem
word processor das Textprogramm
word size die Wortlänge
word structure der Wortaufbau
word-book das Wörterbuch
Wordcraft Name eines Textverarbeitungsprogramms
WordPerfect Name eines Textverarbeitungsprogramms
WordStar Name eines Textverarbeitungsprogramms
work die Arbeit, das Werk, arbeiten
work file die Arbeitsdatei
workable betriebsfähig, brauchbar
Workgroup Computing Überbegriff für das gruppenbezogene Arbeiten am Computer
working cycle der Arbeitszyklus
working hour die Arbeitsstunde
working memory der Arbeitsspeicher (Hardware)
working method die Arbeitsmethode
working process der Arbeitsvorgang
working program
das Arbeitsprogramm (Software)
working space der Arbeitsbereich (z.B. im Speicher)
working storage der Arbeitsspeicher (Hardware)
worm-drive der Schneckenantrieb (Mechanik)
worm-gear das Schneckengetriebe (Mechanik)
worm-wheel das Schneckenrad (Mechanik)
wrap wickeln, einwickeln, einhüllen, die Hülle
wrapped connection die gewickelte Verbindung (Elektronik)
wrapper die Hülle, der Umschlag
wrapping die Umhüllung, die Verpackung
Write Name eines Textverarbeitungsprogrammes (Software)
write schreiben, speichern
write current der Schreibstrom (Elektronik)
write enable ring
der Schreibschutzring (bei der Magnetbandspule)
write instruction der Schreibbefehl, der Speicherbefehl
write lock der Schreibring (Magnetbandspule), der Schreibschutz (z.B. bei der Diskette)
write protection der Schreibschutz, die Schreibsperre (z.B. bei der Diskette)
write-read head der Schreib-Lesekopf (für die magnetische Datenspeicherung)
writer der Schreiber, der Verfasser
writing das Schreiben, die Handschrift, das Schriftstück
writing action der Schreibvorgang (z.B. auf Diskette)
writing current der Schreibstrom (Elektronik)
written schriftlich, geschrieben
wrongheaded verdreht, verschoben
wry schief, krumm, verzerrt
wye connection die Sternschaltung (Elektronik)
WYSIWYG engl. Abkürzung für „what you see is what you get", die Übereinstimmung von Bildschirmdarstellung und Ausdruck

X

X-ray die Röntgenstrahlen, durchleuchten, röntgen
X-Windows Name eines netzwerkorientierten Window-Systems (Software)
X/Open Name der Unix-Anbietervereinigung
X/Open portability guide
die Portabilitätsrichtlinie von X/Open
X/Open Unix Name eines Unix-nahen Betriebssystems

xerographic printer
　das Trockenkopiergerät (Hardware)
Xmodem Name eines Protokolles für die Datenfernübertragung (Software)
XOR-gate das XOR-Gatter

Y

year das Jahr
yearly jährlich
yearn verlangen
yellow gelb, das Gelb
yellow book das Gelbbuch (mit Spezifikationen zur CD-ROM)
Yellow Cable das gelbe Kabel, Name eines bestimmten Koaxialkabeltyps
yellow pages die gelben Seiten (Telefonbuch)
yield beliefern, liefern, ergeben, der Ertrag, die Ausbeute

Z

zenith der Höhepunkt, der Zenit
Zenith Name eines Hardwareherstellers
zero die Null, das Nullsetzen, der Anfangspunkt
zero access store der Schnellspeicher (Hardware)
zero blanking die Nullstellenkontrolle
zero check die Nullstellenprüfung
zero error der Nullstellenfehler
zero fill das Auffüllen mit Nullen
zero level address die unmittelbare Adresse
zero shift die Nullstellenverschiebung
zero state der Nullzustand
zero suppression
　die Nullenunterdrückung
zeroise nullstellen, das Auffüllen mit Nullen

zigzag der Zickzack, im Zickzack laufend
Zilog Name eines amerikanischen Hardwareherstellers
zone die Zone, das Gebiet
zone description der Zeitunterschied
zone improvement plan
　amerikanische Postleitzahl (ZIP)
zooming das stufenlose Verändern der Größe